知的財産法の基礎理論

知的財産法の基礎理論

布井要太郎 著

信山社

はしがき

　筆者は，さきに「判例知的財産侵害論（2000年10月，信山社）」と題して，特許法・実用新案法・商標法・不正競争防止法・著作権法の侵害理論の基本的問題に関する重要判例についての判例評釈を試み，その際，「論点の根本的究明に努め，法制度の淵源に遡って考究する必要性に鑑み，わが国の知的財産法の制定およびその解釈に強い影響力を有するドイツ連邦共和国の法制および判例を参酌してその評釈を試みた」が，本書においても，同様の観点からその考察を試みたものである。特に，目下頻発する職務発明についての報酬を巡る紛争に関し，その法理論的解明を試みるとともに，その立法論についても言及した。

　他方，「ドイツにおける企業秘密の刑法的保護について」のゲルド・ファイファー博士の論文は，今回の不正競争防止法の改正による企業秘密漏洩の刑事罰条項の解釈に，また，フェツァー教授著「標章法」コンメンタールのドメイン名に関する解説は，ドメイン名に関する高水準の種々の法的側面が論ぜられており，わが国ドメイン名の法的問題の解釈に，それぞれ資するものと思われる。

　本書の出版に際しては，前回と同様，袖山貴氏に多大のご配慮を頂き，また，編集工房INABA 稲葉文了氏には，編集ならびにレイアウトにご助力を頂き，心から御礼を申し上げる。

　2004年7月

　　　　　　　　　　　　　　　　　　　　　　　　布井要太郎

目　次

目　次

1　ドイツにおける特許権の用尽理論
── わが国判例との対比 ──

　Ⅰ　ドイツ判例における用尽理論の誕生 …………………………3
　　　1　商　標　権……………………………………………………3
　　　2　特　許　権……………………………………………………4
　　　3　著　作　権……………………………………………………5
　Ⅱ　特許権の国内的用尽についてのドイツ実務の概要 ………5
　Ⅲ　「レンズ付きフィルムユニット」事件（東京地裁平成12年8月31日判決，東京地裁平成8年(ワ)第16782号特許権侵害差止等請求事件）……………………………………………8
　　　1　国内および国際消尽の成否 …………………………………8
　　　2　国内消尽および国際消尽の成否についての判旨 ……14
　　　3　判旨の検討 …………………………………………………21

2　ドイツにおける商標権の用尽理論
── わが国判例との対比 ──

　Ⅰ　商標権の用尽についてのドイツ実務の概要 ………………33
　　　1　国内的用尽 …………………………………………………33
　　　2　国際的用尽 …………………………………………………37
　Ⅱ　商標権の用尽についてのわが国判例とその比較法的考察 ……………………………………………………………………42
　　　1　「家庭用カセット式テレビゲーム機」事件（東京地裁平成4年5月27日判決）………………………………42
　　　2　「ゴルフクラブヘッド」事件（東京地判平成10年12月25日判時1680号112頁以下）………………………45

viii

目　次

3　ドイツにおける著作権の用尽理論
　　—— わが国判例との対比 ——

Ⅰ　著作権用尽についての実務の概要 …………………………53
　　1　ドイツ判例における著作権の用尽理論の誕生およびその後の展開 …………………………………………53
　　2　ドイツ著作権法17条（頒布権・用尽）……………54
　　3　著作権の有形的利用権 ………………………………54
　　4　頒布権の法的機能 ……………………………………55
　　5　頒布権の用尽 …………………………………………56
　　6　用尽の法的性質 ………………………………………57
Ⅱ　テレビゲーム（ゲームソフト）の著作物についてのドイツの実務の概要 …………………………………………57
　　1　テレビゲームの著作権法上の保護 …………………57
　　2　映画の著作物 …………………………………………58
　　3　映画の著作物と連続影像の保護との関係 …………58
Ⅲ　ゲームソフトについての東京地裁・東京高裁および大阪地裁・大阪高裁の判旨 ……………………………………59
　　1　著作権侵害差止請求権不存在確認請求事件（東京地裁平成11年5月27日判決）………………………59
　　2　著作権侵害差止請求権不存在確認請求控訴事件（東京高裁平成13年3月27日判決）………………61
　　3　著作権侵害差止請求事件（大阪地裁平成11年10月7日判決）………………………………………………63
　　4　著作権侵害行為差止請求控訴事件（大阪高裁平成13年3月29日判決）…………………………………67
Ⅳ　判旨の検討 ……………………………………………………72
Ⅴ　私　　見 ………………………………………………………76

ix

目　次

4　ドイツにおける商品の形態保護
── わが国判例との対比 ──

Ⅰ　ドイツ知的財産法における商品の形態保護とその相互関係……………………………………………………………………84
　　1　意匠権と著作権の関係………………………………84
　　2　競業法（不正競争防止法）による特に短命な流行商品の保護　………………………………………………86
　　3　競業法（不正競争防止法）による独自の形態を有する高級商品の保護　……………………………………89
　　4　模倣自由の原則………………………………………90
Ⅱ　ドイツにおける意匠権侵害訴訟の実務　……………92
　　1　積極的使用権と消極的禁止権の関係　……………92
　　2　意匠権の保護範囲の確定……………………………92
　　3　意匠権における主観的要素…………………………95
　　4　判例上確立された法原則の要約　…………………95
　　5　意匠権の用尽…………………………………………97
Ⅲ　不正競争行為差止等請求事件：「腕時計」事件（東京地裁平成9年(ワ)第27096号，平成11年6月29日判決）………97
　　1　判　　旨……………………………………………97
　　2　研　　究……………………………………………100
Ⅳ　意匠権侵害差止等請求事件：「理容椅子および自動洗髪機」事件（大阪地裁平成13年7月12日判決，平成12年(ワ)第1455号）………………………………………………103
　　1　判　　旨……………………………………………103
　　2　研　　究……………………………………………110

5 従業者発明の報酬における独占原理と特別労務給付原理
  —— わが国立法および判例との対比 ——

Ⅰ 雇傭関係における発明報酬の本質 …………………117
Ⅱ 従業者発明の報酬についてのドイツおよびスイスの立法例 …………………119
 1 ド イ ツ …………………119
 2 ス イ ス …………………123
Ⅲ わが国の立法について …………………126
Ⅳ わが国の判例について …………………127
Ⅴ 附 言 …………………128

6 従業者発明の法理論的考察 —— 立法論を含む ——

Ⅰ 労働成果についての物の所有権の帰属 …………………133
Ⅱ 精神的無体給付についての権利 …………………135
 1 無体財産権保護の存在しない給付 …………………135
 2 無体財産権保護の存在する給付 …………………135
Ⅲ ドイツにおける従業者職務発明についての立法論的所見 …………………141
 1 ライマー・シッペルの所見 …………………141
 2 ヒンメルマンの所見 ………………… 142
 3 マイアーの所見 …………………143
Ⅳ 私 見 …………………144

目　次

7　東京地裁「青色発光ダイオード」事件の一試論

Ⅰ　一部請求における既判力の遮断的効力 ……………………153
Ⅱ　職務発明における従業者の競業避止義務と発明対価請求権 ………………………………………………………………154
Ⅲ　特許審査の迅速化等のための特許法等の一部を改正する法律 ……………………………………………………………157

8　ドイツおよびヨーロッパ特許出願における予備的申立
　　── わが国判例および出願実務との対比 ──

Ⅰ　ドイツ特許出願における予備的申立 …………………167
　1　ドイツ民事訴訟法における扇状形態の訴…………167
　2　判例の推移………………………………………………168
　3　特許出願手続における予備的申立に対する対応 …170
　4　「予備的申立」制度の重要性 …………………………172
Ⅱ　ヨーロッパ特許出願における予備的申立 ……………173
　1　ヨーロッパ特許条約における経緯 …………………173
　2　ドイツ特許出願との手続上の相違点 ………………174
Ⅲ　特許付与を求める権利（出願権）の保護 ……………175
　1　出願権の法的性質 ……………………………………175
　2　知的財産の別格性 ── 憲法による制度保障：Instituts-garantie ── …………………………………176
　3　小　　括…………………………………………………178
Ⅳ　わが国特許庁の審査および審判の実情と文献および判例 ………………………………………………………………179
　1　多項制下における特許庁の審査および審判の実務

目　次

　　　　　…………………………………………………………179
　　2　改善多項制についての工業所有権審議会の答申　…181
　　3　特許庁の実務の法的根拠　………………………………182
　　4　文　　献………………………………………………………182
　　5　東京高等裁判所判決　……………………………………184
　V　わが国特許庁の実務の検討　…………………………………192
　　1　予備的請求についてのわが国民事訴訟における実
　　　務　……………………………………………………………192
　　2　特許付与を求める権利（出願権）の法的性質およ
　　　びその憲法上の保障　………………………………………195
　Ⅵ　結　　語………………………………………………………196

9　ドイツにおける企業秘密の刑法的保護
　　――ゲルト・ファイファー（Gerd Pfeiffer）「不正競争防止
　　法17条による工場秘密および営業秘密の刑法的漏洩」――

　Ⅰ　ヨーロッパにおける企業秘密保護の歴史的沿革　………204
　Ⅱ　ドイツ不正競争防止法の体系　………………………………208
　Ⅲ　保　護　法　益　………………………………………………208
　Ⅳ　営業秘密および工場秘密の概念　……………………………209
　V　ドイツ不正競争防止法17条1項の従業者による秘密
　　漏洩　……………………………………………………………212
　　1　行　為　者　………………………………………………212
　　2　客観的構成要件　…………………………………………214
　　3　主観的構成要件　…………………………………………218
　　4　既遂および未遂　…………………………………………222
　　5　正犯および共犯　…………………………………………222
　Ⅵ　ドイツ不正競争防止法17条2項1号の企業スパイ行

xiii

目　次

　　　　為 …………………………………………………………223
　　　　1　行　為　者……………………………………………223
　　　　2　客観的構成要件 ………………………………………223
　　　　3　主観的構成要件 ………………………………………226
　　　　4　既遂および未遂 ………………………………………226
　　Ⅶ　ドイツ不正競争防止法17条2項2号の営業秘密また
　　　　は工場秘密の権限なき使用または伝達…………………226
　　　　1　行　為　者……………………………………………227
　　　　2　客観的構成要件 ………………………………………227
　　　　3　主観的構成要件 ………………………………………230
　　　　4　既遂および未遂 ………………………………………231
　　Ⅷ　競　　　合 ………………………………………………232
　　Ⅸ　刑事訴追および法的効果 ………………………………232
　　Ⅹ　結　　　語 ………………………………………………235

10　ドイツにおけるドメイン名の法的実務
　　　── カール・ハインツ・フェツァー著『標章法
　　　　（第3版）』2001年コンメンタールより ──

　　Ⅰ　インターネット・ドメインの一般的問題点………………263
　　Ⅱ　インターネット上におけるドメイン名のシステム ……265
　　　　1　ドメイン名の概念 ……………………………………265
　　　　2　ドメイン名の法的性質 ………………………………268
　　　　3　ドメイン名の付与手続 ………………………………269
　　Ⅲ　標識としてのドメイン名 ………………………………270
　　　　1　ドメイン名の技術的アドレス機能 …………………270
　　　　2　権利取得および権利侵害に際してのドメイン名の
　　　　　　表示法上の同一性確認機能 …………………………271

3　名称的機能についての下級審裁判所の判例 ………272
　　　4　電話番号・電報アドレス・テレックス記号に関する判例 …………………………………………………273
Ⅳ　ドメイン名の出願・登録・接続および使用による表示取得 …………………………………………………………274
　　　1　登録標章の取得（ドイツ標章法4条1号）…………274
　　　2　使用標章の取得（ドイツ標章法4条2号）…………275
　　　3　営業表示の取得（ドイツ標章法5条1項）…………278
　　　4　名称権の取得（ドイツ民法12条）……………………282
Ⅴ　ドメイン名による権利保持に適合した標識使用 ………284
Ⅵ　インターネットにおける表示抵触 ……………………285
　　　1　ドメイン名と表示権との抵触 ……………………285
　　　2　ドメイン名による表示権侵害の請求権行使の相手方 ………………………………………………………288
　　　3　インターネットにおける営業的取引 ……………289
　　　4　表示的使用（Kennzeichenmäßige Benutzung）……291
　　　5　名称的使用（Namensmäßige Benutzung）…………291
　　　6　インターネット交流の予備的行為 ………………293
　　　7　抵触構成要件 ………………………………………296
　　　8　権利侵害としてのインターネット技術 …………298
Ⅶ　ドメイン名としての総称（一般）的標識 ……………303
　　　1　表示法上の許容性 …………………………………303
　　　2　競業法上の許容性 …………………………………303
　　　3　判　　例 ……………………………………………304
Ⅷ　Vanity 呼出番号 …………………………………………308
Ⅸ　封鎖ドメイン（Sperrdomains）…………………………309
Ⅹ　ドメイン名の差し押え …………………………………310
ⅩⅠ　ドメイン名の移転請求 …………………………………312

　　　　1　法的基礎理論……………………………………………312
　　　　2　下級審裁判所の判例　………………………………313
　　XII　裁判外の争訟仲裁手続……………………………………314
　　　　1　ドメイン名付与手続における抵触解決……………314
　　　　2　WIPOの仲裁裁判所手続…………………………315
　　XIII　標章国際私法におけるインターネット使用行為　………316
　　XIV　ドイツ裁判所の管轄　…………………………………318
　　XV　DENICの責任　…………………………………………319
　　XVI　インターネット・ドメインについての判例およびプラ
　　　　クシス　…………………………………………………320
　　　　1　ドメイン名による表示権の侵害……………………320
　　　　2　ドメイン名による名称権の侵害……………………325
　　　　3　インターネットアドレスとして構成された語句標
　　　　　　章の登録性………………………………………327

11　判例批評

(1) 「トラピスチヌの丘」の文字を横書きしてなり指定商品を旧第30類「キャンデー，その他の菓子」とする商標登録が商標法51条1項の規定に該当するとして取り消された事例……………………………………………337
(2) 発明の未完成…………………………………………………351
(3) 出願の分割をなしうる範囲　………………………………361
(4) 疎明に代わる担保の提供　…………………………………368
(5) 実用新案登録拒絶審決の共同出願人による取消請求　…372

事項［人名］索引……………………………………………………381
欧 文 索 引…………………………………………………………387
判 例 索 引…………………………………………………………392

知的財産法の基礎理論

1 ドイツにおける特許権の用尽理論
―― わが国判例との対比 ――

Ⅰ　ドイツ判例における用尽理論の誕生
　1　商標権
　2　特許権
　3　著作権
Ⅱ　特許権の国内的用尽についてのドイツ実務の概要
Ⅲ　「レンズ付きフィルムユニット」事件（東京地裁平成8年(ワ)第16782号特許権侵害差止等請求事件，平成12年8月31日判決）
　1　国内および国際消尽の成否
　　（1）　被告らの主張
　　（2）　原告の主張
　2　国内消尽および国際消尽の成否についての判旨
　　（1）　国内消尽
　　（2）　国際消尽
　　（3）　本件についての検討
　3　判旨の検討
　　（1）　判旨の理論的根拠
　　（2）　黙示的実施許諾理論
　　（3）　特許権の用尽（消尽）理論
　　（4）　私　　見
　　（5）　本件事案において争点とせられるべき問題点

最近,「フィルム一体型カメラ」または「レンズ付きフィルムユニット」なる名称の特許権・実用新案権等の侵害に関する仮処分および本案事件の決定および判決が,東京地方裁判所において相次いで出された。これらの決定および判決はいずれも,黙示的実施許諾理論に立脚する判旨であると推論せられる。ドイツ判例においては,この理論による全面的・包括的販売独占の弊害を克服するために提唱せられたのが特許権の用尽(消尽)理論であることに鑑み,ドイツ判例における特許権の用尽理論の観点からの考察を試みることとする。

　また本件判旨は,特許権・実用新案権・意匠権等が集約されている自動車・各種電器製品・コンピュータ機器製品等の中古市場,ならびに著作権については古書市場等の商取引およびこれらの業務上の使用に影響を及ぼすところが大であると考えられ,ドイツの判例および学説との対比において考察することとする。

I　ドイツ判例における用尽理論の誕生[1]

1　商　標　権

　1902年2月28日のライヒ裁判所判決(ライヒ裁判所民事判例集50巻229頁「Kölnisch Wasser」事件)において初めて,「用尽(Erschöpfung)」なる法概念が使用せられた。事案の概要および判旨は,次のとおりである。

　Kölnisch Wasser(ケルンの水)なる商標権を有する香水の製造業者Xは,当該商標を付した香水が,その指定の小売価格で販売されることを求めて訴求した。Xは,当該商標を付した商品を流通におく権利から,当該商品について,その営業上の利益に応じ,空間的・時間的観点または販売条件特に遵守が要求される販売価格に関して,当該商品が消費者による用法に従った使用に至る段階まで,

1 ドイツにおける特許権の用尽理論

その自由な処分および制限を行使する権能が生ずる，と主張した。

Xの主張に対し，ライヒ裁判所は，次のごとく判示した。すなわち，商標権者は，商品に当該商標を付し，当該商標を付した商品を流通におく排他的独占権を有するが，適法に商標が付された当該商品が流通におかれた後は，商標権の効力は用尽することになる。すなわち，商標権は，如何なる販売独占 (Verkaufsmonopol) をも保証するものでもなく，また，以後の販売業者との契約に関し，いかなる保護も保証するものではない。

2 特 許 権

特許権については，1902年3月26日のライヒ裁判所判決（ライヒ裁判所民事判例集51巻139頁「Duotal / Gujakol-Karbonat」事件）において初めて，商標権についてと同様，「用尽」なる法概念が使用せられた。事案の概要および判旨は，次のとおりである。

グアヤコール (Gujakol) 炭酸塩の製造方法についての特許権者が，「Duotal」という名称の製品を，ドイツ国内の価格よりも安く，外国において販売した。そして，外国の買主には，当該「Duotal」製品をドイツへ再輸入することを禁ずる義務を課した。被告は，この製品を国内価格以下の価格で購入し，これを営業用に使用した。これに対し，原告は，この「Duotal」製品は販売条件に違反して再輸入されたものであり，被告は，それが低価格であるが故にこの事情を知悉していたはずであり，被告の営業上の使用は特許法4条に抵触すると主張した。

この主張に対し，ライヒ裁判所は，被告により使用せられた「Duotal」製品は，原告によりドイツ国内において流通におかれたものであり，これにより特許保護の効力は用尽 (erschöpft) されたことになり，特許権者は，特許が特許権者に保証する利益を享受し

たことになり，これにより，当該権利は消耗－用尽（Konsumiert）されたことになる，と判示した。

3 著 作 権

1906年6月16日のライヒ裁判所判決（ライヒ裁判所民事判例集63巻394頁）の「Koenigs列車時刻表」の名称で著名な事案において，出版業者は，その頒布権に基づいて，ベルリンの百貨店に対し，書籍を当該出版業者により設定された定価以下の価額で販売することを禁止しようとした。ライヒ裁判所は，この出版業者の訴えを，次の理由により棄却した。すなわち，業としての頒布権は，当該著作物を業として一般公衆に販売し流通におくことにより，行使せられるのであり，この権能については，著作者または出版業者以外の何人も，その許可なくしては行使し得ない旨，法律により定められている。しかし，著作者または出版業者が，この権能を行使して，ひとたびその著作物を一般公衆に販売し流通においた場合には，当該権利は用尽（erschöpft）せられたことになる。

前掲の各判決は，商標権・特許権および著作権により商取引を支配し，以後の販売条件を規制することはできない旨を判示している。

Ⅱ 特許権の国内的用尽についてのドイツ実務の概要[2]

ドイツ特許法9条[3]は，特許権者に対し，特許発明の独占的使用権を保証している。したがって，第三者は，特許権者の同意なくして，特許の対象である製品を製造し，提示し，流通におき，使用し，右目的のために輸入しまたは占有することを禁ぜられる。

特許権は属地主義の原則（Territorialitätsgrundsatz）に服する[4]が故に，当該特許が付与された国の領土内においてのみ，その効力を有するにすぎない。したがって，同一の発明につき同一の特許権者

5

1　ドイツにおける特許権の用尽理論

のために，複数の特許付与がなされた国の数に応じて，複数の国内特許が存在する場合があり得る。右複数の国内特許は，相互に独立して並存することになる。

　右複数の国内特許の各々については，該特許付与国外の領土においては，当該特許の効力は及ばない[5]。すなわち，第三者により外国において行われた当該特許の使用行為はすべて，当該国内特許に抵触することはなく，したがって，特許侵害を構成することはない[6]。しかし，国内特許の効力が及ばない外国において製造された製品が国内に輸入され，当該製品が国内特許の保護範囲に抵触する場合には，当該製品の輸入が国内特許権者の同意の下に行われない限り，特許権侵害を構成することになる（特許法9条2文1号3号参照）。

　特許権についてもまた，その用尽の原則は，既に以前から一般的に容認せられていた[7]。すなわち，特許発明に係る製品または特許に係る方法により直接製造された製品が，特許権者または特許権者の同意を得た第三者により流通におかれた場合には，当該製品の爾后の使用は，当該特許権に基づく特許権者のコントロール下におかれることはなく，当該特許権は用尽（erschöpftverbraucht-konsumiert）せられたことになる。何故ならば，特許権者は，当該製品を流通におくことにより，当該発明の市場価値を獲得する機会を得たことになり，したがって，当該製品の爾后の自由な流通を阻止することについての正当な利益を有しないことになるからである。すなわち，特許権者は，特許権に基づく独占的地位を，当該製品につき用尽（erschöpfend ausgeübt）したことになるからである。上述したところは，実用新案権・意匠権についても同様である[8]。

　商標権については国際的用尽（internationaler Erschöpfungsgrundsatz）が容認せられるのに対し[9]，特許権についての用尽は，特許

II 特許権の国内的用尽についてのドイツ実務の概要

権者またはその同意を得た第三者が、特許に係る製品を国内におい
て流通においた場合にのみ、認められる。その理由は、商標におい
ては、特許権におけるが如く特許権者の保護に値する精神的寄与に
報いるために、発明者に対し当該発明につき独占的使用権を付与す
るという根拠に由来するものではなく、商品の出所機能および品質
保証機能の保護に由来するものであるからである[10]。したがって、
特許権については、ドイツの法的見解に依れば、一般的国際的用尽
は認められない。

　輸出がヨーロッパ条約加盟国へなされると、または、その他の第
三国へなされる場合とに関係なく、国内で流通においた製品が外国
へ輸出される場合には[11]、特許権者は、当該製品につき特許権の用
尽がなされたため、当該製品の再輸入に対抗することができない。

　しかし、特許に係る製品の譲渡がコンツェルン内部で行われる場
合には、国内での流通は存在しない。すなわち、コンツェルン内部
での処分権限の変更は、単に企業内部での処理にすぎない。何故な
れば、コンツェルンは経済的な単一体を構成するものであり、かつ、
コンツェルン内部で譲渡される製品は、当該譲渡が外国において行
われた場合であっても、自由な商取引の対象とはならないからであ
る[12]。したがって、特許権者が、特許に係る商品を外国のコンツェ
ルン企業に引き渡した場合には、国内での用尽の効力は発生せず、
したがって、特許権者は、その国内特許権の保護領土内へ再輸入さ
れた場合には、その再輸入を阻止することができることになる。

　上述の事例以外にも、国内特許の特許権者が、同一発明につき外
国の並行特許の特許権者でもある場合に、当該特許権者または当該
特許権者の同意を得た第三者が、外国特許に基づき特許に係る製品
を当該外国において流通においた場合にも、用尽の効力は生じない。
すなわち、外国における流通行為は、外国特許についての効力のみ

1 ドイツにおける特許権の用尽理論

を生ぜしめるにすぎず，この外国特許と並存する，法的に独立の国内特許には，その効力を生ぜしめることはない。したがって，外国における流通行為により特許に係る製品が国内において国内特許の拘束を脱することはない，すなわち，用尽の効力は生じない。換言すれば，用尽の効力は，当該国内特許についてのみ生ずるのであり，この効力は，国内保護領域の国境線で終了することになるのである[13]。

III 「レンズ付きフィルムユニット」事件（東京地裁平成12年8月31日判決，平成8年(ワ)第16782号特許権侵害差止等請求事件）

本件事案においては，次の4点が争点とされているが，本稿においては，権利の消尽についての2の争点のみについて検討を加えることとする。

1 被告製品は，特許権の技術的範囲に属するかどうか。
2 原告製品の日本国内および韓国における販売により本件諸権利は消尽したかどうか。
3 本件における原告の本件諸権利の行使は，権利濫用（民法1条3項）に当たるかどうか。
4 原告の被った損害額はいくらか。

以下に当事者の主張および判旨を掲記する。

1 国内および国際消尽の成否
（1） 被告らの主張
（i） 最高裁第3小法廷平成9年7月1日判決[14]（民集51巻6号2299頁）は，国内消尽につき，「特許権者又は実施権者が我が国の国内において特許製品を譲渡した場合には，当該特許製品について

は特許権はその目的を達したものとして消尽し，もはや特許権の効力は，当該特許製品を使用し，譲渡し又は貸し渡す行為等には及ばないものというべきである。」と判示している。

　被告Y₁は，原告が日本国内において販売した原告製品について，これを一般消費者が使用後に現像所に持ち込んだものを購入し，フィルムを入れ替えるなどの作業を行わせたものを，被告製品として販売しているところ，右の原告製品については，原告の販売により原告製品に実施されている本件諸権利（特許権・実用新案権・意匠権）はその目的を達したものとして消尽し，もはや本件諸権利の効力は，被告Y₁による被告製品の販売等の行為には及ばない。

　(ii)　前掲最高裁判決は，国際的消尽につき，「我が国の特許権者又はこれと同視し得る者が国外において特許製品を譲渡した場合においては，特許権者は，譲受人に対しては，当該製品について販売先ないし使用地域から我が国を除外する旨を譲受人との間で合意した場合を除き，譲受人から特許製品を譲り受けた第三者およびその後の転得者に対しては，譲受人との間で右の旨を合意した上特許製品にこれを明確に表示した場合を除いて，当該製品について我が国において特許権を行使することは許されないものと解するのが相当である。」と判示している。

　被告Y₂は，原告が韓国において販売した原告製品について，これを韓国の一般消費者が使用後に現像所に持ち込んだものを，韓国の詰替業者が購入してフィルムを入れ替えるなどの作業を行ったものを，業者から輸入して，販売したものであるところ，原告は，韓国における原告製品の販売に際して，譲受人との間で当該製品の販売先ないし使用地域から我が国を除外する旨を合意しておらず，また，原告製品にその旨を表示していないから，被告Y₂による被告製品の販売等の行為に対して，本件諸権利（特許権・実用新案権・

意匠権)を行使することは許されない。

(ⅲ) 原告製品は、その主要部分は構造的にも価値的にも撮影機能の備えられたフィルムユニット本体であるから、消費者による撮影後、現像所において撮影済みフィルムが抜き取られた後も商品としての寿命が尽きるものではない。被告らは、単に原告製品につき消耗品であるフィルムを入れ替えるなどしているだけであって、その構造に変更を加えているものではないから、被告らの行為をもって本件諸権利の実施品の製造ということはできない。

原告製品の寿命が失われていない以上、原告の実施したデザインも寿命を失っておらず、被告らが原告製品の紙カバーを外して、自ら準備した紙カバー 14 をかぶせる行為は、原告の実施したデザインの修理というべきものである。

(2) 原告の主張

(ⅰ) 国内消尽および国際的消尽の主張は、被告が主張立証することを要する抗弁というべきであるところ、この抗弁が成立するためには、被告が販売等した製品と、特許権者等が販売した「特許製品」とが、特許法上同一と評価されなければならない。そして、それらが同一であるか否かは、権利者が流通においた製品の性質、被告が製品を入手したときの製品の状況、被告の行為、権利者の意思等の諸般の事情を総合考慮して、社会通念に照らし、特許権者等が販売した特許製品等と、被告が販売した製品とが特許法上同一といえるかどうかで判断されるべきであり、その判断をするに際しては、各消尽論の根拠として挙げられる事情が、当該被告製品に対して工業所有権を行使することについて、あてはまるかどうかを考慮する必要がある。例えば、国内消尽が問題になっている場合には、当該被告の行為に特許権を行使することが社会公共の利益と調和するか、そのような特許権の行使により特許製品の円滑な流通が阻害される

Ⅲ 「レンズ付きフィルムユニット」事件

か、そのような特許権の行使を認めなくても、当該被告の行為につき、発明の公開の代償が確保されているといえるかどうか、という点を考慮することが必要である。このような観点から本件をみると、次に述べるような点から、被告製品は、原告製品と特許法上同一と評価することができないから、国内消尽ないし国際的消尽の抗弁は成立しない（先に述べたことおよび以下に述べることは、特許権のみならず、実用新案権及び意匠権についても同様に当てはまる）。

(ⅱ) 原告製品は文字どおり「再利用できない」ようにされている「1回使用カメラ（single use camera）」であり、その客観的構造上、繰り返して使用され得ないものであるから、消費者が内蔵されたフィルムの撮影を終えて原告製品を現像所に送り、現像所が当該製品の蓋をこじあけ、フィルムを取り出した段階で、原告製品の寿命は終わっており、その段階で、「レンズ付きフィルム」ではなくなったといえる。したがって、その後、形骸品を加工して、本件諸権利の権利範囲に属するレンズ付きフィルムを製造した場合には、それは原告製品とは、社会通念上別製品であるから、本件諸権利を侵害することになる。

消費者は、原告製品につき、使用可能枚数を撮り終わり、これを現像取次店に出した段階で、原告製品のうちフィルム以外の部分については、所有権を放棄している（原告が原告製品につきリサイクル事業を始めるまでは、それらは実際に廃棄されていた）。したがって、フィルムが取り去られた段階で、原告製品の経済的な価値は、ほぼ完全に喪失されたといえる。しかも、フィルムの取り去られた原告製品を再利用するのは相当な困難があるから、フィルムの取り去られた原告製品は極めて金銭的な価値が低いものであり、商品としての生命は完全に終ったといえる。

右のとおり、原告製品は、現像所がフィルムを取り終わった段階

1 ドイツにおける特許権の用尽理論

で,商品としての生命は終わったものである。したがって,その後,右の原告製品が加工され,本件諸権利の権利範囲に属するレンズ付きフィルムが製造されれば,それが当該権利を侵害することになることは疑問の余地がない。

(iii) 使用済みの原告製品について,韓国の詰替業者が行い,被告Y_1が国内の業者に行わせている詰替え作業は,極めて複雑な工程であり,それ自体,新たな製造行為と評価すべきものである。

特許権および実用新案権は,いずれも「レンズ付きフィルム機構と内蔵されているパトローネ入りフィルムの組合せ」を特許請求の範囲ないしは実用新案登録請求の範囲としており,あらかじめ装塡された未露光フィルムがその本質的要素であることは明らかである。被告製品は,使用済みの原告製品のフィルムを入れ替えることにより,特許権および実用新案権の必須の構成要素であり,技術思想の根幹をなす未露光フィルム等を新たに付与したものであるから,特許法上,原告製品との同一性を欠くものと評価すべきである。

意匠権の意匠は,いずれもカメラ本体とそれを覆う紙箱状の外装体に係るものであるところ,被告製品は,新たに製造した外装体によりカメラ本体を覆わせているものであるから,意匠を新たに形成させる行為を行ったものというべきである。

(iv) 被告製品は,原告製品と比べて,欠陥の多いものであり,この意味でも,社会通念上,原告製品とは異なる製品と評価されるべきものである。

(v) 被告らは,被告製品につき被告ら独自の商標を用いており,また,被告製品に製造元として自己の名称を表示しているものであって,これらに照らせば,被告ら自身も,被告製品と原告製品が別製品であると認識した上で,被告製品を販売しているというべきである。

Ⅲ 「レンズ付きフィルムユニット」事件

(vi) 原告は，原告製品発売以来一貫して，原告製品が現像後は消費者の手に戻らないことを明確にしており，その後レンズ付きフィルムは社会的に定着したものであって，一般消費者もその点を，完全に認識していることは公知の事実である。したがって，原告がリサイクルないし部分的なリユースを開始する以前，すなわち使用済みの原告製品を廃棄していた時点では，消費者は，使用済みの原告製品を単なるゴミと認識していた。近年は，原告は，使用済みの原告製品につきリサイクルないし部分的なリユースを行っており，広報活動を通じてそのことを世の中に知らしめていることから，一般消費者の多くは，使用済みの原告製品が何らかの形でリサイクルないしリユースされていることを認識している。

(vii) 原告は，原告製品が繰り返し使用されてはならないとの認識の下で原告製品を販売していたものであるから，原告が，原告製品販売時に，使用済みの原告製品につき，第三者によって加工がされた上で販売されることを許諾していたと認める余地はない。また，原告製品が市場において譲渡される際には使用済みの原告製品を用いて詰替え品が製造されることは想定されていないから，原告製品の寿命が終了した後にこれを用いて詰替え品を製造することができる権利を譲受人が取得することを前提として，原告製品の取引行為が行われているとは到底いえない。したがって，本件において，被告製品に対する本件諸権利の行使を認めても，何ら，市場における商品の自由な流通ないしは特許製品の円滑な流通も害されない。また，原告製品は，消費者が使用を終えて現像取次店に持ち込んだ段階で製品の寿命が終了するものであり，原告が原告製品の販売により得る本件諸権利についての対価は，原告製品の寿命の終了までに対応するものである。原告製品は繰り返して使用されてはならない製品であるから，原告において，原告製品を販売するときに，使用

1 ドイツにおける特許権の用尽理論

済みの原告製品を用いて詰替え品が製造されることを想定して，価格設定をすることは不可能である。上述のとおり，本件においては，国内消尽を肯定すべき理由として最高裁第3小法廷平成9年7月1日判決（民集51巻6号2299頁）が挙げる点がいずれも欠けているから，国内消尽が成立する余地はない。

(viii) また，本件においては，国外で販売した原告製品について国外で詰替え品が製造されて我が国に輸入されることが国際取引の状況から予想されるものとはいえないから，原告が，韓国での原告製品の販売時に，詰替え品のわが国での販売禁止を留保せず，製品に表示しなかったからといって，わが国における被告製品の販売を黙示的に許諾したと解することは到底できない。したがって，本件においては，国際消尽を肯定すべき理由として前掲最高裁判決が挙げる点が欠けているから，国際消尽が成立する余地もない。

(ix) 以上のとおり，あらゆる点からみて，原告製品と被告製品とは，社会通念に照らし，特許法（工業所有権法）上同一でない製品であり，また，最高裁判例の判示する国内消尽および国際消尽の前提となる要件を欠くから，本件において国内消尽ないしは国際的消尽論の抗弁が成立する余地はない。

2 国内消尽および国際消尽の成否についての判旨
(1) 国内消尽

(i) 特許権者または特許権者から許諾を受けた実施権者が，わが国の国内において当該特許発明に係る製品（以下「特許製品」という）を譲渡した場合には，当該特許製品については特許権はその目的を達したものとして消尽し，もはや特許権の効力は，当該特許製品を使用し，譲渡しまたは貸し渡す行為等には及ばないものというべきである（最高裁平成7年(オ)第1988号同9年7月1日第3小法廷判

Ⅲ 「レンズ付きフィルムユニット」事件

決・民集 51 巻 6 号 2299 頁参照）。

(ⅱ) しかしながら，特許製品がその効用を終えた後においては，特許権者は，当該特許製品について特許権を行使することが許されるものと解するのが相当である。けだし，①一般の取引行為におけるのと同様，特許製品についても，譲受人が目的物につき特許権者の権利行使を離れて自由に業として使用し再譲渡等をすることができる権利を取得することを前提として，市場における取引行為が行われるものであるが，使用ないし再譲渡等は，特許製品がその効用を果たしていることを前提とするものであり，年月の経過に伴う部材の摩耗や成分の劣化等によりその効用を果たせなくなった場合にまで譲受人が当該製品を使用ないし再譲渡することを想定しているものではない。またその効用を終えた後の特許製品に特許権の効力が及ぶと解しても，市場における商品の自由な流通を阻害することにはならず，②特許権者は，特許製品の譲渡に当たって，当該製品が効用を終えるまでの間の使用ないし再譲渡等に対応する限度で特許発明の公開の対価を取得しているものであるから，効用を終えた後の特許製品に特許権の効力が及ぶと解しても，特許権者が二重に利得を得ることにはならず，他方，効用を終えた特許製品に加工等を施したものが使用ないし再譲渡されるときには，特許製品の新たな需要の機会を奪い，特許権者を害することとなるからである。

特許製品がその効用を終えた場合とは，年月の経過により特許製品の部材が物理的に摩耗し，あるいはその成分が化学的に変化したなどの理由により当該製品の使用が実際に不可能となった場合がその典型であるが，物理的には複数回の使用が可能であるにもかかわらず保健衛生上の観点から再度の使用が禁じられているもの（例えば，使い捨て注射器や使い捨てコンタクトレンズ等）など，物理的にはなお使用が可能であっても一定回数の使用により社会通念上効用

1　ドイツにおける特許権の用尽理論

を終えたものと評価される場合をも含むものと解される（物理的な摩耗や成分変化等により使用が不可能となった特許製品は，通常，廃棄されるので，特許法上の問題を生ずることはほとんど想定できないが，社会通念上効用を終えたにもかかわらず物理的には使用が可能な製品については，その再使用や再譲渡に対して，特許権者からの権利行使が許されるかどうかが問題となり得る）。このような場合において，特許製品が効用を終えるべき時期は，特許権者ないし特許製品の製造者・販売者の意思により決せられるものではなく，当該製品の機能，構造，材質や，用途，使用形態，取引の実情等の事情を総合考慮して判断されるべきものである。

(iii)　また，当該特許製品において特許発明の本質的部分を構成する主要な部材を取り除き，これを新たな部材に交換した場合にも，特許権者は，当該製品について特許権を行使することが許されるものと解するのが相当である。けだし，このような場合には，当該製品は，もはや特許権者が譲渡した特許製品と同一の製品ということができないからである。もっとも，特許発明を構成する部材であっても消耗品（例えば，電気機器における電池やフィルターなど）や製品全体と比べて耐用期間の短い一部の部材（例えば，電気機器における電球や水中用機器における防水用パッキングなど）を交換すること，または損傷を受けた一部の部材を交換することにより製品の修理を行うことによっては，いまだ当初の製品との同一性は失われないものと解すべきである。

(iv)　主張立証責任に関しては，特許権者による権利行使に対して，相手方は，抗弁事実として，その対象となっている製品が特許権者等により譲渡された特許製品に由来することを主張立証すれば，消尽を理由として特許権者の権利行使を免れることができ，これに対して，特許権者は，再抗弁事実として，当該対象製品が，特許製品

として既に効用を終えたものであることまたは特許製品における特許発明の本質的部分を構成する主要な部材を交換したものであることを主張立証することにより，消尽の成立を否定することができるものと解するのが相当である。

(v) そして，(i)ないし(iv)に述べたところは，特許権のみならず，実用新案権および意匠権についても同様に当てはまるものである。

(2) 国際消尽

わが国の特許権者またはこれと同視し得る者が国外において特許製品を譲渡した場合においては，特許権者は，譲受人に対しては，当該製品について販売先ないし使用地域からわが国を除外する旨を譲受人との間で合意した場合を除き，譲受人から特許製品を譲り受けた第三者およびその後の転得者に対しては，譲受人との間でこの旨を合意した上特許製品にこれを明確に表示した場合を除いて，当該製品についてわが国において特許権を行使することは許されないものと解するのが相当である（前掲最高裁第３小法廷平成９年７月１日判決）。しかしながら，このような場面においても，当該特許製品がその効用を終え，あるいは特許製品において特許発明の本質的部分を構成する主要な部材が交換されたときには，特許権者による権利行使は許されると解するのが相当である。けだし，①国外での経済取引においても，譲受人は譲渡人が有していたすべての権利を取得することを前提として取引行為が行われるものであり，その点は特許製品についても同様であるが，これは，特許製品がその効用を果たしていることを前提とするものであるから，その効用を終えた後の特許製品に特許権の効力が及ぶと解しても，国際取引における商品の自由な流通を阻害することにはならず，②譲受人または譲受人から特許製品を譲り受けた第三者が，その効用を終えた後の特許製品をわが国に輸入し，あるいはわが国において使用ないし譲渡

1 ドイツにおける特許権の用尽理論

することは,特許権者において当然に予想されるところではないというべきであり,また,③特許発明の本質的部分を構成する主要な部材を交換した製品は,もはや特許権者が譲渡した特許製品と同一の製品ということができないからである。

したがって,特許権者は,特許製品について販売先ないし使用地域からわが国を除外する旨を譲受人との間で合意したことや右の旨を特許製品に明示したことに代えて,差止め等を求める対象製品が,特許製品として既に効用を終えたものであることまたは特許製品における特許発明の本質的部分を構成する主要な部材を交換したものであることを主張立証することにより,当該対象製品について特許権を行使することができる。そして,この点は,特許権のみならず,実用新案権および意匠権についても同様に当てはまるものである。

（3） **本件についての検討**

（i） 本件においては,原告製品は特許権,実用新案権および意匠権の実施品であるところ,被告Y_1は,原告が日本国内において販売した原告製品について,これを一般消費者が使用後に現像所に持ち込んだものを購入し,フィルムを入れ替えるなどの作業を行わせたものを,被告製品として販売している。被告Y_2は,原告が韓国において販売した原告製品について,これを韓国の一般消費者が使用後に現像所に持ち込んだものを,韓国の詰替業者が購入してフィルムを入れ替えるなどの作業を行ったものを,右業者から輸入して,販売していた。したがって,被告らの販売する被告製品は,いずれも原告が日本国内または韓国において販売した原告製品に由来するものである。また,韓国における原告製品の販売に際して,原告が譲受人との間で当該製品の販売先ないし使用地域からわが国を除外する旨を合意しておらず,また,原告製品にその旨を表示していないことは,当事者間に争いのないところであるから,前記のような

Ⅲ 「レンズ付きフィルムユニット」事件

国内消尽および国際消尽の成立を妨げる事情が認められない限り、原告は、被告製品につき本件諸権利を行使することができないこととなる。

(ⅱ) この点について、原告は、① 原告製品は再利用できない「1回使用カメラ」であり、消費者が内蔵されたフィルムの撮影を終えて原告製品を現像所に送り、現像所においてフィルムが取り出された段階でその寿命は終わっている、② 被告製品は、特許権および実用新案権の必須の構成要素であり、技術思想の根幹をなす未露光フィルム等を新たに付与したものであるから、原告製品との同一性を欠く、③ 意匠権の意匠は、いずれもカメラ本体とそれを覆う紙箱状の外装体に係るものであるところ、被告製品は、新たに製造した外装体によりカメラ本体を覆わせているものであるから、意匠を新たに形成させる行為を行ったものである、などと主張している。そこで、原告主張の当否について検討する。

(ⅲ) 前記の争いのない事実、《証拠略》を総合すれば、次の事実が認められる。

(a) 原告製品は、フィルムユニットの前カバー10と裏カバー11をフィルムユニットの本体9に前後から連絡した上、本体9の底部と裏カバー11の底部を超音波により溶着して接合するなどされており、原告製品に内蔵されたフィルムの撮影を終えた消費者がフィルムユニット本体から撮影済みのフィルムを露光させることなく取り出すことは困難な構造となっている。

(b) 原告製品は、撮影後に現像所においてフィルムを取り出す際にフック等の連結部材が破壊される上、新たなフィルムを装填するために裏カバーを本体から外すとフック、超音波溶着部分等が破壊されることから、原告製品のフィルムを入れ替えた上で裏カバーを装着した製品は、遮光性の低下など、原告製品に比べて品質、性

19

1 ドイツにおける特許権の用尽理論

能が劣るものとならざるを得ない。

(c) 原告製品は,昭和62年の発売当初から,いわゆる「使い捨てカメラ」として販売されている。原告製品を購入した消費者は,内蔵されたフィルムの撮影を終えた後は,これをフィルムユニット本体ごと現像取次店に持ち込み,現像を経て完成された写真とネガフィルムを受領するものであって,フィルムユニット本体は返還されない。このように,撮影後,フィルムユニット本体が消費者の手元に残らないことは,原告製品が市場において広く受け入れられ,大量の製品が販売されるのに伴って(ちなみに,平成9年においては5,000万個を超える売り上げを記録している),一般消費者の間で広く認識されるに至り,被告らが被告製品の販売を始めた平成6年の時点においては既に社会一般における共通認識となっていた。

(iv) この認定事実によれば,原告製品は,これを購入した消費者が内蔵されたフィルムの撮影を終えて,現像取次店を経由して現像所に送り,現像所において撮影済みのフィルムが取り出された時点で,社会通念上,その効用を終えたものというべきである。したがって,本件においては,原告製品に実施されている特許権,実用新案権および意匠権について,国内消尽および国際消尽の成立を妨げる事情が存在するというべきであるから,原告が被告製品についてこれらの権利を行使することは許されるものである。

(v) また,本件諸権利のうち意匠権に関しては,前記の争いのない事実によれば,フィルム詰替え作業において,原告製品において右各意匠権の意匠を構成する主要な部分である紙カバーを外した上,自ら準備した紙カバー14を取り付けたというのであるから,被告製品は,意匠の本質的部分を構成する主要な部材を交換したもので,原告製品と同一の製品と評価することはできず,この点からも,国内消尽および国際消尽の成立は否定される。

Ⅲ 「レンズ付きフィルムユニット」事件

(vi) 被告らは，原告製品は現像所において撮影済みフィルムが抜き取られた後も商品としての寿命が尽きるものではなく，被告らが原告製品の紙カバーを外して，自ら準備した紙カバー14をかぶせる行為も原告の実施したデザインの修理であると主張するが，原告製品は，現像所において撮影済みフィルムが抜き取られた時点において，社会通念上その効用を終えたものであり，意匠権に関しては，被告らが原告製品の紙カバーを外して自ら準備した紙カバー14をかぶせる行為により被告製品は原告製品と同一性を失っていることは，前に説示したとおりである。被告らの主張は，採用できない。

3 判旨の検討
(1) 判旨の理論的根拠

判旨は，本件事案の判断の前提として，掲記の最高裁判決による消尽理論を認定した上，「特許製品がその効用を終えた後においては，特許権者は，当該特許製品について特許権を行使することが許されるものと解するのが相当である」とし，右結論の明確な法的根拠は示されていないが，「……右にいう使用ないし再譲渡等は，特許製品がその効用を果たしていることを（「取引行為の当事者の意思として」……筆者の解釈として挿入）前提とするものであり，……その効用を果たせなくなった場合にまで譲受人が当該製品を使用ないし再譲渡することを想定しているものではないから，……」と判示せられており，判示よりすれば，後述のドイツでの黙示的実施許諾理論に依拠するものではないかと推測せられる。

黙示的実施許諾理論（Die Theorie der stillschweigenden Lizenzerteilung）についての沿革[15]によれば，「1877年の第1次ドイツ特許法4条は，何人も，特許権者の同意なくして，発明の対象を，業として製造し，流通におき，または販売し，または，使用することは

1　ドイツにおける特許権の用尽理論

許されない」旨規定している。この規定につき，各権能は相互に如何なる関係にあるかが問題とせられた。何故ならば，ある機械を販売し，その買主にその機械の使用を禁止することは無意味であるからである。また，特許製品を流通におく権利に関しても，不明瞭な点が存在した。判例および学説は，流通におく行為はすべて，したがって，特許製品を一般に入手可能なものとする行為はすべて，特許権者の禁止権の対象となるとする立場を採った。しかし，すべての流通行為が禁止権の対象となるとするならば，その禁止権に基づいて再譲渡は否定せられることになるのか，また，特許権者によりすべての販売行為および使用行為についての条件を課することができることになるのか，等の疑問が生じた。かような状況下において最初に提唱されたのが，前述の黙示的実施許諾理論であり，この理論の欠点を是正するために，コーラー（Kohler）による使用（実施）行為類型関連理論（Die Lehre vom Zusammenhang der Benutzungsarten）が提唱され，さらには，現在における通説である特許権の用尽－消尽理論（Die Lehre von der Konsumtion des Patentrechts）が確立せられるに到ったのである。以下，上述の黙示的実施許諾理論および特許権の用尽理論を説明することとする[16]。

（2）　黙示的実施許諾理論

黙示的実施許諾理論は，特許製品の売買に際し，当該製品の使用および再譲渡の許諾が特許権者により与えられたものと見做すものである。すなわち，取引通念によれば，所有権と使用権は一体不可分のものとして結合しているが故に，特許製品の売主である特許権者は，当該特許製品の爾後の取得者（所有権者）に対しても，当該特許製品の用法に応じた使用を許容する意思を有していたものと見做さるべきであるとし，この点において，不確定人（incerta persona）を対象とする実施許諾の付与が存在するものとする。

黙示的実施許諾理論の欠点は，次のような事案を想定すれば明らかであるとされている。すなわち，特許権者が，当該特許製品の爾後の販売権（再譲渡権）または使用権を，明示的に部分的または全部につき留保したため，特許権者の黙示的実施許諾が推定され得ない場合である。すなわち，この理論によれば，特許権者が，当該製品の使用または再譲渡に関し実施許諾の内容に制限を加える必要が存在すると思料する場合には，当該特許製品の販売・再譲渡および使用を自由に支配することができることになり，このような結論は，特許製品の流通を著しく阻害する結果を生ぜしめることになり，また，特許権者に包括的な販売独占を生ぜしめることは，立法者の意思にも反することになる，とされている。

（3） **特許権の用尽（消尽）理論**

前出「Ⅰ　ドイツ判例における用尽理論の誕生」2に掲記した「Duotal / Gujakol-Karbonat」事件において，ライヒ裁判所は，次のように判示している。

「特許法4条によれば，特許は，特許権者が業として発明の対象を製造し，流通におき，販売し，使用する排他的独占的権能を有する。したがって，特許は，特許権者の営業における特許権者による発明の利用を保護するものである。本件事案における如く，右営業が，特許方法により生産された生産物の製造および販売にある場合には，特許の効力は，国内において特許権者（および特許権者によりその権限を与えられた者）以外は何人も，当該生産物を当該方法により製造し流通におくことは許されないという点に，存在する。しかし，この時点（段階）を以て，特許保護の効力も亦，用尽（消尽）された（erschöpft）ことになる。すなわち，特許権者が，他人との競業を排除する（特許）保護の下に，その生産物を製造し流通におく場合には，これにより特許権者は，特許が特許権者に与える

1 ドイツにおける特許権の用尽理論

利益を享受したことになり,これにより特許権者の権利は用尽された(Konsumiert)ことになる。特許は,特許権者に対し,特許権者の製品の流通(が行われるべき)条件を規制する権能を容認するものではない。特許から生ずる権利が上述の如き権能をも包含するものであるとの根拠は,特許法自体にも存在しない。また,特許保護の右の如き拡張は,立法者の意思に沿うものであるとの見解にも組みすることはできない。何故なれば,上述の如き特許保護の拡張は,商品流通にとり耐え難い負担に導くことになるからである。以上よりして,特許から生ずる絶対権に基づいては,再販売に関する条件の侵害は主張され得ないという結論になる。何故なれば,原告がひとたび流通においた商品は,特許法上,流通制限の拘束から脱する(frei von Verkehrsbeschränkungen)ことになるからである。」

ライヒ裁判所の見解により,特許製品は,権利者による最初の流通におく行為により,当該特許の拘束から脱することになり,その後の再譲渡および使用は自由に行い得ることになる。

ライヒ裁判所の判決後の同裁判所の判例およびドイツ連邦裁判所の判例ならびに下級審裁判所の判例は,ライヒ裁判所の用尽(消尽)理論を,確立した判例として踏襲し,現在に到っている。また,この理論は,殆んどすべての学説において強力な支持を得ている[17]。

(4) 私　　見

前述した如く,本件判旨は「特許製品がその効用を終えた後においては,特許権者は,当該特許製品について特許権を行使することが許される」とするもので,判旨は,特許製品の取得者に対し,特許製品がその効用を終えた後においては,当該特許製品を再譲渡または使用してはならないとの販売条件を課するに等しい——特許製品に耐用期間の制限を付することを特許製品の使用および譲渡の販売条件とする黙示的実施許諾理論——ものであり,これに違反する

Ⅲ 「レンズ付きフィルムユニット」事件

場合には特許侵害を構成することになり，前述の黙示的実施許諾理論の有する欠陥，すなわち，特許権者に包括的な販売独占を生ぜしめる弊害を包蔵しているものであり，黙示的実施許諾理論の理論的欠陥を克服するために提唱せられた前記「特許権の用尽（消尽）理論」の観点からは，到底首肯することができず，特許権の用尽理論を認定した前掲最高裁判所の判旨[18]にも逆行するものと思料せられる。

（5） **本件事案において争点とせられるべき問題点**

筆者は，本件判決の直前に仮処分決定がなされた本件事案と類似の東京地裁平成 11 年㈳第 22179 号「フィルム一体型カメラ」特許権仮処分事件について「実用新案権の用尽理論についての一考察」（拙著『判例知的財産侵害論』信山社，2000 年）と題する論稿の中で，同事案の問題点として，

「(1) 本件債務者が取得したカメラは，債権者またはその同意を得た第三者により，最初の流通におかれた真正物件であるか。

(2) 本件撮影済カメラからフィルムを取り出す際に，本件各考案の保護対象部位であるカメラの部分的構造部位は破損せられるか。また，意匠の保護対象であるカメラの全体の形状は破損せられるか。

破損せられる場合には，これに要する修復は，法的に許容される修復の範囲内のものか。または，法的に許容されない・新・規・の・製・造・行・為に該当するものか。

(3) 本件各考案の保護対象部位であるカメラの部分的構造以外の構造部分の修復およびその部品の取り替えは，自由である。」

の諸点を指摘したが，これは，本件事案の考察についても妥当するものと思われる。

本件原告は，その主張⑿（本件判決 28, 29 頁，前掲本書 12 頁）において，「使用済みの原告製品について，韓国の詰替業者が行い，

1 ドイツにおける特許権の用尽理論

被告 Y_1 が国内の業者に行わせている詰替え作業は、極めて複雑な工程であり、それ自体、新たな製造行為と評価すべきものである。特許権および実用新案権は、いずれも『レンズ付きフィルム機構と内蔵されているパトローネ入りフィルムの組合せ』を特許請求の範囲ないしは実用新案登録請求の範囲としており、あらかじめ装塡された未露光フィルムがその本質的要素であることは明らかである。被告製品は、使用済みの原告製品のフィルムを入れ替えることにより、特許権および実用新案権の必須の構成要素であり、技術思想の根幹をなす未露光フィルム等を新たに付与したものであるから、特許法上、原告製品との同一性を欠くものと評価すべきである。

意匠権の意匠は、いずれもカメラ本体とそれを覆う紙箱状の外装体に係るものであるところ、被告製品は、新たに製造した外装体によりカメラ本体を覆わせているものであるから、意匠を新たに形成させる行為を行ったものというべきである。」と述べている。

本件事案においては、原告の主張の線に沿って、

(i) 各特許権・実用新案権は、特許明細書および実用新案明細書に記載の発明または考案の各技術的課題に照し、特許請求の範囲の項および実用新案登録請求の範囲の項によるその解決に基づき、各カメラの何れの構造部分または全体的構造に各権利の保護対象が存在するかを確定し、次に、

(ii) 被告らによる撮影済カメラを再製修復するに際し、前記各権利の保護対象部位（部分）または全体の構造の破損による修復を必要とするか否か。

各権利の保護対象部位または全体的構造の破損による修復を必要とする場合には、その修復は、法的に許容される修復の範囲内のものか、または、法的に許容されない新規の製造行為に該当するものか、の諸点が検討されなければならない。

Ⅲ 「レンズ付きフィルムユニット」事件

(ⅲ) また，各意匠権についても，意匠公報に基づき，何れの形状部分または全体に各意匠権の保護対象が存在するかを確定し，前記再製修復に際し，前同様，法的に許容される修復の範囲内のものか，または，法的に許容されない新規な形状の再製に該当するかが，検討されなければならないであろう。

なお，この点の検討に際しては，前掲「実用新案権の用尽理論についての一考察」に引用したブラッセンドルフ（Blasendorf）の諸説が有益である。同所説は，本件事案と類似の事例において次の如く述べている。

「リンデンマイアー（Lindenmaier）は，物品の通常の耐用年数を延長することになる修理も，容認せられる範囲内に属する場合があるとの見解を表明しているが，私の見解によれば，右の如き事例は，次の如き場合であると考えられる。すなわち，容器または包装用に使用せられ，通常その内容物の使用後は廃棄される対象物が，明敏な業者により，当該対象物が使用可能な限りさらに使用するために整備し，同一または他の内容物を入れて，再度流通におかれる場合である。私は，右の事例を，原則的に容認せられるものと思料する。勿論，中性部品の交換または再製の場合を除き，上述の『整備（Zurechtmachen）』は，対象物全体の新規製造，または，特許に係る部品または特許保護がなされているものと同視される程度の『特殊化された（individualisierten）』部品の新規製造であってはならない。中性部品以外の部品の軽微な修理も，この修理により，修理前の特許に係る対象物より耐用年数の延長をもたらしたとしても，許容される修理の範囲に該当するものと思料せられる。かような事例は，著るしく進歩した近代的包装産業の現状においては，稀なことではない。かかる事案においては，たとえ修理後における使用が，通常の耐用年数の程度を越えることがあったとしても，特許権者が，表

1 ドイツにおける特許権の用尽理論

面上復活した特許権を楯に,修理後の使用の継続を禁止し得ないものと思料せられる。何故ならば,この場合には,明らかに新規な製造はなされておらず,他方,整備がなされた対象物が,より長期間使用されることになり,これにより新品の対象物の売れ行きに不利な影響を与えることがあるとしても,かような事実は,経済的な観点にすぎず,特許法上は何らの意味も有しない。」

(iv) ドイツの判例においては,前述の如く,特許権の国際的用尽は容認されないが故に,「原告が韓国において販売した原告製品について,これを韓国の一般消費者が使用後に現像所に持ち込んだものを,韓国の詰替業者が購入してフィルムを入れ替えるなどの作業を行ったものを,この業者から輸入して,販売していた」被告Y_2は,この輸入製品が原告の有する特許権等に抵触する場合には,当該侵害を構成することになる。

---

(1) Ulrich Joos, "Die Erschöpfungslehre im Urheberrecht"(Eine Untersuchung zu Rechtsinhalt und Aufspaltbarkeit des Urheberrechts mit vergleichenden Hinweisen auf Warenzeichenrecht, Patentrecht und Sortenschutz) 1991, S. 23-24.
(2) Carsten Thomas Ebenroth, "Gewerblicher Rechtsschutz und europäische Warenverkehrs-freiheit"(Ein Beitrag zur Erschöpfung gewerblicher Schutzrechte) 1992, S. 51-54.
(3) ドイツ特許法9条
　〔特許の効力〕　特許権者のみが,特許発明を使用する権能を有する。何人も,特許権者の同意なくして,以下の行為をなすことが禁ぜられる。(以下省略)
(4) Hubmann Götting, "Gewerblicher Rechtsschutz" 6. Aufl., 1998, §7 II 2. S. 93, 94.
(5) Benkard-Bruchhausen, "Patentgesetz" 9. Aufl., 1993, §9 Pat G RdNr. 8.

Ⅲ 「レンズ付きフィルムユニット」事件

(6) 同書§9 Pat G RdNr. 12.
(7) RGZ 84, 370, 375 ; BGH GRUR 1968, 195, 196 Blasendorff, Zur Erschöpfung des Patentrechts, in FS für Werner von Stein, 1961, S. 13.
(8) 前掲注(3)§11 GebrMG RdNr. 7, von Gamm, Geschmacksmustergesetz, 2. Aufl., 1989, §5 RdNr. 54ff.
(9) 1994年10月25日の新「標章法（Markengesetz）──標章およびその他の表示の保護に関する法律」は，同法24条に「用尽（Erschöpfung）」に関する規定を新設し，同規定は，標章の用尽の効力を，ヨーロッパ共同体またはヨーロッパ経済圏での商品流通に限定したため，ドイツ連邦裁判所は，「Gefärbte Jeans」判決（ドイツ連邦裁判所民事判例集131巻308頁）において，標章権の国際的用尽の原則（Grundsatz der internationalen Erschöpfung des Markenrechts）を放棄し，標章権者は，第三国からヨーロッパ共同体またはヨーロッパ経済圏への輸入を，当該商品が第三国において標章権者またはその同意の下に流通におかれた場合にもまた，阻止し得る，旨判示した。
(10) BGHZ 41, 84, 94 ; BGH GRUR 1976, 596, 582 ; 前掲注(3)§9 PatG RdNr. 17, 21.
(11) RGZ 51, 139, 142 ; BGHZ 23, 100, 106 ; OLG Karlsruhe GRUR 1982, 295, 299f.
(12) BGH GRUR 1969, 479, 480 ; BGHZ 81, 282, 288f.
(13) 前掲注(3)§9 PatG RdNr. 21.
(14) 判例時報1612号3頁「BBSアルミホイール事件」。本事件の解説として，角田政芳（東海大学）「特許製品の並行輸入と国際用尽論」（CIPICジャーナル Vol.71）に詳しい。
(15) 前掲注(1)の後出書 S. 24, 25.
(16) 同書 S. 25, 27-28.
(17) 同書 S. 29.
(18) 同最高裁の判旨に「……特許製品を国外において譲渡した場合に，その後に当該製品が我が国に輸入されることが当然に予想される

1　ドイツにおける特許権の用尽理論

とに照らせば,特許権者が留保を付さないまま特許製品を国外において譲渡した場合には,譲受人及びその後の転得者に対して,我が国において譲渡人の有する特許権の制限を受けないで当該製品を支配する権利を黙示的に授与したものと解すべきである。」と判示しているが,右事案は特許権の国際的用尽に関する事案であり,商標権の国際的用尽が容認せられている点より,限定的に特許権の国際的用尽を容認したに止まるものと解せられ──右結論の当否は別として──,本件事案の判旨の如き(権利保護対象に限定された範囲内での販売独占ではなく)全面的・包括的な販売独占に導く黙示的実施許諾理論を容認するものとは推論し得ない。

2 ドイツにおける商標権の用尽理論
―― わが国判例との対比 ――

Ⅰ 商標権の用尽についてのドイツ実務の概要
  1 国内的用尽
   (1) 旧商標法における実務
    (i) 不当表示 (Unberechtigtes Kennzeichen)
    (ii) 包装替え ── 詰め替え (Umverpacken)
   (2) 新「標章法」24条2項の新規定
  2 国際的用尽
   (1) 旧商標法における実務
   (2) 新「標章法」24条1項の新規定
Ⅱ 商標権の用尽についてのわが国判例とその比較法的考察
  1 「家庭用カセット式テレビゲーム機」事件（東京地裁平成4年5月27日判決）
  2 「ゴルフクラブヘッド」事件（東京地判平成10年12月25日判決）

Ⅰ　商標権の用尽についてのドイツ実務の概要

ドイツにおける商標権の用尽理論について、1968年1月2日の旧商標法下における実務と1994年10月25日の新標章法につき解説したものであるが、特に新標章法24条に用尽に関する新規定が新設され、これにより商標権の国際的用尽に関するドイツの従来の判例および学説が大きく転換したため、その点についても詳述した。

また、用尽理論適用に関する日独判例の理論構成の比較検討を通じて、ドイツ判例における商標の機能の内容および解釈につき、形式的・抽象的観点から客観的・具体的観点へ、重点が移行する傾向が看取せられ、この点も考察の対象とした。

Ⅰ　商標権の用尽についてのドイツ実務の概要

1　国内的用尽
(1)　旧商標法における実務

ドイツ旧商標法24条1項および15条1項（新「標章法」14条）は、登録商標権者に対し、その営業上の指定商品・その梱包または包装に商標を付し[1]、商標を付した商品を流通におき、商品の広告・価格表・請求書等に商標を付する排他的独占権を保証し、かつ、同法24条1項により、第三者による違法な標章の使用に対し、防禦権（禁止権）を容認している。

商標権者またはその同意を得た第三者が、商標を付した商品を国内において最初に流通においた場合には、これにより同人の排他的使用権を用尽したことになる。何故ならば、商標を付した商品の営業上の出所を示す商標の目的が、将来にわたり達成せられたことになり、商品の爾後の販売を商標上の根拠に基づいて阻止することは、商標の限定づけられた保護目的に適合しないからである[2]。すなわち、商標権は、商標権者に販売独占を容認するものではなく、その保護の限界を商品の出所機能に限定するものであり、したがって、

2 ドイツにおける商標権の用尽理論

販売ルートのコントロールは，債権的合意の枠内においてのみ可能であり，商標権の手段によることは許されない[3]。

(i) **不当表示**（Unberechtigtes Kennzeichen）

しかし，商標が付された商品の爾後の販売ルート上で，商標の出所機能が毀損せられる場合には，用尽は生じない。商品・その梱包または包装に商標を付す商標権者の権能は，用尽の原則によっては制限を受けることはない。したがって，商標権者は，第三者によるその意思に反する商品・梱包または包装についての新たな商標表示に対抗することを妨げられない[4]。すなわち，当該商標に基づく商標権者の営業に由来するものであるとの商品の出所についての保証，および，これによって保証される商品の品質の同一性ならびに商品の良品質性が，その根拠を喪失するような態様で，原商品が改変または変容せられている場合には，商標を付された商品を流通におくことによる用尽の効果は生じない。すなわち，商標法は，商標の出所表示機能の保護を最優先のものとして保証し，したがって，当該商標権者の営業によりもたらされたものであるとする商品の出所を指示することにより消費者の注意を喚起し，これにより，他人の商品から区別せしめる商標権者の権利を保護することにある。他方，消費者は，当該商品を購入するに際し，商標により表示された当該商品は，商標権者または当該商標の使用権者の営業により販売されたものと同一の状態で購入するものであるとの期待を有しており，当該消費者は，当該商品の品質を専ら商標権者の責任と見做すことになる[5]。したがって，第三者が原製品を改変して販売することにより，当該商標を付した時点での原製品の状態を改変する場合には，商標権侵害が成立する。このような場合には，先ず自己の製品を製造し，次に第三者の商標を当該製品に付する場合と，何ら異なった取扱いをする必要が存在しない[6]。したがって，商標が付された商

品の改変または変容が，当該商品の独自性（本質）に影響を及ぼす態様でなされている場合には ―― この場合，商品についての加工がすべて，これに該当するのではない ―― ，当該商品についての商標の違法な装着の構成要件に該当する。この場合，商品の経済的品質（wirtschaftliche Beschaffenheit）特に商品の営業出所についての錯覚の虞れ，および，商標の品質保証機能の減退の虞れが存在するために，その保証機能が毀損せられるか否かが重要である。

(ii) **包装替え ―― 詰め替え**（Umverpacken）

上述したところは，商標が付された商品の不当な包装替えについても妥当する。その限りにおいて，用尽の原則は，商標権者の独占的商標表示権能の排除には到らしめない。新たな商標表示は，再包装を行う作業工程中において生ずる可能性がある商品の同一性（Identität）および完全性（Integrität）の毀損の虞れ，したがって，商品のグッドウイルの毀損の虞れを回避するためにも，商標権者のコントロール下におかれなければならない。その限りにおいて，具体的危険性の存在は，原則として必要としない。何故ならば，商品の不当な包装替えについての著しい濫用の危険は，既に再包装の過程自体に存在し，かつ，その具体的危険性の立証の困難性のために，商標権者にその法的保護が妨げられることになるからである。商標権者によって装着された標章が残存し，かつ，標章の装着についてではなく，商品の新たな流通行為が商標権を侵害することになるか否かを判断しなければならない場合にのみ，商品の事実上の改変による具体的危険性の存在の立証が必要とされることになる[7]。新たな包装のための再包装の過程において原包装を除去する場合に，新たな包装に商標を装着する行為は，当該商品自体は何ら傷つけられることはなく，さらに，当該包装は再包装がなされた旨，また，何人が再包装をなしたかが明記されている場合においても，商標権の

2 ドイツにおける商標権の用尽理論

侵害を構成する(8)。このような事案は、特に、国外で取得されたオリジナル商品が、並行輸入の目的で他の容器に詰め替え、商標権者の標章を付した新しい包装にして国内で販売される事案において、重要である。右の如き事案において、商標権侵害を構成するとの結論は、次の如き理由によっても正当化される。すなわち、商標の主要な機能は、特定の営業の出所にかかる製品の不変性について保証し、これにより、出荷時点における商品と同一の性状および品質を保有することを保証する点にある(9)。商標権者がその製品に商標を付することによってなされる上述の保証は、第三者が商標権者の製品に当該商標を付することにより、喪失されることになる(10)。しかし、場合によりオリジナル商品に商標を付することを許容する黙示的権能を商標権者により与えられているものと判断され得る事案が存在する。例えば、添付されていた標章が、包装された商品には何らの変化も生ずることなく、偶然的な事由のために包装から脱落した如き場合である(11)。

(2) 新「標章法」24条2項の新規定

新「標章法」24条2項は、用尽の制限に関する次の如き規定を新設した。

「標章または営業表示の権利者が、当該標章または営業表示を付した商品の爾後の販売との関連において、正当な事由に基づき —— 特に、当該商品が流通におかれた後に、商品の状態が変えられ、または、悪化された場合 —— 当該標章または営業表示の使用に反対した場合には、第1項は適用されない」

本規定の立法趣旨は、要約すれば、標章法上の機能理論における出所表示機能の後退と他の標章機能すなわち品質保証機能および広告宣伝機能の前進ということができる(12)。すなわち、用尽の原則の例外を規定する標章法24条2項は、商品がその流通後に変えられ

I 商標権の用尽についてのドイツ実務の概要

または悪化された場合には，標章の出所表示機能に基づく立論からは根拠づけられ得ない。何故ならば，当該商品の状態が変更せられまたは悪化された後においても，当該商品が標章権者の営業の出所であることには変りはないからである。標章法24条2項の規定の趣旨は，むしろ，当該標章に化体された，消費者およびその風評の品質保証への期待の保護に存する，ということができる。それ故，右規定は，標章の品質および信用保証を，また，間接的な風評保護として標章の広告宣伝機能をも強調するものである[13]。

本規定の具体的適用については，前出「旧商標法における実務」において考察した諸判例および学説の大部分が，今後も妥当することになるであろう。

2 国際的用尽
(1) 旧商標法における実務

商標権の保護領域は国内のみに限定されるにも拘らず，商標権の用尽に関しては，商標権者による外国での使用行為を無関係のものとして無視することができない。商標権者の権能が用尽せられたか否かは，当該商標が属する国の法秩序により判断せられ，その限りにおいては，国内の商標権者が，外国にも並行商標権を有しているか否か，また，この並行商標権が外国の保護領域内で用尽されたか否かは，無関係な事由に属する[14]。

国内の商標権者または国内の商標権者の同意に基づく第三者が，指定商品と同種の商品に国内商標と同一または類似の標章を付して外国において流通においた場合には，ドイツの法的見解によれば，国内におけるブランド内競業（Intra-brand-Wettwerb）を回避するため，商標を付した商品の最初の流通行為である使用権は用尽せられたことになり，国内の商標権者は，旧商標法24条1項に基づき，

2 ドイツにおける商標権の用尽理論

国内の商標権者による外国での当該商標を付した商品の輸入に対抗し得ないことになる(15)。以上の如く、ドイツ商標法においては、国際的用尽の原則（internationaler Erschöpfungsgrundsatz）が適用せられることになるのである。

以上の如く、属地主義の原則は適用せられないのであるが、このことは、商標権は、当該商標権を成立せしめる法によって規制せられ、当該法秩序のみがこれを限定するのであり、商標法が属する法により決定せられることを意味するに過ぎない。すなわち、商標権者または商標権者の同意の下に、外国において商標を付し流通におかれた商品の輸入が、国内商標権を侵害することになるか否かの判断は、当該国内法秩序により当該商標権の内容およびその権利範囲により決定せられることになる(16)。思うに商標法は、原則として、商標の出所機能およびこれに結びつく品質保証機能を保護するものであり、商標権者またはその同意を得た第三者が、商標を付した商品を外国において流通においたとしても、商標の出所表示機能は毀損されない。他方、当該商標が仕向け国において商標権者のために保護が与えられているか否か、また、当該商標権者が当該商標権者に由来し当該商標権者により商標が付された商品の輸入を阻止し得るか否か、の検討を、当該商品の取得者に課せられることになるならば、商品の流通にとり耐え難い負担となることは明らかである(17)。

外国において合法的に商標が付された商品の流通行為による商標権の用尽は、商標権者が、国内における当該商品についての独占的販売権ならびにその商標権の独占的使用を容認している者に対しても、発生する。何故ならば、右の者は、商標権者自身に与えられる権利より以上の権利を主張し得ないからである(18)。

さらに、外国のメーカーの標章が当該メーカーの同意の下に国内の独占的販売権を有する商標権者（標章所有者）のために商標登録

I 商標権の用尽についてのドイツ実務の概要

をした場合に、外国のメーカーによって流通におかれた当該標章を付した商品に関しては、右国内の商標権者は、商標権上の根拠に基づいては、当該商品の輸入に対し対抗するができない。この場合、国内の商標権者が、外国のメーカーおよび標章所有者に商標法上の観点から従属的関係にあるか否か、または、国内の商標権者が、当該商標の通用領域内において当該商標を外国のメーカーの承諾なしに問題なく使用することができるという意味において、独立しているか否か、が重要な規準となる[19]。当該標章が、実体法上外国メーカーに帰属している場合には、受託的な登録上の国内商標権者は、外国において外国の商標権者により流通におかれた商品の並行輸入を甘受しなければならない。何故ならば、国内の商標権者は、この事案においてもまた、外国の商標権者が有する権利より以上の権利を主張し得ず、またさらに、外国の商標権者自身も国内の登録商標権者になり得たのであろうからである[20]。以上述べた如く、この事案においても商標の出所表示機能は毀損せられていないが故に、形式的な商標分裂のために、商標権の用尽が排除せられることはない。

上述の事案と同一の結論は、国内の商標権者が外国の実施権者に対し、右外国の実施権者がその商品に国内の商標権者の商標を付す権限を与えた場合にも妥当する。何故なれば、国内のメーカーの商品と外国の実施権者が実施許諾契約に基づき製造する商品が同一の出所のものとして見做され、さらに、商標の出所表示機能は、実施許諾に係る商品の輸入により毀損せられることはなく、また、外国の実施権者による外国での流通におく行為は、国内の実施許諾者および商標権者に帰せられたことになるからである[21]。また、商標が付された商品を実施権者またはその購買者により国内へ再輸入することを禁止する旨の実施許諾契約上の約定は、用尽を排除することにはならない。何故なれば、商標権の内容の成文法上の範囲は、拡

39

2 ドイツにおける商標権の用尽理論

張され得ないものであり，また，商標の出所表示機能は，毀損せられていないからでもある[22]。

(2) 新「標章法」24条1項の新規定

新「標章法」24条1項は，用尽に関する次の如き規定を新設した。

「標章または営業表示の権利者は，本人または本人の同意の下に，国内またはヨーロッパ連合の構成国の一国またはヨーロッパ経済圏に関する条約の締約国の一国において流通におかれた，当該標章または営業表示が付された商品につき，第三者に対し，当該標章または営業表示を使用することを拒否する権能を有しない。」

本規定が新設される以前のドイツの実務においては，用尽の法原則は，裁判所による判例の蓄積により定着した原則であり，これによれば，この法原則は，国内のみに限定せられない世界的規模における用尽の法原則として理解されていたのであるが，本規定の新設により，用尽の原則の適用はヨーロッパ連合ないしヨーロッパ経済圏のみに限定せられることになった。しかし，この点に関し，次の如き相異なる見解が表明せられた。

「ある商品が，商標権者により商標を付して流通におかれた場合には，商標の出所表示機能（Herkunftsfunktion）は，改変されていないオリジナル商品の輸入により，毀損されることはない。この結論は，商標権者が，外国において商品に商標を付し流通においた場合においても，同様である。したがって，新『標章法』の発効後においては，用尽の原則の制限は，必然的に商標の出所表示機能理論の制限をも意味することになる[23]。何故なれば，この出所表示機能理論によってのみ，国際的用尽の法原則の理論的根拠が説明され得るからである。したがって，将来にわたり出所表示機能理論が重要な規準であるとするならば，国際的用尽の原則において，出所表示

機能理論が維持されなければならないであろう。何故なれば，標章は，標章が付された商品の流通により，その目的を達成したことになり，このことは，何れの場所において流通におかれても同様であるからである。」

この見解に対し，次のような反論がなされた。

「右見解は，商標の出所表示機能を根拠とする限り，国際的用尽の廃棄の理由を説明することは不可能であるとの点においては正当であるが，以下の点においては正当であるとはいい得ない。何故なれば，従来からの国際的用尽は，いずれの事案においても出所表示機能からのみ正当化されたのではなくて，特に，商標権に優先する販売コントロール（Vertriebssteuerung）の弊害を阻止する目的により正当化されたのである。すなわち，それは，競業法的（wettbewerbsrechtlich）ないし競業政策的（wettbewerbspolitisch）観点に基づくものであって，標章法的（markenrechtlich）観点に由来するものではない。換言すれば，新『標章法』24条1項に規定する用尽の原則の制限は，標章の有する機能的考慮に基づくものではなく，法政策的考慮に基づくものである。」[24]

前説の主張にも拘らず，新「標章法」の発効後の下級裁判所判決——GRUR1996年66頁掲載のデュセルドルフ地方裁判所「adidas-Import」事件・GRUR 1996年137頁掲載のミュンヘン高等裁判所「CT ALL TERRA」事件——および連邦裁判所民事判例集131巻308頁掲載の連邦裁判所「Gefärbte Jeans」事件の各判決は，「標章法の発効後は，標章権の国際的用尽の原則は適用されない」と判示した。

II 商標権の用尽についてのわが国判例とその比較法的考察

1 「家庭用カセット式テレビゲーム機」事件
（東京地裁平成4年5月27日判決）

(1) 被告Yが，商標権者Xが登録商標を付して販売した家庭用カセット式テレビゲーム機を通常の販売経路で購入した上，これに改造を加え，この改造により被告商品は，原告商品に高速連射機能，ビデオ出力端子，ステレオ音声出力端子，スローモーション機能等の機能が追加され，被告商品に自らの商品表示である「HACKER JUNIOR」を付し，当該登録商標「Nintendo」の表示をそのままにして販売した行為につき，被告Yの改造部分に相当する販売価格は原告Xの商品の価格の約54パーセントに及び，被告Yの商品は原告Xの商品の内部構造を改造したものとして売り出していたのであって，両商品が同一性のある商品ということはできないし，また，被告Yの商品に原告Xの登録商標が付されていると，被告商品が原告Xにより販売されたとの誤認を生ずるおそれがあって，原告Xの登録商標の出所表示機能が害されるおそれがあると認められ，さらに，被告商品については原告Xがその品質につき責任を負うことができないにもかかわらず，これに原告Xの登録商標が付されているとその品質表示機能が害されるおそれがあるとも認められるとして，被告Yの前記行為は，原告Xの商標権を侵害する，と判示した。

(2) GRUR 1998年697頁掲載のドイツ連邦裁判所1998年1月15日「VENUS MULTI」事件判決

原告Xは，金銭賭博式ゲーム機を1985年以降，「VENUS MULTI」なる登録商標名で販売していたが，右金銭賭博式ゲーム機は，法律により一定期間を限定してその販売許可が与えられていた。販売許

Ⅱ 商標権の用尽についてのわが国判例とその比較法的考察

可期間経過後，被告等Yは，右金銭賭博式ゲーム機を，金銭賭博を不可能とする構造の点数式ゲーム機に改造のうえ市場に再販売する目的を以て，金銭賭博式ゲーム機を買い集めた。被告等Yによる改造部分は，金銭支払がなされる構造部分であり，ゲーム表および得点表は元のままのものを使用し，また，新しい正面プレートが取り付けられ，さらに，そのプレート上に次のような注意事項も装着された。

「本ゲーム機は，X会社のゲーム機『VENUS MULTI』を，Y会社により点数式ゲーム機『Fruit Point』に改造したものです」

原告Xは，被告等Yの右の如き措置を，X会社およびその標章の有する良い声価の不正使用（unlautere Ausnutzung）として不正競争防止法1条に該当する旨主張した。また，原告Xは，控訴審において，商標権侵害をも併せ主張した。

これに対し，被告等Yは，原告Xの標章およびX会社名についての前記注意事項は，一般需要者がゲーム機の出所およびその改造の事実について錯誤に陥ることを防止するために必要不可欠の措置である旨，反論した。

第1審であるデュセルドルフ地方裁判所は，原告の請求を認容し，同高等裁判所も判決を維持したが，ドイツ連邦裁判所は，被告の主張を認容し，原告の請求を棄却した。同裁判所の判旨は，以下のとおりである。

元の表示である『VENUS MULTI』の表示に対し，改造されたゲーム機に使用された標章『Fruit Point』が対置されている。この両標章の対置により，『VENUS MULTI』の表示が，第三者の表示であること即ち元の状態でのゲーム機の表示であることを，一般需要者に明らかに示そうと意図されている。すなわち，改造されたゲーム機の新しい標章として自己の表示を対置させることにより，

43

2　ドイツにおける商標権の用尽理論

経験則上，一般需要者が，原告の標章を以て，新たに流通におかれることになる点数式ゲーム機に改造された製品の表示手段と見做すことを排除ないし防止していることになるのである。原告の標章およびその会社名についての前記注意事項は，上述した点との関連においては，単に情報伝達的性格（informativer Charakter）——すなわち，当該ゲーム機は，元は原告の金銭賭博式ゲーム機に由来するものであるが，最早，金銭賭博式ゲーム機の機能を有しない，との情報——を有するにすぎないことになる，として商標権侵害を構成する商品変更の構成要件を充足しない」旨判示した（なお，原告が第1審において主張した不正競争防止法1条に関する判示は，省略する）。

(3)　商品の同一性を侵害する程度の製品の改変は，市場における特定の営業にかかる商品の同一性を識別するための表示である商標の役割を，毀損することになる。商標は，商品のすべての流通段階において，当該商標が付された商品の出荷された時点でのオリジナルな状態（Originalzustand）を保証するものである。したがって，商標権者による商品の最初の流通行為の後においては，当該商品の販売経路をコントロールする権能は商標権者には与えられていないが，当該商標が商標権者により認知された商品を表示するためのみに使用されるべきであるとの点についてのコントロールは，商標権者に留保されることになる。すなわち，商標権者は，商標の（商品）同一性確認機能（Identifizierungsfunktion）の表現として，商標が付された商品の出荷された時点でのオリジナルな状態につき，製造物責任（Produktverantwortung）を負担していることになる。以上により，商標が付された商品が改変せられた場合には，用尽の効果は発生せず，商標権者は，表示権侵害（Kennzeichenrechtsverletzung）として訴求し得ることになる。

これは，商品の改変による用尽理論適用排除についてのドイツの

通説を敷衍したのであるが，前掲東京地方裁判所判決は，このドイツの通説に沿った判示がなされており，何ら附言すべき点は存在しないが，ドイツの通説とは異なった判示が前掲ドイツ連邦裁判所「VENUS MULTI」判決に示されており，判旨は，改造された商品に新標章が付されるとともに原標章をも付されている事案につき，標章の出所表示機能および品質保証機能が各標章において・具・体・的・に・如・何・に・機・能・し・て・い・る・かという観点から，出所表示および品質保証の概念を把握するとともに，標章の有する情報提供的機能をも勘案し，具体的事情に応じた判断がなされており，新しい方向を示す判決として注目せられる。今後，特に，改造せられた商品に付された標章に周知性があり，また，改造の程度が著しい場合にも，オリジナル商品に付された原標章が，副次的な情報提供的意味を有するにすぎない性格に変化し，この事案と同様の結論となり得る事案も，多々あり得るのではないかと思料せられる。

2 「ゴルフクラブヘッド」事件

（東京地判平成 10 年 12 月 25 日判時 1680 号 112 頁以下）

(1) 事案の概要

Xは，米国法人のゴルフクラブメーカーであり，本判決添付目録記載の登録商標（本件登録商標）についての商標権者である。Yは，本件登録商標が付されたゴルフクラブヘッドに第三者が製造し，第三者の標章が付されたシャフトを結合したゴルフクラブ（Yゴルフクラブ）を製造して販売している。Xは，Yの行為が商標権侵害に当たると主張して，Yに対し，行為の差止めおよび損害賠償を求めた。

Yは，以下のとおり，Yゴルフクラブの販売は，真正商品を販売したものとして，違法性がないと主張した。すなわち，ゴルフクラ

2 ドイツにおける商標権の用尽理論

ブは目的に応じてシャフトを付け替えて使用することが多く,そうした販売形式はゴルフ業界では一般的であること,顧客の体型,技術,趣味等に応じて,個人個人が付け替えをしていること,Yは,顧客の注文に応じてシャフトを付け替えて販売する方法も採っているが,その場合には,Xのゴルフクラブに他社の標章が付された他社のシャフトを付け替えることを明記していることに照らすと,Yの販売行為は,X製ゴルフクラブに対する信頼や商標の出所表示機能を害することはないので,商標権侵害に当たらないと主張した。

これに対し,本判決は,以下のとおり判示した。

(ア) X製ゴルフクラブにはネックセルが取り付けられておらず,ヘッドとシャフトが直接結合され,ヘッドとシャフトの結合部分がないのに対し,Yゴルフクラブはヘッドとシャフトの結合部分にネックセルが装着されていること,(イ) X製ゴルフクラブのシャフトは,主としてスチールであるのに対し,Yゴルフクラブのシャフトはグラファイトであること,(ウ) X製ゴルフクラブは,X独自の製造基準を遵守して製造されていることが認められ,Yゴルフクラブは,X製ゴルフクラブと品質,形態等において大きく相違するから,Yが右態様でYゴルフクラブを販売する行為は,本件登録商標の出所表示機能,品質保証機能を害するとして,Yの主張を排斥した。

(2) GRUR 1988 年 213 頁掲載のドイツ連邦裁判所 1987 年 10 月 28 日「Griffband」事件判決

原告Xは,テニスラケット等を指定商品とする「Prince」なる商標の商標権者であるが,テニスラケットの小売業者であるYは,商標が付されたテニスラケットを購入し,テニスショットの正確なコントロールを得る目的のため,テニスラケットの柄の接着バンドを解きほどき,他のバンドで巻き直したテニスラケットを販売した事

案において，ミュンヘン高等裁判所は，

「上述の如き改造は，商品の無傷性（Unversehrheit）を損なうものである。すなわち，商品のオリジナルな状態が，その商品の使用にとり重要な箇所において改変せられている点が，重要である。仮令，改造されたテニスラケットに興味のある者が，その加工の程度および理由につき説明を受け，その品質に何ら影響がないことを保証されたとしても，これらの購買者は，オリジナルな状態を保持しているテニスラケットの方を選択するであろう。したがって，上述の如きテニスラケットについての加工は，その加工により生ずるラケットの柄のグリップバンドの把握固定性（Haftfestigkeit）の不都合な変化の虞れをも勘案して，差止請求を正当化する商品の特性（Eigenart der Ware）への侵害を構成する。」と判示した。

これに対し，ドイツ連邦裁判所は，本判決において，ミュンヘン高等裁判所の判断を否定し，

「本件事案における侵害の成否は，金属性の留め具を取り外してテニスラケットの柄の接着バンドを解きほどき，他の接着バンドを用いて巻き直して新たに固定したことが，テニスラケットの品質（Beschaffenheit）すなわちラケットの柄のグリップバンドの把握固定性を，客観的に（objektiv）相当な品質の低下（Qualitätsbeeinträchtigung）と評価される程度に，減少せしめているか否かにある。」と判示した。

(3) 東京地裁判決は，1に掲記の東京地裁判決と同様，何ら附言すべき点は存在しないが，ミュンヘン高等裁判所の判旨が，従来の判例を踏襲して，品質保証機能を，商品の改変による品質の劣化の虞れなる抽象的概念として把握しているに対し，ドイツ連邦裁判所「Griffband」事件判決は，客観的（objektiv）・具体的な品質の低下として把握しており，商標の品質保証機能の内容およびその解釈が，

2 ドイツにおける商標権の用尽理論

今後,形式的・抽象的観点から客観的・具体的観点に移行する萌芽が本判旨から看取せられる。

---

(1) 自己の商品に他人の標章を直接「付する」行為における「付する」なる概念は,広い範囲の侵害行為を意味する。商品への直接の添付は,通常,印刷・のり付きラベル・名札により,または,刻印・織込み・彫り込み・金属製品の場合の鋳型への流し込み・陶器の場合の焼き付け・紙の透かし等により行われる。商品と標章との物理的結合は,必ずしも必要としない。液体・ガス状物質等の商品においては,容器上以外にその表示は技術的に不可能である。その限りにおいて,商品と標章の間に明瞭な関連指示が存在すれば,十分である。例えば,園芸農園の苗床に,標章を付した名札がおかれる場合である。

包装は,通常の包装材料である紙・ボール紙等以外に,小容器・箱・かご・ガラス瓶・樽・その他の容器も含まれる。

標章と商品の添付期間は重要ではなく,また,包装自体が商品とともに売買される必要もない。また,複数の包装の内の1つの包装に不実の標章が付されている場合にも,侵害が成立する。

(2) Baumbach/Hefermehl, Warenzeichenrecht, 12. Aufl., 1985 Einl. RdNr. 9ff.

旧商標法15条は,商標権の効力として,指定商品等に商標を付し,当該商品を流通におき,また,商品の広告等に商標を付する排他的独占権を保証しているが,用尽理論の観点の下においては,商標権の有する具体的権能はそれぞれ独立性を有し,商標が付された商品の最初の流通(erstmalige In-Verkehr-Setzen)行為により,最初の販売権(Erstvertriebsrecht)が用尽せられるのであって,商標表示権(Kennzeichnungsrecht)すなわち商品に商標を付する(Versehen)権利が用尽されるのではない(ライヒ裁判所判例集103巻359頁以下掲載の1921年12月23日ライヒ裁判所「Singer」事件判決)。特許法についても,用尽理論適用の観点においては,特許権者に与

えられた個々の権能の独立性が判例において認められ，方法特許の用尽は，当該特許方法により生産された装置の販売により用尽せられない（GRUR 1980 年 38 頁掲載の 1979 年 9 月 24 日連邦裁判所「Fullplastverfahren」事件判決）。

(3) RGZ 50, 229, 231f. (Klnisch Wasser) ; BGH 41, 84, 88f. (Maja), BGH GRUR 1973, 562, 563 (Cinzano).

(4) BGH GRUR 1984, 530, 531 (Valium Roche) ; BGH GRUR 1988, 213, 214 (Griffband).

(5) Kroher, Unlauterkeitstatbestnde im Umfeld der Durchbrechung von Vertriebsbindungssystemen, GRUR 1987, 601 (607).

(6) 判例および学説における通説である。

(7) BGH GRUR 1984, 530, 531f (Valium Roche) ; BGH GRUR 1984, 553, 554 (Ceramix).

(8) BGH GRUR 1984, 352 (354)-Ceramix.

(9) BGH GRUR 1964, 372 (373)-Maja.

(10) Beier, GRUR Int. 1978, 263 (265).

(11) RG, RGZ 103, 359 (364)-Singer.

(12) Schulz, Relevante Benutzungshandlung, S. 79.

(13) Ngele, Die rechtsverletzende Benutzung im Markenrecht, 1999, S. 75ff.

(14) BGHZ 41, 84, 87f (Maja) ; BGHZ 81, 101, 104ff.

(15) BGHZ 41, 84, 89f. (Maja) ; BGH GRUR Int. 1973, 562, 563f. (Cinzano) ; BGH GRUR 1983, 177, 178 (AQUA KING) ; Baumbach / Hefermehl前掲注(2) § 15 RdNr. 48f. ; Ullrich, Staatsgrenzen und Warenzeichen, GRUR Int. 1975, 291 ; Körner, Der Einfluß ausländisher Benutzungshandlungen auf das deutsche Warenzeichenrecht, GRUR Int. 1970, 215 ; Beier, Territorialität des Markenrechts und internationaler Wirtschaftsverkehr, GRUR Int. 1968, 8, 10.

(16) Baumbach / Hefermehl 前掲注(2) § 15 RdNr. 48.

(17) 前掲注(2) § 15 RdNr. 49.

(18) 前掲注(2) § 15 RdNr. 50.

2 ドイツにおける商標権の用尽理論

(19) BGH GRUR 1973, 562, 563 (Cinzano) ; BGH GRUR 1983, 177, 178 (AQUA KING).
(20) Baumbach / Hefermehl 前掲注(2) §15 RdNr. 51.
(21) 前掲注(2) §15 RdNr. 52.
(22) 前掲注(2) §15 RdNr. 52, 46 ; Anhang §8 RdNr. 17 ; BGHZ 41, 84, 89 (Maja).
(23) Schulz, Relevante Benutzungshandlung S. 76f.
(24) Tilmann ZHR 158 (1994), S. 371 / 387.

(参照文献)

ⅰ) Fezer, Markenrecht, 1999.
Baumbach / Hefermehl, Warenzeichenrecht, 1985.

ⅱ) Ulrich Joos, Die Erschöpfungslehre im Urheberrecht, 1991.

ⅲ) Carsten Thomas Ebenroth, Gewerblicher Rechtsschutz und europäische Warenverkehrsfreiheit, 1992.

ⅳ) Thmas Nägele, Die rechtsverletzende Benutzung im Markenrecht, 1999.

ⅴ) Ulrich Loewenheim, Warenzeichen, freier Warenverkehr, Kartellrecht, FS. GRUR 1991, Bd. 2, S. 1051 (1076f.)

ⅵ) Helmut Wölfel, Rechtsfolen von Markenverletzungen und Maßnahmen zur Bekämpfungder Markenpiraterie 1990.

ⅶ) Siegfried Jackermeier, Zur Verwendung fremder Warenzeichen zu Werbezwecken, FS. Für Rainer Klaka 1987, S. 160ff.

3 ドイツにおける著作権の用尽理論
―― わが国判例との対比 ――

Ⅰ 著作権用尽についての実務の概要
  1 ドイツ判例における著作権の用尽理論の誕生およびその後の展開
  2 ドイツ著作権法 17 条（頒布権・用尽）
  3 著作権の有形的利用権
  4 頒布権の法的機能
  5 頒布権の用尽
  6 用尽の法的性質
Ⅱ テレビゲーム（ゲームソフト）の著作物についてのドイツの実務の概要
  1 テレビゲームの著作権法上の保護
  2 映画の著作物
  3 映画の著作物と連続影像の保護との関係
Ⅲ ゲームソフトについての東京地裁・東京高裁および大阪地裁・大阪高裁の判旨
  1 著作権侵害差止請求権不存在確認請求事件（東京地裁平成 11 年 5 月 27 日判決）
  2 著作権侵害差止請求権不存在確認請求控訴事件（東京高裁平成 13 年 3 月 27 日判決）
  3 著作権侵害差止請求事件（大阪地裁平成 11 年 10 月 7 日判決）
  4 著作権侵害行為差止請求控訴事件（大阪高裁平成 13 年 3 月 29 日判決）
Ⅳ 判旨の検討
Ⅴ 私　　見

本稿の事案は，中古テレビゲーム用ソフトの販売がテレビゲーム用ソフトの著作権を侵害するか否かを巡って，東京および大阪の各裁判所で争われ，その判断が異なったため業界の注目を集め，新聞誌上においても取り上げられ，他方，わが国著作権法体系において特異な地位を占める頒布権の用尽理論についても言及された事案であり，知的財産権一般についての用尽理論を考究する上で参考になるものと思料せられる。

I 著作権用尽についての実務の概要

1 ドイツ判例における著作権の用尽理論の誕生およびその後の展開

1906年6月16日ライヒ裁判所は，「著作冊子についての著作者の排他的独占権は，著作者またはその同意を得た権利者が当該冊子を流通におき，これにより第三者の所有に帰した場合には，消滅する」[1]旨判示し，この用尽の法原則は，その後の判例および学説によりさらに精緻化せられ[2]，最終的に著作権法17条2項に成文法化せられるに到った。

この用尽の法原則につき，判例は次の如き表現で定式化した。すなわち，「権利者は，自己の使用行為により，法により権利者に与えられた独占的利用権を利用し（ausgenutzt），この利用行為によりその利用権を使い果たした（verbraucht）ことになり，その結果，爾後の当該利用行為（bestimmte weitere verwertungshandlungen）については，最早，当該保護権によっては捕捉され得ないことになる[3]。」

用尽の法原則の法理論的根拠は，次の2つの考慮に基づくものとされている。その1つは，著作権者が著作物の最初の頒布行為に際しその対価の支払を約定している場合には，著作権者の利用権上の

53

3 ドイツにおける著作権の用尽理論

利益は確保されたことになる。したがって,当該著作物の爾後の利用たとえば美容院または待合室での雑誌の供覧は,原則的に自由であることになる[4]。他の1つは,法的取引関係における明瞭性についての公共の利益が顧慮さるべきであるとし,合法的に譲渡された著作対象物の爾後の頒布が,当該著作対象物に存続する権利により,予期に反して不当に妨げられることは許されない。すなわち,著作権者が,著作対象物を販売するかまたはその譲渡に合意した場合に,当該著作対象物のその後の販売にも介入し得るとするならば,自由な商品流通が著しく阻害され取引の安全が害されることになるとする[5]。

2　ドイツ著作権法 17 条(頒布権・用尽)

ドイツ著作権法 17 条は,頒布権(Verbreitungsrecht)およびその用尽につき,次のように規定している。

「(1)　頒布権とは,原著作物またはその複製物を公衆に提示し,または,これらを流通におく権利をいう。

(2)　原著作物またはその複製物が,頒布権を有する者の同意を得て,ヨーロッパ連合の構成国の一国またはヨーロッパ経済圏に関する条約の締約国の一国において,譲渡の方法により,流通におかれた場合には,貸与の場合を除き,その再頒布は許容される。」((3)は,省略)

3　著作権の有形的利用権

著作物の有形的態様での利用として複製権(Vervielfältigungsrecht)・頒布権(Verbreitungsrecht)・展示権(Ausstellungsrecht)等の利用権(Verwertungsrecht)が著作権法に規定されているが[6],これらの権利は,相互にそれぞれ独立した権利であり,したがって,

著作権者の同意なくして著作物が複製され頒布された場合には，複製権および頒布権の侵害を構成する[7]。換言すれば，複製権との関係における頒布権の独立性は，著作権者が複製物の頒布に同意しない限り，合法的に複製せられた複製物の頒布についても著作権者はこれを拒否し得る，ということを意味する。

4 頒布権の法的機能

頒布権は，著作権の保護にとり重要な一環を構成する。すなわち，著作権保護の存在しない外国からの著作物の輸入およびその頒布を阻止し得る手段であり，また，ベルヌ条約および世界著作権条約の締約国の内で，著作権保護の期間が異なる場合——例えば，ある国においては，保護期間の経過により著作権者の承諾なしに出版が許容されるのに反して，他の国においては，未だ著作権保護が存在する場合——には，著作物の輸入阻止の問題が生ずる。更にまた，不法出版である海賊版（bootleg-records）等の事案においては，その複製者に対する対策は，屢々不可能であり，また，見込がない場合が多い。例えば，レコードの海賊版製造が国外で未知の者によって行なわれ，市場に出回る場合が屢々である。かような事案においては，海賊版レコード販売業者が不法な複製行為に関与していない場合においても，頒布権により模造品の頒布の差止めおよび事情により損害賠償の請求をなし得ることを可能にする。また，各国のそれぞれ独立の頒布権は，国外頒布地域のためにのみ特定された著作冊子の販売は，国内では禁止され得ることによって，販売区域を複数の国に分割した出版権の実施を可能にする。そして最後に，期限を定めた出版権の実施許諾の場合において，頒布権は，著作権者の利益を保証する効果を有する。すなわち，約定期限経過前に合法的に製作された複製出版物は，約定期限経過後はその販売が許容されな

いことになる。さらにまた，複製は合法的であるが，頒布は，著作権者の利益を考慮して，特別の承諾を必要とする事案もあり得る。

5 頒布権の用尽

頒布権の用尽は，前掲著作権法 17 条 2 項に規定された譲渡による頒布行為についてのみ生ずるのであり，他の種類の利用行為，例えば，ビデオ・フィルムの公開上映[8]，著作物の展示[9]，データのオンライン転送[10]等によっては，用尽の効果は生じない。オンライン転送は，頒布行為に該当せず，公開再製の無名の権利として位置づけられるべきである。したがって，オンライン・データの受信者は，権利者の同意なしに当該データを頒布すること，すなわち，オンラインによって転送されたデータを，プリントの形態・デスクへのデジタル形態・CD-ROM 等に有形的に固定したものを再交付することは許されない。また，データ自体を転送することも許されない。何故ならば，かかる行為は，公の再製権（öffentliche Wiedergabe）および（固定されている場合には）複製権をも侵害することになるからである[11]。

著作権法 17 条 2 項に規定する頒布権の用尽の効果が生ずるためには，頒布権限を有する者の同意により，オリジナルまたはその複製物が譲渡の方法により（im Wege der Veräußerung）流通におかれること（Inverkehrbringen）を要件とする。すなわち，頒布権は，著作権の対象物を流通におく行為が，譲渡の方法によって行われる場合にのみ，用尽されることになるのである。この場合，「譲渡」に該当するか否かの判断は，権利者が当該対象物についての処分権能（Verfügungsmöglichkeiten）を最終的に放棄したものであるか否かによって決せられる。したがって，貸与または供与による当該対象物の一時的な占有の委譲は，頒布権用尽の効果を生じない[12]。

6 用尽の法的性質

「用尽（Erschöpfung）」の法的性質は，当初から頒布権に本来的に内在する（immanente），すなわち，頒布権なる権利保証規範（rechtsgewährende Norm）に包摂されている内容制限（Inhaltsbegrenzung）を意味する。したがって，用尽なる概念は，頒布権を有する者またはその同意の下に流通におかれた著作物を対象とする頒布行為は，頒布権を侵害することはない，ということを意味するにすぎない。すなわち，用尽なる法的効果は，流通におく行為の法的効果として当初より法の予定している著作者の権能の消尽（Aufzehren）を定める，頒布権を認める法規範とは独立の権利消滅規範に基づくものではない。何故ならば，頒布権なる権利は，譲渡の方法により流通におかれる消尽の過程を通じて，脱落または消滅に到る，第1次頒布権および爾後の再頒布権から構成されているのではなく，それは既に頒布権の概念自体において限界づけられているのである[13]。

Ⅱ テレビゲーム（ゲームソフト）の著作物についてのドイツの実務の概要

1 テレビゲームの著作権法上の保護

テレビゲームの著作権法上の保護に関しては，テレビ画面上における視聴覚的描写の保護と，当該描写を生ぜしめるコンピュータ・プログラムの保護とを区別しなければならない。すなわち，コンピュータ・プログラムの保護については，著作権法69条aないし同条gの規定が適用せられ，また，視聴覚的描写は，その動的経過（ゲームの進行）において，それが著作権法2条2項の意味における精神的個性的特色を有する場合には映画の著作物として保護せられ，それが精神的個性的特色を有しない場合には，同法95条および94条に規定されている連続影像保護（Laufbildschutz）の規定が適用せ

られることになる。また、個々の影像は、同法2条1項5号の写真の著作物（Lichtbildwerk）ないし同法72条の写真としての保護を受けることになる[14]。

2　映画の著作物

ドイツ著作権法2条は、文学、学術および美術の保護著作物として、同条1項6号に、映画の著作物（映画の著作物と類似の方法をもって製作される著作物を含む）を例示するとともに、同法88条ないし95条に「映画に関する特別規定」を設けている。

映画とは、写真または写真類似の個々の影像の連続配列により、動画の印象を生ぜしめる内容的に連続した映像（Bildfolge）または動画とメロディーの複合体である[15]。テレビゲームも、映画の著作物に属するが、この場合、ゲームの流れを制御するコンピュータ・プログラムの保護が問題とされるのではなくて、テレビ画面における影像およびゲームの進行が問題とされるのであり、これらの影像およびゲームの進行が異なったコンピュータ・プログラムにより作動される場合においても、類似の影像およびゲームの進行が著作物保護において問題とされるのである。現今の殆んどの通説として、テレビゲームは基本的に著作権法上の保護を受けるとの見解は、正当であり、また、テレビゲームのゲーム進行は、映画の場合とは異なって、固定されておらず、ゲーム参加者により操作されるとする見解は、理由がないとされている。何故なれば、ゲーム上の多様な変形は、コンピュータ・プログラムに予め設定されているものであり、ゲーム参加者はこれを呼び出し得るにすぎないからである[16]。

3　映画の著作物と連続影像の保護との関係

映画の著作物としてのテレビゲームの保護は、個性的特色を有す

る精神的創作性（persönliche geistige Schöpfung）の存在を前提とする。しかし，判例は，著作権法95条および94条による連続影像（Laufbild）による保護で十分であるとしている。何故なれば，その民事上ないし刑事上の訴求ないし訴追は，製作者の権利に基づくものであるが，これらの権利行使については，著作権が侵害されたか，または，労作保護権（Leistungsschutzrecht）が侵害されたか，は問題とはならず，したがって，訴訟経済上の観点から，労作保護権の侵害の場合には特に著作物性の要件である個性的特色についての立証を省略し得ることになるからである。しかし，以上の如き実務上の取扱いから，現今のテレビゲームが労作保護能力のみを有するにすぎないと結論づけることはできない。テレビ画面上における解像力および描出についての既存のまたは将来に期待される精緻化の可能性に鑑み，多数のテレビゲームが，アニメーション映画の高い芸術的水準に到達し，著作権法上の保護能力を有する著作物と見做されなければならない場合が生ずるであろう。漫画の場合と同様，テレビゲームについても，そのキャラクター（Figuren）についての保護が容認せられる。したがって，テレビゲームにおけるキャラクター保護は，その具体的な描写の保護に制限せられることはなく，むしろ，個々の描写の基礎をなす作中の人物（Gestalten）自身がその保護を受けるのである[17]。

III ゲームソフトについての東京地裁・東京高裁および大阪地裁・大阪高裁の判旨

1 著作権侵害差止請求権不存在確認請求事件（東京地裁平成11年5月27日判決，判例時報1679号3頁，平成10年(ワ)第22568号）

著作権法上の「映画の著作物」といい得るためには，(1)当該著作

3 ドイツにおける著作権の用尽理論

物が，一定の内容の影像を選択し，これを一定の順序で組み合わせることにより思想・感情を表現するものであって，(2)当該著作物ないしその複製物を用いることにより，同一の連続影像が常に再現される（常に同一内容の影像が同一の順序によりもたらされる）ものであることを，要するというべきである。

本件各ゲームソフトを含め，およそゲームソフトは，劇場用映画のようにあらかじめ決定された一定内容の連続影像と音声的効果を視聴者が所与のものとして一方的に受働的に受け取ることに終始するものではなく，プレイヤーがゲーム機の操作を通じて画面上に表示される影像を自ら選択し，その順序を決定することにより，連続影像と音声的効果を能動的に変化させていくことを本質的な特徴とするものであって，このような能動的な利用方法のため，プレイヤー個々人がそれぞれのゲーム機を操作して個別の画面上にそれぞれ異なった影像を表示するという形態で利用されるものであり，多数人が同一の影像を一度に鑑賞するという利用形態には本質的になじまないものである。

右のとおり，本件各ゲームソフトは，画面上に表示される連続影像が一定の内容および順序によるものとしてあらあじめ定められているものではないから，「映画の効果に類似する視覚的または視聴覚的効果を生じさせる方法で表現され，かつ，物に固定されている著作物」（著作権法2条3項）に該当するということはできない。したがって，本件各ゲームソフトが著作権法にいう「映画の著作物」に該当するということはできないから，これらが「映画の著作物」に該当することを前提として，これらについて頒布権を有する旨をいう被告の主張は失当である。

Ⅲ　ゲームソフトについての東京地裁・東京高裁および大阪地裁・大阪高裁の判旨

2　著作権侵害差止請求権不存在確認請求控訴事件（東京高裁平成13年3月27日判決，平成11年(ネ)第3355号）

(1)　法2条3項の文言によれば，同条項の定める要件は，①映画の効果に類似する視覚的又は視聴覚的効果を生じさせる方法で表現されていること（いわゆる表現の要件），②物に固定されていること（いわゆる存在形式の要件），③著作物すなわち「思想又は感情を創作的に表現したものであって，文芸，学術，美術又は音楽の範囲に属するもの」（法2条1項1号）であること（いわゆる内容の要件），の3要件に分けられる。①本件各ゲームソフトは，いずれも，「眼の残像現象を利用して動きのある画像として見せる」という，映画の効果に類似する視覚的効果を生じさせる方法によって，人物・背景等を動画として視覚的に表現し，かつ，この視覚的効果に音声・効果音・背景音楽を同期させて視聴覚的効果を生じさせていること，②本件各ゲームソフトの影像は，いずれも，ゲームソフトの著作者によって，カメラワーク，視点や場面の切替え，照明演出等が行われ，ある状況において次にどのような影像を画面に表示させて1つの場面を構成するか等，細部にわたるまで視覚的または視聴覚的効果が創作・演出されていること，③本件各ゲームソフトは，いずれも，著作者により創作された1つの作品として，CD-ROMという媒体にデータとして再現可能な形で記憶されており，プログラムに基づいて抽出された影像についてのデータが，ディスプレイ上の指定された位置に順次表示されることによって，全体として連続した影像となって表現されるものであることが認められる。

　上記認定の事実によれば，本件各ゲームソフトは，前記(1)の3要件を満たすことが明らかであるから，法2条3項にいう，「映画の著作物」に該当するというべきである。

　上述のとおり本件各ゲームソフトは，反対の結論に導く合理的な

3 ドイツにおける著作権の用尽理論

根拠が認められない限り，法26条1項にいう「映画の著作物」とみられるべきであり，その著作者には同法条所定の頒布権が認められるものというべきである。そして，上記根拠となるべき事情は，本件全証拠によっても認めることができない。したがって，本件各ゲームソフトの著作権者である控訴人は，これについて頒布権を有するというべきである。

(2) しかしながら，当裁判所は，法26条1項の立法の趣旨に照らし，同条項にいう頒布権が認められる「複製物」とは，配給制度による流通の形態が採られている映画の著作物の複製物，および，同法条の立法趣旨からみてこれと同等の保護に値する複製物，すなわち，1つ1つの複製物が多数の者の視聴に供される場合の複製物，したがって，通常は，少数の複製物のみが製造されることの予定されている場合のものであり，大量の複製物が製造され，その1つ1つは少数の者によってしか視聴されない場合のものは含まれないと，限定して解すべきであると考える。

法26条1項の頒布権は，立法当時，著作権による格別の保護のないままに既に存在するに至っていた劇場用映画の配給制度を念頭において，いわば法律上の制度に高めることによりこれを保護し，保障するために規定されたものであることが，明らかである。そして，上記配給制度の下では，配給の対象となるプリント・フィルムは少数しか作成されず，頒布先も劇場，映画館などに限定されていることから，1本1本のプリント・フィルムの経済的価値が高く，これの流通を支配することが認められなければ，投下資本の回収が極めて困難となる反面，頒布権により複製物の流通を規制することを認めたとしても，取引秩序に与える影響は小さいということができる。このように，法が，複製物の流通をほとんど全面的に規制することができる強力な権利である頒布権を，映画の著作物にのみ認

Ⅲ ゲームソフトについての東京地裁・東京高裁および大阪地裁・大阪高裁の判旨

めた実質的理由は，劇場用映画の配給制度を保護，保障することにあるということができ，他に，映画の著作物に頒布権を認めた実質的な理由となるべき事由は，本件全資料を検討しても，見いだすことができない。

このような立法趣旨に照らすと，同条にいう「複製物」は，配給制度による流通を前提とするもの，および，上記立法趣旨からみてこれと同等の保護に値するもの，すなわち，1つ1つの複製物が多数の者の視聴に供される場合の複製物，したがって，通常は，少数の複製物のみが製造され，著作者はそれら少数の複製物の流通の支配を通じて投下資本を回収すべく予定されている場合のものに限定され，大量の複製物が製造され，その1つ1つは少数の者によってしか視聴されない場合のものはこれに含まれないとするのが，合理的な解釈となるというべきである。

上に述べたところにより，本件各ゲームソフト複製物は，法26条1項の映画の著作物の「複製物」に該当せず，したがって，これについての頒布権は認められず，控訴人が，同条項に基づき，被控訴人に対し，その販売の中止を請求することは許されないものというべきである。

3 著作権侵害差止請求事件（大阪地裁平成11年10月7日判決，判例時報1699号48頁，平成10年(ワ)第6979号，同第9774号）

(1) 著作権法上の「映画の著作物」には，劇場用映画のような本来的な意味の映画以外のものも含まれるが，著作権法の規定に照らすと，映画の著作物として著作権法上の保護を受けるためには，次の要件を満たす必要があると解される。

① 映画の効果に類似する視覚的または視聴覚的効果を生じさせる方法で表現されていること（表現方法の要件）

3 ドイツにおける著作権の用尽理論

② 物に固定されていること(存在形式の要件)
③ 著作物であること(内容の要件)

本件各ゲームソフトは、それぞれ、全体が連続的な動画画像からなり、CG(コンピュータ・グラフィックス)を駆使するなどして、動画の影像もリアルな連続的な動きをもったものであり、影像にシンクロナイズされた効果音や背景音楽とも相まって臨場感を高めるなどの工夫がされており、一般の劇場用あるいはテレビ放映用のアニメーション映画に準じるような視覚的または視聴覚的効果を生じさせる方法で表現されているといって差し支えない程度のものであることが認められる。したがって、本件各ゲームソフトは、いずれも、著作権法2条3項にいう「映画の効果に類似する視覚的又は視聴覚的効果を生じさせる方法で表現され」ているものというのに十分である。

テレビゲームは、同一のゲームソフトを使用しても、プレイヤーによるコントローラの具体的操作に応じて、画面上に表示される影像の内容や順序は、各回のプレイごとに異なるものとなるから、画面上に表示される具体的な影像の内容および表示されている順序が一定のものとして固定されているわけではない。しかし、これらの影像およびこれに伴う音声の変化は、当該ゲームソフトのプログラムによってあらかじめ設定された範囲のものであるから、常に同一の影像および音声が連続して現われないことをもって、物に固定されていないということはできない。劇場用映画のように、映画フィルムを再生すれば常に同一の連続影像が再現されるのでなければ、「物に固定されている」とはいえないと解すべきものではない。

本件各ゲームソフトは、前示のとおり、プレイヤーの各回のプレイごとに具体的に画面に表示される連続影像が異なるものであるが、そもそもテレビゲームは、各プレイごとのプレイヤーの操作によっ

Ⅲ　ゲームソフトについての東京地裁・東京高裁および大阪地裁・大阪高裁の判旨

て，具体的に出現する連続影像が同一にならないことを前提として，それ故にこそゲームをプレイできるという性格のものであって，ゲームソフトの著作者は，このようなプレイヤーの操作による影像の変化の範囲をあらかじめ織り込んだ上で，ゲームのテーマやストーリーを設定し，様々な視覚的ないし視聴覚的効果を駆使して，統一的な作品としてのゲームを製作するものである（本件各ゲームソフトについても同様である）。したがって，本件各ゲームソフトを含むゲームソフトは，ゲームソフト自体が著作者の統一的な思想・感情が創作的に表現されたものというべきであり，プレイヤーの操作によって画面上に表示される具体的な影像の内容や順序が異なるといったことは，ゲームソフトに「映画の著作物」としての著作物性を肯定することの妨げにはならないものというべきである。

(2)　このような配給制度の存在という社会的事実を前提として，著作権法が映画の著作物のみに頒布権を認めた背景には，映画の著作物は，製作に多大な費用，時間および労力を要する反面，一度視聴されてしまえば視聴者に満足感を与え，同一人が繰り返し視聴することが比較的少ないという特性が考慮されているものと考えられる。すなわち，このような性質を有する映画の著作物について，投下資本の回収の多様な機会を与えるために，上映権および頒布権を特に認めて，著作権者が対価を徴収できる制度を構築したものと考えられる。

テレビゲームのゲームソフトは，プロデューサー，ディレクター，キャラクター・デザイン担当者，影像担当者，サウンド担当者，プログラマー，シナリオライター等多数の者が組織的に製作に関与し，多額の費用と時間をかけて製作される場合も多く，この点では劇場用映画に類似するものであり，このような傾向は，ゲーム機の高性能化とも相まって最近では一層顕著になってきており，ゲームの内

3 ドイツにおける著作権の用尽理論

容も影像・音楽の技術的な進歩による視聴覚的表現方法の向上が著しく,映画との差が小さくなってきている。……そうすると,ゲームソフトについて,その投下資本の回収の多様な機会を与えることには合理性があり,これに対して頒布権を認めることも,劇場用映画と比較すればあながち不合理であるともいえず,少なくとも,映画の著作物に頒布権を認めた立法趣旨に照らして,頒布権のある映画の著作物として保護を受けるに値する実質的な理由がないとはいえない。

(3) 被告らは,映画の著作物の頒布権は,いったん適法に複製された複製物が適法に譲渡された後は,当該複製物には及ばないものと解すべきであると主張する。

しかし,もともと,映画の著作物に頒布権が認められた背景には,前記のとおり,劇場用映画についての配給制度という取引慣行があったという面があり,その趣旨からいっても,この頒布権は第1譲渡後も消尽しない権利として一般に解されてきたものであるところ,著作権法の規定からみても,劇場用映画に限らず,映画の著作物の頒布権が第1譲渡によって消尽するとの解釈は採り得ない。

さらに,平成11年の著作権法の改正により,著作物一般について,著作権者に「その著作物をその原作品又は複製物の譲渡により公衆に提供する権利を専有する」譲渡権を認める規定(同年法律第77号による改正後の著作権法26条の2)が新設されたが,右規定においては,対象となる著作物から映画の著作物を除外するとともに,この譲渡権は,譲渡権を有する者により譲渡された複製物等には及ばないことが明定され,譲渡権が第1譲渡によって消尽することを明らかにしている。右譲渡権の規定は,1996年(平成8年)12月に採択されたWIPO著作権条約が著作物一般に頒布権を認めていることから,わが国の著作権法においても著作物一般に頒布権を認

Ⅲ　ゲームソフトについての東京地裁・東京高裁および大阪地裁・大阪高裁の判旨

める必要があるとの判断から設けられたものである。この改正においては、譲渡権は、第1譲渡によって消尽するものとする一方で、映画の著作物については譲渡権の規定の適用を除外し、かつ、映画の著作物の頒布権を定めた著作権法26条の規定は特に変更していないことからすれば、改正に当たって、映画の著作物については消尽しない頒布権を維持するものとされたことが明らかである。

　本件各ゲームソフトを含むゲームソフトは、一般的に上映を目的として譲渡されるわけではなく、劇場用映画のように配給制度という流通形態をとるわけでもなく、多数の複製物が一般消費者に販売されるものである。このようなものについて、映画の著作物に該当するとの理由で、適法に複製された複製物がいったん流通に置かれ、一般消費者に譲渡された後にも、著作権者が消尽しない頒布権を行使して流通をコントロールする立場に立つことは、商品の自由な流通を阻害し、権利者に過大な保護を与えるように見えなくもない。しかし、争点2（省略）の判断で示したように、映画の著作物と認められるゲームソフトについて、頒布権を認めて投下資本の回収の機会を保障することにも合理性がないわけではなく、著作権法の規定上は消尽しない頒布権があると解さざるを得ない映画の著作物のうちから、ゲームソフトについて第1譲渡後の消尽を認めることは、解釈上十分な根拠がなく、採用することができない。

4　著作権侵害行為差止請求控訴事件（大阪高裁平成13年3月29日判決、平成11年(ネ)第3484号）

(1)　法2条3項は、第1に、創作性につき他の一般著作物と同様のものとし、第2に、映画の効果に類似する視覚的または視聴覚的効果を生じさせる方法で「表現され」ることを求めているのであって、表現の内容たる「思想・感情」や表現物の「利用態様」におけ

3 ドイツにおける著作権の用尽理論

る映画との類似性を求めていないというべきである(この点は,法2条4項[写真の著作物の定義]が「この法律にいう『写真の著作物』には,写真の製作方法に類似する方法を用いて表現される著作物を含む」として映画の著作物に関する法2条3項と異なり「製作方法」の類似性に着目した表現で規定して区分けされていることによっても裏付けられる)。そして,第3に,表現が「物に固定」されることは,テレビの生放送番組のように放送と同時に消えて行く性格のものを映画の著作物として保護しないということで要件とされたのであるから,一定の内容の影像が常に一定の順序で再生される状態で固定されるというような特別の態様を要求するものでないことは明らかであり,法2条1項14号にいう「録画」の定義としての「影像を連続して物に固定」するのとは異なるというべきである。

アニメーション映画では,あらかじめ演出意図を絵コンテ等によって表現し,ショットの構成やタイミング,カメラワーク等作品成立にかかわるすべての表現要素を示した絵コンテを作品の設計図として具体的な影像が作成されること,ゲームソフトにおいても,その著作者は,ゲーム画面において何を描き,どのような視覚的または視聴覚的な効果を持たせるのか,また,どのような場面状況になったときにどのような影像を表示させ,それをどのように展開させていくのか等をあらかじめ絵コンテ等により詳細にわたって設計・演出し,そこに作品の創作意図を表現し,その際,プレイヤの操作・選択による変化をも織り込まれること,本件各ゲームソフトにおいては,プレイヤーの操作を前提としないで連続影像が展開される部分と,プレイヤーの操作を前提として連続影像が展開される部分とが有機的に連結して,全体として1つの著作物を形成しており,いずれも,アニメーション映画の技法を使用して製作されていること,以上の事実が認められる。

Ⅲ　ゲームソフトについての東京地裁・東京高裁および大阪地裁・大阪高裁の判旨

　この事実によれば，本件各ゲームソフトは，アニメーション映画におけるのと同様，ショットの構成やタイミング，カメラワークを含む作品成立にかかわるすべての表現要素をまとめた編集行為が絵コンテ段階で行われ，プレイヤーの操作・選択による変化をも織り込んで，著作者の意図を創作的に表現する編集行為が存在しているのであり，プレイヤーによる操作を前提としつつ，これを想定した上で著作者がいかに見せるかという観点から視聴覚的効果を創作的に表現しているというべきであって，前記引用にかかる原判決記載のとおり，本件各ゲームソフトは，映画の効果に類似する視覚的または視聴覚的方法で表現され，かつ，創作性があって著作物性を有し，この表現がプログラム化されてCD-ROMに収録されて固定されているから，映画の著作物に該当するというべきである。

　(2)　法26条は，劇場用映画の配給制度という取引実態を踏まえて，映画の著作物について頒布権という特別の支分権を認めて作られた規定であるところ，本件各ゲームソフトの流通，取引形態は，この劇場用映画の配給制度とは全く異なるものであるということができるが，しかし，そのことから，直ちに，本件各ゲームソフトが頒布権を有しない映画の著作物に該当するとすることはできない。けだし，本件各ゲームソフトが映画の著作物に該当する以上，法26条が適用されることになるのは当然であって，明文によって認められる権利を否定するにはそれだけの十分な理由付けが必要であるところ，この事由は，未だ本件各ゲームソフトについて頒布権を否定するに足るだけの理由に至っていないというべきだからである。

　(3)　有形的な商品取引の行われる場合，すなわち著作物自体または著作物の有形的再製物（複製物・以下単に「複製物」という）につき商品取引の行われる場合，自由な商品取引という公共の利益と著

3 ドイツにおける著作権の用尽理論

作者の利益との調整として、消尽の原則が適用されると解するのが相当である。

けだし、①著作権法による著作物の保護は、社会公共の利益との調和の下において実現されなければならないものであるところ、②一般に譲渡においては、譲渡人は目的物について有するすべての権利を譲受人に移転し、譲受人は譲渡人が有していたすべての権利を取得するものであり、著作権またはその複製物が市場での流通に置かれる場合にも、譲受人が目的物につき著作権者の権利行使を離れて自由にこれを利用し再譲渡などをすることができる権利を取得することを前提として、取引行為が行われるものであって、仮に、著作物又はその複製物について譲渡等を行う都度著作権者の許諾を要するということになれば、市場における商品の自由な流通が阻害され、著作物またはその複製物の円滑な流通が妨げられて、かえって著作権者の利益を害する結果を来し、ひいては「著作者の権利及びこれに隣接する権利を定め、これらの文化的所産の公正な利用に留意しつつ、著作者等の権利の保護を図り、もって文化の発展に寄与する」(法1条参照) という著作権法の目的に反することになる。他方、③著作権者は、著作物またはその複製物を自ら譲渡するに当たっては、著作物の利用の対価を含めた譲渡代金を取得することができ、また、著作物の利用を許諾するに当たっては、著作権料を取得することができるのであるから、著作権者が著作物を公開することによる代償を確保する機会は保障されているものということができ、したがって、著作権者から譲渡された著作物またはその複製物について、著作権者がその後の流通過程において二重に利得を得ることを認める必要性は存在しないということができる (前記最高裁判所判決参照) からである。

第1に、自由な商品生産・販売市場を阻害する態様となる限りに

Ⅲ ゲームソフトについての東京地裁・東京高裁および大阪地裁・大阪高裁の判旨

おいて権利消尽の原則が認められ著作権の効力が否定されるのは，市場経済の本質に根ざし，著作権法も当然の前提とする商品取引の自由という原則に基づくもので，著作権法の明文の法律の規定の有無にかかわらない論理的帰結であり，第2に，著作権の効力を権利者以外の行為に及ぼすことが自由な商品生産・販売市場を阻害する態様となる限りにおいて権利消尽の原則が働くのであるから，著作物の権利者および著作物の権利者以外の者の行う頒布等の具体的行為態様の如何により権利消尽の原則の適用の有無が定まり，著作権の各種支分権のうち，自由な商品生産・販売市場を阻害する態様となり得る頒布等に権利の効力を及ぼすことの有無が定まることとなる。

　法26条所定の頒布権には本来権利消尽の原則が働くが，前記のような配給制度に該当する商品取引形態（後段頒布）は，流通に置かれる取引の態様からして自由な商品生産・販売市場を阻害する態様とならないといえるから，権利消尽の原則の適用されない例外的取引形態というべきであり，このような取引についてはこの原則は適用されず，著作者の権利が及ぶと解するのが相当であり，昭和45年に法26条により映画の著作物について頒布権が導入されながら，その消尽について何らの規定もされなかったのは，劇場映画に関する配給制度というわが国特有の取引形態を前提とすれば，そのような映画の著作物に頒布権を認め，その消尽について特段の定めをしなくても，取引上の混乱を生じることはないと考えられた結果であるということができる。

　すなわち，映画の著作物についても，第1譲渡により適法に公衆に拡布された後になされた譲渡のように，および前記の配給制度が予想していないような場合（前段頒布）には，前記(1)(2)で説示した原則どおり頒布権は消尽し著作権の効力が及ばないものと解し，配

71

給制度に相応した後段頒布についてのみ権利消尽の原則の適用されない頒布権を認め，公に上映する目的で映画の著作物の複製物が譲渡または貸与された場合には，著作者の権利が及ぶと解するのが相当である。

被控訴人らは，法26条の2，3の譲渡権および貸与権の規定の新設に際し，映画の著作物が明文で除外されたことの反対解釈として，映画の著作物の頒布権は例外なく消尽しないと解すべきであると主張する。

この立論は，形式論理としては一理あり，これをむげに否定することはできないけれども，立法者としては，消尽しない頒布権が認められる映画の著作物の範囲を明確にすることを避け，これを解釈に委ねて立法的に解決することを留保したものと考えることが可能であって，前記のような解釈が十分成り立つというべきである（この点については，本件のような紛争を防止するためにも，前記の映画の著作物の概念をも含めて，早期に立法的解決が図られるべきである）。

IV 判旨の検討

(1) 本件事案の判旨において問題とせられた諸点は，次のとおりである。

(i) ゲームソフトは，著作権法10条1項7号，2条3項の「映画の著作物」に該当するか。

(ii) 右「映画の著作物」に該当する場合に，ゲームソフトにも著作権法26条の頒布権が容認せられるか。

(iii) 右ゲームソフトの頒布権は，用尽理論の適用に服するか。

(2) 右諸点につき，

(a) 東京地裁判決は，ゲームソフトは，「映画の著作物」に該当せず，したがって，頒布権が存在せず，中古ゲームソフトの販売は，

IV 判旨の検討

著作権を侵害しないと判示した。

(b) 東京高裁判決は，ゲームソフトも，「映画の著作物」に該当するが，劇場用映画のような配給制度を前提としないから，頒布権が存在せず，中古ゲームソフトの販売は，著作権を侵害しないと判示した。

(c) 大阪地裁判決は，ゲームソフトも，「映画の著作物」に該当し，頒布権も存在するが，この頒布権は，劇場用映画についての配給制度を前提とする消尽しない頒布権として「映画の著作物」につき認められたものであり，ゲームソフトもその例外ではなく，中古ゲームソフトの販売は，頒布権を侵害すると判示した。

(d) 大阪高裁判決は，右大阪地裁判決と同様，ゲームソフトも，「映画の著作物」に該当し，「映画の著作物」に該当する以上，著作権法26条の規定により頒布権が存在するのは当然であり，東京高裁判決の如く，ゲームソフトが劇場用映画の配給制度とは異なるから頒布権を有しない映画の著作物に該当するとすることはできないとした上，この頒布権は，原則として消尽の原則に服するが，例外的に劇場用映画の配給制度を前提とする映画の著作物についてのみ頒布権の消尽の原則が適用されないが，中古ゲームソフトの販売は，劇場用映画におけるような例外的商品取引形態ではないから，頒布権は消尽の原則に服し，著作権を侵害しないと判示した。

(3) ドイツの判例との対比

(a) 東京地裁と類似の見解を採るものとして，フランクフルト高等裁判所1983年6月13日「Pengo」事件決定（GRUR 1983年753頁以下掲載）が存在する[18]。同決定の判旨は，大要次の2つの問題点を指摘している。

「先ず第1の問題点として，映画の著作物は，映画の製作に使用される基礎著作物と実際にその役割を分担する各種芸人の労作また

3 ドイツにおける著作権の用尽理論

は所作（Leistung）とが一体となった統一体に融合した結果として生まれるものであり，この場合，基礎著作物である言語の著作物を内容的に連続した動画に変換する過程において，これに関与する芸人の個性的具体化（individuelle Gestaltung des Künstlers）が表現されるのである。これに対し，ビデオゲームにおいては，個性的に具体化されたゲームはコンピュータ言語に「翻訳せられ（übersetzt）」，ハードウェアを使用してゲーム可能な状態におかれる。したがって，（爾前に設定された）ゲームの進行は，プログラム化されるに際し顧慮されるに過ぎず，ゲーム内容のコンピュータ言語への「翻訳」の過程自体には，著作権法上の保護を受けるに値する所作ないし労作（urheberrechtsfähige Leistung）は存在しない。また，他の問題点として，創作性を要件としない連続影像の場合においても，ゲーム進行についてのゲーム参加者の関与が問題となる。すなわち，連続影像の場合においては，連続影像の筋の展開の再現（Wiedergabe）が常に存在するが，ビデオゲームの場合には，この再現のメルクマークが欠如している。すなわち，ゲーム参加者のゲームへの関与は，専ら数学的にその数値が求められた結果をテレビ画面上に描出することに尽きるが，このテレビ画面上の描出は，再製（Wiedergabe）に該当しない。換言すれば，テレビ画面上の描出は，多数の影像が写し出されたフィルムから映し出される映画ではなく，影像として描出される反作用（Reaktionen）と適応（Geschicklichkeit）の電子的解法（elektronische Auswertung）にすぎないからである。」

　(b)　このフランクフルト高等裁判所の判示とは逆に，Nordemann は，ビデオゲームは映画の著作物に該当するとし，ゲーム機のテレビ画面上に生ずる内容的に連続した影像およびメロディーは，映画の著作物に該当する。すなわち，ゲーム参加者がゲーム機のレバーを操作することによりゲームの進行に関与し，テレビ画面上の

Ⅳ 判旨の検討

影像およびメロディーが変化するが，これらの変化はすべて，予めプログラム化されていた影像およびメロディーであり，ゲーム参加者により作出された新規な影像ではなく，むしろ部分的に同一であるが部分的には相互に異なる多数の影像がプログラムに当初から収納されているのであり，ゲーム参加者の関与は，これらのプログラム中に収納されている多数の影像を視聴可能なものにするにすぎない[19]。

ハンブルク高等裁判所 1983 年 3 月 31 日「PUCKMAN」事件判決（GRUR 1983 年 436 頁以下掲載）は，Nordemann の見解を引用して，ビデオゲームにつき，映画の著作物としての保護を肯定し，この見解は，ドイツの通説となっている。

前掲東京高裁判決・大阪地裁判決ならびに大阪高裁判決は共に，ハンブルク高等裁判所判決と同様，ゲームソフトも映画の著作物に該当すると判示するものであるが，わが国の頒布権の著作権法上の体系が，ドイツ著作権法上の体系とは異なり，頒布権を一般的利用権としては認めず，映画の著作物についてのみこれを例外的に認めているため —— 頒布権の法的機能の 1 つである海賊版の禁止については，例外的に著作権法 113 条（侵害とみなす行為）の条項により処理しているにすぎない —— 劇場用映画の配給制度を前提とする立法趣旨を巡り，各裁判所の論理構成に差違を生じている。

すなわち，①東京高裁の判旨は，ゲームソフトは，劇場用映画の配給制度を前提としないから頒布権は存在しないとし，②大阪地裁の判旨は，ゲームソフトの頒布権も，劇場用映画の配給制度を前提とする頒布権と同様，消尽しない頒布権であるとして，その侵害を認めたのに対し，③大阪高裁の判旨は，ゲームソフトに認められる頒布権は，劇場用映画の配給制度を前提とする消尽しない頒布権ではないから，その頒布権は消尽する，とした。

3　ドイツにおける著作権の用尽理論

V　私　　見

（1）　前記東京地裁およびフランクフルト高裁のソフトゲーム（ビデオゲーム）は映画の著作物に該当しないとする見解[20]はさて措き，東京高裁の判旨につき，ゲームソフトが映画の著作物に該当すると判示した以上，著作権法 26 条の明文の規定に反して頒布権を否定することには無理が存在し，また，大阪地裁がソフトゲームにつき何故投下資本の回収を理由に「消尽しない頒布権」を容認したかの根拠が乏しい。何故なれば，第 1 譲渡による頒布権の行使により，投下資本回収の機会が与えられているからである。

　筆者は，ゲームソフトは映画の著作物に該当するとしたうえ，著作権法 26 条の配給制度を前提とする劇場用映画にのみ頒布権を認めた立法趣意を勘案して，ゲームソフトの頒布権は消尽するとする大阪高裁の判旨に同調するものである。

（2）　なお，大阪地裁判決は，傍論として平成 11 年著作権法に言及し，「右改正においては，この譲渡権は，第 1 譲渡によって消尽するものとする一方で，映画の著作物については譲渡権の規定の適用を除外し，かつ，映画の著作物の頒布権を定めた著作権法 26 条の規定は特に変更していないことからすれば，右改正に当たって，映画の著作物については消尽しない頒布権を維持するものとされたことが明らかである。」としているが，右平成 11 年の改正著作権法は，同法 26 条の 2・1 項において著作物一般について譲渡権を認めるとともに，同 2 項において，右著作物一般についての譲渡権の用尽に関する規定を設けている。したがって，右著作物一般についての譲渡権の用尽に関する規定の適用に際しては，映画の著作物を除くものと解釈されてはならない。何故なれば，同法 26 条の 2・1 項に「……その著作物（映画の著作物を除く。……）」との意味は，

Ⅴ　私　見

映画の著作物については，同 26 条において，譲渡権を含む頒布権の規定を設けているため，立法技術上「映画の著作権の除」いたのであって，右除外括弧内文言を同 26 条の 2・2 項の「著作物」の解釈をも限定するものと解すべきではない。

───────────────

(1) RGZ 63, 394 / 399-Koenigs Kurbuch
(2) Ulrich Joos, "Die Erschöpfungslehre im Urheberrecht" 1991, S. 23ff.
(3) BGH GRUR 1988, 373 / 374-Schallplattenimport Ⅲ ; BGH GRUR 1988, 206 / 210-Kabelfernsehen Ⅲ ; BGH GRUR 1981, 413 / 416-Kabelfernsehen in Abschattngsgebieten.
(4) BGH GRUR 1995, 673 / 676-Mauerbilder ; BGH GRUR 1985, 131 / 132-Zeitschriftenauslage beim Friseur ; BGH GRUR 1985, 134-Zeitschriftenauslage in Wartezimmern.
(5) BGH GRUR 1995, 673 / 676-Mauerbilder ; BGH GRUR 1986, 736 / 737-Schallplatten-vermietung ; Joos 前掲注(2) S. 51ff.
(6) ドイツ著作権法 15 条は，利用権に関し次の如く規定している。
　「(1)　著作権者は，その著作物を有形的態様で利用する独占的排他権を有する。右独占的排他権は，特に以下の権利を含む。
　1　複製権（16 条）
　2　頒布権（17 条）
　3　展示権（18 条）
　(2)　著作権者は，さらに，その著作物を無形的態様で公に再生する独占的排他権を有する（公の再生権）。右独占的排他権は，特に以下の権利を含む。
　1　講演権・上演権（19 条）
　2　送信権（20 条）
　3　録画または録音物による再生権（21 条）
　4　放送による再生権（22 条）
　((3)項省略)

(7) Eugen Ulmer, "Urheber und Verlagsrecht" 3 Aufl., 1980 S. 348 §46 III.

(8) BGH GRUR 1986, 742 / 743-Videofilmvorführung.

(9) BGH GRUR 1995, 673 / 676-Mauer Bilder.

(10) Lehmann, "Internet-und Multimediarecht, 1997, S. 57 / 64.

(11) Schricker, "URHEBERRECHT" 2 Aufl. 1999, S. 358.

(12) Ulmer 前掲書 S. 236 §47 I 2 ; Joos 前掲注(2) S. 74ff.

(13) Joos 前掲注(2) S. 250.

(14) Schricker 前掲注(11) S. 1083 Rdnr. 25.

(15) Schricker 前掲注(11) S. 120 Rdnr. 181.

(16) Schricker 前掲注(11) S 121 Rdnr. 183 ; OLG Köln CR 1992, 150 / 151 ; OLG Hamburg GRUR 1990, 127 / 128-Super Mario III ; OLG Hamburg GRUR 1983, 436 / 437-Puckman ; Ulrich Loewenheim "Urheberrechtlicher Schutz von Videospielen, "FS. für Heinrich Hubmann 1985 S. 307 / 318ff ; OLG Hamm NJW 1991, 2161 ; Bay ObLG GRUR 1992, 508 / 509 ; Loewenheim 前掲書 S. 307 / 318.

(17) Schricker 前掲注(11) S. 121 Rdnr 184.

(18) GRUR 1983 年 757 頁以下掲載のフランクフルト高等裁判所 1983 年 6 月 21 日「DONKEY KONG JUNIOR」事件決定も「ビデオゲームの著作権法による保護は，例外的にのみ，考慮せられるにすぎない。特に動画的連続影像への変換は，映画の著作物としても，また，著作権法 95 条による連続影像としても，保護せられない」と判示している。

(19) GRUR 1981 年 891 頁以下掲載の W, Nordemann "Bildschirmspiele-eine neue Werkart im Urheberrecht" : Fromm / Nordemann, "Urheberrecht" 1994, 8. Aufl., §2 Rdnr. 78.

(20) わが国著作権法 26 条が，映画の著作物についてのみ頒布権を認めた立法趣旨が，本件判旨のいう如く劇場用映画の配給制度に基因するものであるとするならば，右配給制度の法的実体は詳らかではないが立法趣旨を勘案して，著作権法 2 条 3 項の解釈をも含め，「映画の著作物」の概念を劇場用映画類似の著作物に限定して解釈し，

V 私　見

ゲームソフトは劇場用映画類似の著作物ではないから一般の著作物と同様頒布権は存在せず，したがって，中古ゲームソフトの販売は著作権を侵害しないと解することも妥当ではないかと思料せられる。

4　ドイツにおける商品の形態保護
―― わが国判例との対比 ――

Ⅰ ドイツ知的財産法における商品の形態保護とその相互関係
　1　意匠権と著作権の関係
　2　競業法（不正競争防止法）による特に短命な流行商品の保護
　　（1）保　護　要　件
　　（2）違　法　性
　　（3）保　護　期　間
　3　競業法（不正競争防止法）による独自の形態を有する高級商品の保護
　4　模倣自由の原則
Ⅱ ドイツにおける意匠権侵害訴訟の実務
　1　積極的使用権と消極的禁止権の関係
　2　意匠権の保護範囲の確定
　　（1）創作的寄与の高度性
　　（2）意匠の全体的美的印象と自由使用
　　（3）意匠の部分的模倣と意匠の独立の要素保護
　　（4）模倣行為の段階的分類
　3　意匠権における主観的要素
　4　判例上確立された法原則の要約
　5　意匠権の用尽
Ⅲ 不正競争行為差止等請求事件：「腕時計」事件（東京地裁平成11年6月29日判決，平成9年(ワ)第27096号）
　1　判旨（抜萃）
　2　研　　究
Ⅳ 意匠権侵害差止等請求事件：「理容椅子および自動洗髪機」事件（大阪地裁平成13年7月12日判決，平成12年(ワ)第1455号）
　1　判旨（抜萃）
　2　研　　究

弁護士会中央知的財産研究所編「意匠法と不正競争防止法第2条第1項第3号との関係について」（平成12年3月29日，研究報告第6号）によれば，この条項の立法準備作業において「いわゆる一般条項を持たない日本の不正競争防止法の適用にあたっては，ドイツで形成されてきた短ライフサイクル商品の模倣に対する差し止め等の考え方を採用することは困難である。いわゆる隷従的模倣（sklavische Nachahmung, slavish imitation）の法理の立法化の必要性については，強く主張されていなかった。しかし，木目化粧紙判決（東京高判平成3年12月17日，判例時報1418号120頁，「木目化粧紙事件」……筆者挿入）の事案のように，既存の知的財産法では対処できないが，そのような模倣を放置することが疑問であるような事案が続出すると，知的財産保護の強化の雰囲気と相俟って，いわゆる隷従的模倣の規整が注目されるようになった。その結果，通産省は産業構造審議会の答申（『逐条解説不正競争防止法』（有斐閣）に採録）を得て，不正競争防止法の改正法案を作成した」とし，「立法者は，不正競争防止法2条1項3号の規定は，商品形態の『酷似的模倣（デッドコピー）』を禁止する制度と考えていた。ドイツの直接的引き写しの法理（unmittelbare Leistungsuebernahme）とスイス不正競争法5条Cを参考として立案されているため，……」と述べられている如く，本条項は，ドイツ不正競争防止法1条の解釈として判例により蓄積された法理およびドイツ判例理論を立法化したとされるスイス不正競争防止法（Bundesgesetz gegen den unlauteren Wettbewerb vom 19 Dezember 1986）5条(c)を模範として立法化されたとしている。

　本稿においては，主として，わが国不正競争防止法2条1項3号の立案の基礎となったと推測されるドイツ判例理論「特に短命な流行商品の保護」について詳述するとともに，注(8)においてスイス不

正競争防止法5条(c)についても言及した。

また，東京地裁・大阪地裁の判示内容との関連において，「ドイツにおける意匠権侵害の実務」についても詳述した。

I ドイツ知的財産法における商品の形態保護とその相互関係

1 意匠権と著作権の関係[1]

1876年1月11日制定のドイツ意匠法（Gesetz betreffend das Urheberrecht an Mustern und Modellen）は，著作権法と類似の条項を規定している。しかし，その類似性にも拘らず，その保護要件は，全く異なる。意匠法1条1項は「営業用の意匠またはモデルを，全部または部分的に模倣する権利は，その著作者に専属的に帰属する」と規定し，その保護対象を営業用の意匠およびモデルに限定しているが，この意匠法の保護対象は，同時に，著作権法2条1項4号に規定する「建築美術・応用美術の著作物およびそれらの著作物の下図を含む造形美術の著作物」にも該当するが故に，著作権法との同時的適用も可能である。このことは，著作権と意匠権とは本質的な差違は存在せず，単に段階的差違（gradueller Unterschied）が存在するにすぎないとする見解からも根拠づけられ得る（GRUR 1995年582頁掲載のドイツ連邦裁判所「Silberdistel」判決[2]）。しかし，以上の如き類似点にも拘らず，著作権と意匠権との間には，顕著な相違点が存在する。すなわち，意匠法1条2項によれば，「新規にして独自性を有する所産（neue und eigentümliche Erzeugnisse）」のみが意匠権として保護される旨規定されている。この条項の体裁は，著作権法2条2項の「この法律の意味における著作物とは，個人の精神的創作物のみを意味する」との規定における「個人の精神的創作物（persönliche geistigen Schöpfung）」の概念についての立法理由

の定義——これによれば，その内容または形式により，あるいは，その内容および形式の結合により，新規性および独自性（Neues und Eigentumliches）を構成する場合にのみ，上述の如き創作性が存在するとする——に対応する。しかし，著作権法上の新規性概念は，主観的新規性の要件のみにて足りるのに対し，意匠権については，客観的新規性概念（objektiver Neuheitsbegriff）が適用せられる。すなわち，著作権保護においては，例えば，2人の著作者が，相互に独立して同一または類似の作品を創作した場合に，後に創作された作品の著作者が，先に創作された作品を知らず，かつ，無意識に当該作品に依拠したものでない限り，前記2人の著作者に著作権が生ずることになる。他方，意匠法においては，特許法3条1項および実用新案法3条1項に規定する絶対的新規性（absolute Neuheit）概念は適用されず，当該意匠の構成が，当該国内の当業者間において公知であったか否かが問題とされるのである（ドイツ連邦裁判所民事判例集50巻340頁，355頁以下掲載の「Rüschenhaube」判決）。また，他の相違点として，著作権は，著作権法7条により，著作物を創作することにより発生する「生れながらの権利（geborenes Recht）」であるのに対し，意匠権は，意匠法7条により，出願および意匠登録簿への登録により発生する。したがって，創作行為に関与していない者，例えば，法人も意匠権を原始的に取得することができることになる。また，権利の存続期間についても，意匠権は，意匠法9条2項により，最高20年であるのに対し，著作権については，著作権者の死後70年である点においても相違している。

　さらに敷衍すれば，意匠法による保護と著作権法による保護との相違点は，その段階的法的性質（gradueller Natur）に存する。すなわち，意匠法は，その保護要件として意匠の独自性（Eigentümlichkeit）のみを必要とし，その必要とされる構成の高度性（Gestaltungshöhe）については，客観的に独自性を有する構成の域（Grad einer objektiveigenartigen Gestaltung）に達していることを必要とされるが，著作権保護においては，個性的かつ芸術的（美的）構成（eine individuell-künstlerische Gestaltung）の存在が要求され，当該著作物は，著作者の個性（Individualität）的性格によって特色づけられていなければならない（GRUR 1999 年 581 頁 1582 頁掲載のドイツ連邦裁判所「Silberdistel」判決）。したがって，意匠権は，応用美術の著作物保護の下部構造を形成するものである。しかし，著作権保護と意匠権保護とは，相互に排除する関係にはなく，相互に並存し得るものである。すなわち，応用美術著作権と意匠権とは，段階的かつ協同的に，手工業製品ならびに工業製品の形状保護に資するものである。

前述の如く，意匠法による物品の形状保護は，著作権による応用美術著作物である物品の形状保護の下部構造を形成するものであることに鑑み，判例および学説は，著作権による応用美術著作物保護の限界を，比較的高度に設定している。すなわち，著作権による著作物の要件である著作者の個性的性格の存在については，比較的高い構成の高度性（eine höhere Gestaltungshöhe）が要求せられ，著作権による応用美術保護と意匠権による意匠保護との限界は，低く設定されてはならないとするのが判例の立場である（前掲「Silberdistel」判決）。

2　競業法(不正競争防止法)による特に短命な流行商品の保護[3]
（1）　保 護 要 件

流行商品は，急速に流行遅れとなり，流行商品のメーカーは，その投下した時間・労力・費用および発明的努力に見合う利益を得るための期間は，短期間しか残されていない状況にある。そのため，

短命な流行商品につき，その模倣に対する競業法上の保護が与えられ得るか否かの問題が，特に重要となる。

競業上の特性を有する流行商品のみが，競業上の保護が与えられる。この競業上の特性は，営業上の出所の表示に存在する必要はなく，商品の特殊性に存在すれば足りる。すなわち，当該商品は，平均的なもの以上の優れた新製品であることを必要とし，その商品の全体的印象は，通常の一般的な流行の傾向とは異なった，美的な個性的構成 (individuelle ästhetische Gestaltungsmerkmale) によって特色づけられた印象を与えるものでなければならない (GRUR 1973 年 478 頁，480 頁掲載のドイツ連邦裁判所「Modeneuheit」判決)。

(2) 違 法 性

競業者が，同一の季節に，全く同一かまたは殆んど同一の模造品 ── この場合には，開発費用が省かれている ── により新流行商品の創作者と競合する場合には，新流行商品の創作者として与えられるべき競業上の優位 (wettbewerbliche Vorsprung) が失われ，その結果，その労力の成果も奪われることになる (前掲ドイツ連邦裁判所判決)。上述の理由により，報償思想に基づく意匠権を補完する労作保護 (Leistungsschutz) が認められることにより，流行商品産業界の短期間の保護要求にも適合することになる。しかし，競業法上の保護要件についての評価は，さらに他人の労作の成果が如何なる方法で模倣されているかの態様 (Art und Weise) が問題とされなければならない。すなわち，競業法上の違法性判断の基準は，競業者が創作した競争力のある独創的な美的流行商品が，実体上の法的理由もなく，同一または殆んど同一の態様で模倣される場合には，流行商品の創作者は，流行商品市場においてその創作した商品を有効に流通せしめる機会が全く奪われる結果となり，この点が競業法上問題視される点である。

4　ドイツにおける商品の形態保護

（3）保護期間

季節に左右される流行商品においては，その保護期間を延長する正当な理由がない限り，原則としてその季節に限定される（前掲ドイツ連邦裁判所判決）。しかし，製造者が製造コストを回収し得る期間では不充分であり，新製品開発の意欲を維持するためには，適正な利益を得る期間が与えられなければならない（GRUR 1975年230頁，236頁掲載の Hubmann, Die sklavische Nachahmung）。合のブラウスについては，1年間が（GRUR 1986年83頁掲載の Hamburg 高裁判決），また，夏季および冬季用のスポーツ用厚地シャツ（GRUR 1989年122頁掲載の Düsseldorf 地裁判決）についても1年間が，それぞれ認定されている。季節に依存しない流行商品については，商慣習上の提供期間がその基準となる。Ch. Krüger によれば，購買者が，当該流行商品に未だ独特の美的独自性（eigenartige Besonderheit）を感得している限り，その保護は存続するとし，その保護の存続期間は，当該流行商品の有する美的構成の高度性および時と共に変化する好み（Zeitgeschmack）によって異なる，としている（GRUR 1986年115頁，126頁掲載の Krüger, Der Schutz kurzlebiger Produkte gegen Nachahmungen）。前述のような，短命な流行商品については，確定的にして一般的に妥当する期間的限定は存在せず，常に具体的な事案に応じて定められることになる。

　繊維製品の流行商品について展開された上述の法原則は，判例により，他の分野の短命流行商品，例えば，概してその魅力が急速に消失する新式のビデオゲームについて適用されるに到った（GRUR 1983年757頁掲載のフランクフルト高裁，Donkey Kong Junior 事件決定，GRUR 1984年509頁掲載のフランクフルト高裁，Donkey King Junior II 事件判決）。また，流行商品における好みの変化よりも著るしく緩慢な好みの変化が生ずる分野，例えば，家具商品の分野には，

その保護は与えられない（WRP 1978 年 378 頁掲載のデュッセルドルフ「Polstermöbel」判決）。

3 競業法（不正競争防止法）による独自の形態を有する高級商品の保護

Hefermehl / Baumbach コンメンタール[3]は，「他人の（営業）声価の悪用（Ausbeuten fremden Rufs)」の一類型として，「自己商品推奨のためにする他人の商品の模倣（Anlehnung an fremde Waren zur Empfehlung der eigenen Ware)」として，GRUR 1985 年 876, 878 頁掲載のドイツ連邦裁判所，Tchibo / Rolex 1984 年 11 月 8 日判決を例示している。同事案の概要は，以下のとおりである。

保護期間が経過したため意匠権による保護が存在しない「Rolex」型時計の模造品について，当該模造品に「Royal Calendar」なる名称を文字盤に付し，販売価額をオリジナル商品である Rolex 腕時計の約 100 分の 1 の販売価額——模造品の価額が 39.95DM であるのに対し，オリジナル商品の販売価格は，男性型が 4650DM，女性型

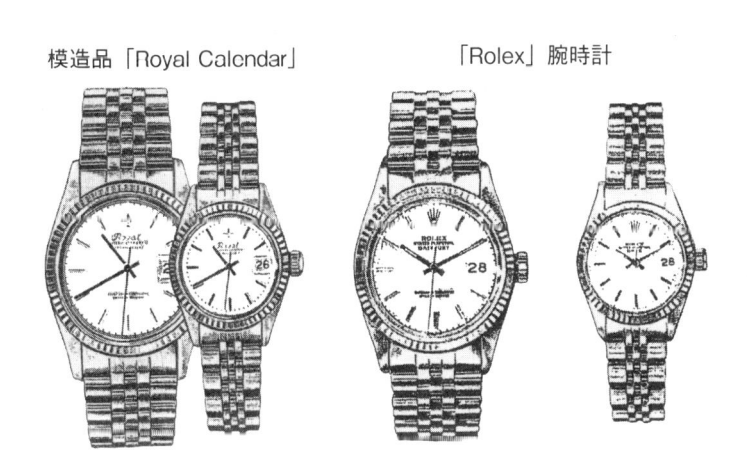

模造品「Royal Calendar」　　　「Rolex」腕時計

が3250DMである――で販売した事案に関するものである。本件事案においては，商品の同一性は存在するが，出所混同の危険は存在しない。何故ならば，模造品時計の購買者は，他の製造業者の製造にかかる安価な模造品であることを知っているからである。しかし，他方，非常に高額で販売される製品に，特殊な形態を有するデラックス時計であるとの固定観念を定着せしめるためには，「Rolex」腕時計の販売者は，長年月にわたり持続的に維持し続けた一定の製品形態および莫大な宣伝広告のための出費の結果達成せられたものであるが故に，安物の模造腕時計を腕に装着した場合に一見して「本物である」如く看做されるので，「見栄っ張り（prestigebewußte）」の購買者を魅了せしめることになり，この場合，競業法上の違法性は，模造品販売者が，Rolex型と同一の模造品を販売することにより，購買者の優越的意識を利用してRolex型時計の有する高級イメージの声価（Ruf der Exklusivität der Rolex-Modelle）を悪用する点に存在するものとされる（前頁の対照図を参照）。

4　模倣自由の原則[4]

競争市場においては，他人の労作の成果を利用することは日常茶飯事の現象である。多数の人々が，他人の労作を無償かつ容易に利用しているが，かような事態は法律上許容されるのか否か，また，如何なる程度許容されるかについては，競業法上の最も困難な問題に属する。この場合，他人の労作が，特許法・実用新案法・著作権法・意匠法・標章法等の特別法の保護（Sonderrechtsschutz）を受け得るものであるか否かが，重要である。技術的分野における精神的創作および非技術的分野における精神的創作につき，特に排他的独占権を認容している法の趣旨よりして，法により特に保護が与えられている領域外での個人の経済的活動は自由（frei）でなければな

I　ドイツ知的財産法における商品の形態保護とその相互関係

らない，という結論が必然的に導かれることになる。したがって，競業法上の判断は，この競業者および一般公衆の利益に一致する結論に拘束されなければならないことになる。したがって，競業法は，他人の労作（Arbeitsleistung）を，他の側面から特別保護権として把握するものである。すなわち，前述の特許法等の特別法は，労作に化体された創作的所産（schöpferische Leistung）自体を保護するものである —— その限りにおいては，完結的法規制である —— のに対し，競業法は，競業者および一般公衆の利益のために，不公正な競業行為を経済生活から追放することを意図するものである。したがって，不正競争防止法１条による競業法上の保護は，創作的所産の保護および標章法上の保護とは何らの関係も有しない。それは，せいぜい反射的に労作の保護に有利に作用するにすぎない。したがって，屡々，競業法は，特許法・意匠法・著作権法・標章法等が保証する特別法による保護を，一定の程度において補完し得るものであるといわれているが，この「補完的」競業法上の労作保護は，「公序良俗に反する（sittenwidrige）」利用行為の阻止に関するものであり，競業法上の判断基準は，如何なる態様で他人の労作の成果が競業者により使用せられ，かつ，活用せられているかの方法的態様（Art und Weise）が，その判断基準となる。すなわち，公正な利用行為と不公正な利用行為との限界が問題とされるのであって，他人の労作の成果が問題とされるのではない。特許法等による特別法の保護の下におかれていない労作の成果の模倣は，決して不正な模倣には該当しない。何故ならば，人類の文化の進歩は，既存の成果に依存するものであるからである。

II ドイツにおける意匠権侵害訴訟の実務

1 積極的使用権 (positive Benutzungsrecht) と消極的禁止権 (negatives Verbietungsrecht) の関係

積極的使用権は、意匠著作者の独占権の内容とその範囲を劃するものであり、その保護客体は、出願およびこれに付帯する記載により具体化された美的形態により確定せられ、この具体化された意匠を模倣する権利は、前掲意匠法1条1項に基づき、意匠著作者のみに独占的に与えられる。したがって、その積極的使用権は、意匠著作者により創作せられた具体的意匠に限定せられるが、この積極的使用権の効果的な保護を保障するため、この具体的な意匠形態のみならず、この具体的意匠形態を超えた全体的美的印象（ästhetischer Gesamteindruck）において一致する全ての模倣形態を包含する消極的禁止権が認められることになる。上述の積極的使用権と消極的禁止権の区別は、保護範囲の確定に際し、出願およびこれに付帯する記載により具体化された意匠形態を基準とすべきであり、当該意匠形態とは相違して製作・販売された模倣意匠形態を基準とすべきではないことを意味する。

2 意匠権の保護範囲の確定[5]

(1) 創作的寄与の高度性

保護範囲の判断に際しては、当該意匠の創作的全体的美的印象についての具体的意匠形態を基準とすべきであるが、その保護範囲は、前述の如く、この具体的意匠形態を超えて拡張され、創作的寄与の程度が大であればある程、その保護範囲もこれに応じ拡大されることになる。したがって、原則として、先ず最初に、当該意匠形態の独自の創作的寄与の高度性の程度が確定されなければならない。こ

の場合，それ自体は副次的で重要ではない構成要素ではあるが，当該意匠形態の全体的印象に影響を及ぼす構成要素も，その判断に算入されなければならない。何故なれば，右のような構成要素を判断の基礎として算入しない場合には，その保護範囲があまりにも拡く測定されることになるからである。

（2） 意匠の全体的美的印象と自由使用

当該意匠の具体的な意匠形態は，その新規にして独創的な形態構成について，すなわち，その全体的美的印象について，その保護が与えられる。当該意匠形態に包含されているが，意匠保護を受けない一般に開放された自由使用の対象である構成要素，さらには，美的分野に属さない構成要素（例えば，材料選択・使用目的・技術的条件等）は，意匠著作者の独占権の対象とはならない。

（3） 意匠の部分的模倣と意匠の独立の要素保護

意匠権は，当該意匠の全体およびその部分の具体的意匠構成にその保護が与えられる。当該意匠の全体または部分についての保護が与えられるためには，当該意匠と模倣意匠とに一致する共通の全体的美的印象が，その条件となる。その限りにおいて，意匠保護能力を有する個々の構成要素も，意匠全休の保護に関与することになる。したがって，当該意匠の全体的保護は，当該意匠全体の完全な模倣に制限せられない。すなわち，当該意匠の全体を構成する構成部分の模倣であるにも拘らず，模倣意匠の全体的印象と当該意匠の全体的印象とが一致する場合には，部分的模倣の場合にも当該意匠を侵害することになる。これに対し，模倣意匠の全体的印象は，当該意匠の全体的印象とは一致しないが，当該意匠を構成する個々の意匠構成要素の美的印象とは一致する場合には，当該意匠の要素保護（Elementeschutz）が問題となる。この独立の要素保護は，当該意匠を構成する個々の構成要素に制限せられるが，個々の構成要素のグ

ループおよび下位結合の場合も，同様である。

　この独立の要素保護の要件は，常に，単独の意匠保護要件（selbständige Schutzfähigkeit）の存在を前提とする。すなわち，独立の意匠保護が認められる構成要素は，個々の構成要素自体または下位結合自体において，新規にして（neu），独自性を有するもの（eigentumlich）でなければならない。これらの要件が付加されることにより，当該意匠全体の結合の場合に比し，より狭い要件が付加せられることになる。何故なれば，意匠全体の結合の場合には，この全体的意匠構成において新規性および独自性の存在のみが要件とされるのに対し，独立の要素保護に該当する構成要素についての独立の意匠保護要件については，新規性および独自性の存在のみならず，明確な独立性（Eigenständigkeit）および完結性（Geschlossenheit）の存在が要求せられることになる。したがって，独立の要素保護は，肆意的に全体的意匠構成から抽出され得べきものではなく，独立の保護が認められる構成要素は，それ自体完結性を有し，商品としての意匠の機能をも具備するものでなければならない。

（4）　模倣行為の段階的分類

　模倣なる包括的上位概念に包含される使用行為は，当該意匠との段階的距離に応じ，同一の態様での模倣から保護領域の外辺に位置する自由使用に至る，次のような段階に分類せられる。

(a)　当該意匠と殆んど同一態様での模倣

(b)　当該意匠の構成要素の一部の構成要素と殆んど同一態様での模倣

(c)　当該意匠と同一の全体的美的印象を生ぜしめる本質的特色を有する独自性の模倣

(d)　模倣意匠は独自の創作的意匠には該当しないが，当該意匠と同一の全体的美的印象を生ぜしめる（従属的）変形

(e) 独自の創作性を具備する(従属的)翻案
(f) 独自の創作性を具備する自由使用

3 意匠権における主観的要素

意匠著作物の消極的禁止権の及ぶ模倣は,当該意匠を認識して使用することを前提とする。この要件は,著作権法上の原則に対応するものである。したがって,意匠著作者の有する消極的禁止権は,技術を保護対象とする特許権におけるが如き,主観的使用とは無関係な一般的排他的効力を有しない。すなわち,意匠権の排他的効力は,著作権法上の原則に対応して,主観的ならびに客観的模倣に制限せられることになる。したがって,偶然的に客観的に当該意匠と一致する模倣は,意匠権侵害を構成しない。それ故,意匠権についての先願権は,副次的な意味を有するにすぎず,意匠先願権の問題は,必然的に主観的模倣構成要件によって制限を受けることになり,出願時点による意匠保護の遡及的効果は生じない。

4 判例上確立された法原則の要約[6]

(a) 当該意匠と模倣形態との比較に際しては,先ずその構成要素の一致点から検討すべきであって,その相違点から検討すべきではない。したがって,その検討の視点は,当該意匠権の観点から当該意匠と模倣形態との共通点が何れの点にあるかに向けられなければならない(GRUR 1958 年 97 頁掲載のドイツ連邦裁判所「Gartenscssel」判決, GRUR 1981 年 273 頁, 275 頁掲載の同裁判所「Leuchtenglas」判決)。

(b) 重要でない些細な付加・省略または変更は,判断基準として重要ではない(MuW 誌 1941 年 226 頁掲載のドレスデン高等裁判所判決)。常に,当該意匠権による保護内容にその視点が向けられるべ

きであり，特に，特別の注意を払った場合にのみ知覚され得るような相違点は，無意味にして重要でないものと見做される（前掲ドイツ連邦裁判所の各判決）。

(c) 全体的印象（Gesamteindruck）が，その判断基準として重要である。この全体的印象が，当該意匠と模倣形態との比較において，本質的に一致する場合には，違法な模倣に該当する。模倣形態が当該意匠の形態と全く一致することは不必要である。意匠保護にかかる形態要素が，模倣意匠に殆んど変更されない態様で具備しており，模倣意匠の相違点によって，その全体的印象が決定的に影響を受けていない限り，客観的に模倣の構成要件を充足する（GRUR 1963年640-641頁掲載のドイツ連邦裁判所，Plastikkorb 判決）。したがって，意匠権侵害は，著作権法の応用美術の保護の場合と同様，当該意匠を個性的に特色づける本質的な特徴が模倣されている場合には，意匠権侵害が肯定されることになる（ドイツ連邦裁判所民事判例集5巻1頁3頁掲載の，Hummelfiguren I 判決）。全体的印象の判断に際しては，観察者と対象物との距離は，通常の距離が保たれなければならない（前掲，Leuchtenglas 判決）。

(d) 上述の全体的印象を正確に判定するためには，当該意匠の本質が探究されなければならない。この本質は，当該意匠の対象の特殊な処理またはモチーフに存することもあり，また，個性的にして独特の輪郭に存することもあり，さらに，特色ある色彩効果および創作的形状に存することもある。

(e) 混同の危険は，模倣の存在には要求されない。しかし，混同の危険なる標章法および競業法上の構成要件的特徴は，違法な模倣の問題につき，間接的に重要である。すなわち，混同の危険の存在が否定される場合に，模倣が存在しないとは，決して確定され得ないのに反して，混同の危険が存在する場合には，違法な模倣の存在

に有利に作用するということである（GRUR 1961 年 640 頁，642 頁掲載のドイツ連邦裁判所，Straßenleuchte 判決）。問題とされる対象が，競業上の特性を有し，かつ，この競業上の特性が同時に意匠保護を根拠づける特徴をも具備する場合には，不正競争防止法1条および意匠法5条の意味における模倣の問題は，原則として統一的に判断されなければならない（GRUR 1984 年 597 頁，598 頁掲載のドイツ連邦裁判所，vitra programm 判決）。

5 意匠権の用尽[7]

意匠著作者の排他的使用権能の行使は，その個々の商品につき，1回限り許容せられる。意匠著作者による複製またはその意思により商品が頒布せられた場合には，当該商品は，用尽により当該意匠権の保護領域から離脱することになり，当該意匠権は，この頒布せられた商品に対しては，如何なる効力も有しない。したがって，当該商品は，第三者により，自由に使用し，かつ，頒布することができる。しかし，右の用尽の効果は，当該意匠権自体には何らの影響も及ぼすことはない。

購買商品は特定の地域においてのみ販売すべきであるとか，定価販売をすべきであるとか，または，その他の販売条件を課することは，債権的効力を有するにすぎず，爾後の当該商品の取得者には意匠権の効力は及ばない。

Ⅲ 不正競争行為差止等請求事件：「腕時計」事件

（東京地裁平成 11 年 6 月 29 日判決，平成 9 年(ワ)第 27096 号）

1 判旨（抜萃）（100 頁の対照図を参照）

「一 争点1（不正競争防止法2条1項3号の該当性）について

1 不正競争防止法2条1項3号にいう「模倣」とは，既に存

在する他人の商品の形態をまねてこれと同一又は実質的に同一の形態の商品を作り出すことをいい，他人の商品と作り出された商品を対比して観察した場合に，形態が同一であるか実質的に同一といえる程度に類似していることを要するものである。そして，問題とされている商品の形態に他人の商品の形態と相違する部分があるとしても，その相違がわずかな改変に基づくものであって，商品の全体的形態に与える変化が乏しく，商品全体から見て些細な相違にとどまると評価される場合には，当該商品は他人の商品と実質的に同一の形態というべきである。これに対して，当該相違部分についての改変の着想の難易，改変の内容・程度，改変が商品全体の形態に与える効果等を総合的に判断したときに，当該改変によって商品に相応の形態的特徴がもたらされていて，当該商品と他人の商品との相違が商品全体の形態の類否の上で無視できないような場合には，両者を実質的に同一の形態ということはできない。

　これを本件についてみると，被告商品の形態と，それぞれの被告商品に対応する原告ら商品の形態とは，別紙一「被告商品目録」(一)ないし(九)及び別紙三「原告ら商品目録」(一)ないし(七)の記載から明らかなとおり，時計側，文字盤，バンドの形状等の腕時計としての基本的な形態が，いずれも同一であるか又は極めて類似していると認められる。殊に，原告ら商品は，4枚の板状体を連結してバンドを構成し，文字盤の時刻目盛に星形図形を用いた点（原告ら商品(一)），環状不完結のリング状体を複数連結してバンドを構成し，文字盤の時刻目盛に塔を想起させるＡ字型図形を用いた点（同(二)），文字盤部分の左側に表示窓を設け，この窓から回転する文字盤が現れるようにした点（同(三)及び同(五)），細棒状の金属片を多数連結してバンドを構成し，

Ⅲ 不正競争行為差止等請求事件:「腕時計」事件

変形八角形の時計側に横長長方形状の文字盤を設け,その中央部に横長楕円模様を配置した点(同㈣),縦長長方形の金属片を3列に配してバンドを構成し,時計側の文字盤の周囲に環状壁を設け,その上部にドーム状のガラスを取り付けた点(同㈥),文字盤部分の右側に表示窓を設け,この窓からアナログ時計表示部が現れるようにした点(同㈦)等において形態上の特徴を有していると認められるところ,被告商品がこれら特徴的な形態をすべて備えていることを考慮すると,被告商品の形態は,対応する原告ら商品の形態と実質的に同一であり,これを模倣したものと認めるのが相当である。

この点につき,被告は前記第二,二1のとおり両者の形態には相違点があるなどと主張するが,原告ら商品が販売される前にこれと同様の形態的特徴を有する腕時計が存在していたことをうかがわせる証拠はなく,しかも,被告商品及び原告ら商品の基本的な形態が同一又は極めて類似していることからみて,被告商品は対応する原告ら商品を基にしてその形態に若干の改変を加えて作り出されたと認められるところ,被告が相違点として主張する点は,針や竜頭の形状,文字盤の色,数字の字体,日付表示の有無等,いずれも改変の内容及び程度がわずかなものであって,当該改変を加えるにつき着想が困難であるとはいえないし,これらの改変によって相応の形態的特徴がもたらされていると認めることはできず,結局のところ,被告の指摘する相違点はいずれも商品全体から見て些細なものにすぎない。

二 争点2(意匠権侵害の成否)について

本件意匠とリ号商品の腕時計用側の意匠とを比較すると,別紙四「意匠公報」及び別紙一「被告商品目録」(九の二)記載のとおり,両者の形状は同一ないし極めて類似しているという

4　ドイツにおける商品の形態保護

ことができるから，リ号商品を輸入し販売する行為は，本件意匠権を侵害するものであると認められる。」

2　研　　究
(1)　不正競争防止法2条1項3号の立法趣旨およびその解釈[8]

同条は，

「他人の商品（最初に販売された日から起算して3年を経過したものを除く。）の形態（当該他人の商品と同種の商品（同種の商品が

腕時計事件

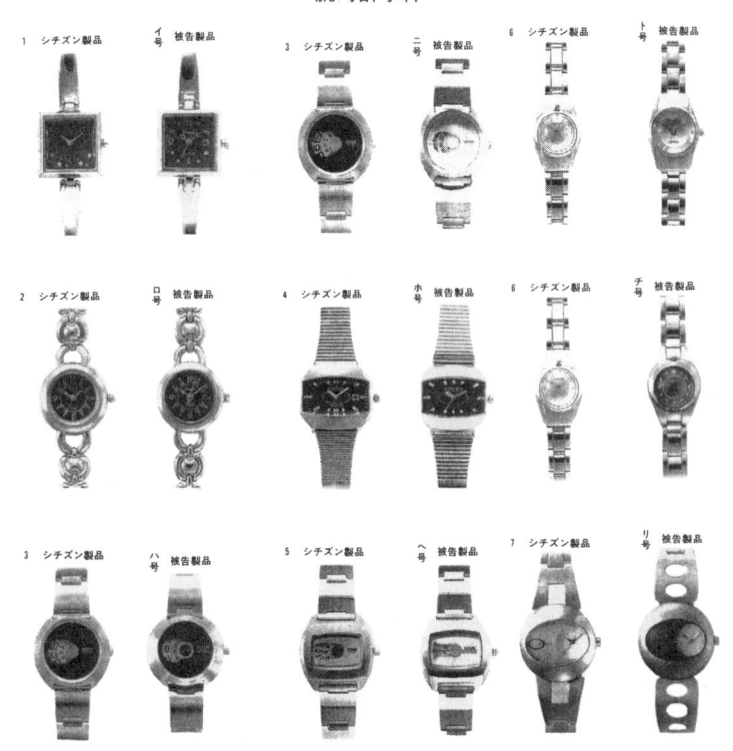

ない場合にあっては，当該他人の商品とその機能及び効用が同一又
は類似の商品）が通常有する形態を除く。）を模倣した商品を譲渡
し，貸し渡し，譲渡若しくは貸渡しのために展示し，輸出し，
若しくは輸入する行為」
を「不正競争」行為として定義している。

同条の保護対象は，他人の商品の形態の模倣であるが，①最初に
販売された日から起算して3年を経過した商品，および，②当該商
品が通常有する形態，については同条の適用が排除される旨，規定
されている。

同条が，当該商品が最初に販売された日から起算して最大限3年
間の期間に限定して，その保護を与えている点からして，ある程度
の短期の流行商品を想定した規定であるということができる。

次に，当該商品が通常有する形態を除外する旨の消極的要件は，
模倣自由の原則よりして当然の事由を規定したに過ぎず，その積極
的要件は，流行商品についての不正競争法上の保護の観点から，別
途考究されなければならない。前記ドイツ判例にも指摘されている
如く，流行商品の「競業法上の違法性判断の基準は，競業者が創作
した競争力のある独創的な美的流行商品が，実体上の法的理由もな
く，同一または殆んど同一の態様で模倣される場合には，──流行
商品は，急速に流行遅れとなり，流行商品のメーカーは，その投下
した時間・労力・費用および発明的努力に見合う利益を得るための
期間は，短期間しか残されていない状況にある──流行商品の創始
者は，流行商品市場においてその創作した商品を有効に流通せしめ
る機会が全く奪われる結果となり，この点が競業法上問題視される
点である。

以上の観点よりして，同法2条1項3号の保護対象商品は，当該
商品が通常有する平均的な形態以上の優れた形態，すなわち，当該

4 ドイツにおける商品の形態保護

商品の形態の全体的印象は，通常の流行傾向とは異なった美的な個性的印象を生ぜしめる如き形態を有する商品に限定されると解されねばならない。

(2) また，同法に規定する「模倣」の概念の解釈については，競争の自由ないし模倣自由の原則をその基礎として構築さるべき不正競争防止法上の違法性の観点から，その範囲を厳格に解釈すべきであり，比較基準として類似概念を適用すべきではなく，「全く同一」または「殆んど同一」の比較基準によるべきである。

(3) 本件判旨は，「模倣」の解釈として，「不正競争防止法2条1項3号にいう『模倣』とは，……形態が同一であるか実質的に同一．．．．．．．といえる程度に類似していることを要するものである。そして，問題とされている商品の形態に他人の商品の形態と相違する部分があるとしても，その相違がわずかな改変に基づくものであって，商品全体から見て些細な相違にとどまると評価される場合には，当該商品は他人の商品と実質的に同一の形態というべきである。これに対し，……当該改変によって商品に相応の形態的特徴がもたらされていて，当該商品と他人の商品との相違が商品全体の形態の類否の上．．．．．．．．．．．．．で無視できないような場合には，両者を実質的に同一の形態ということはできない。」と判示し，比較基準として類似概念が適用されており，前記不正競争防止法上の違法性の観点から，広きに失するものと思われる。

また，本件判旨は，商品の形態自体に着目して，その同一性の判断がなされているが，その判断は商品流通上の視覚による判断であるから，当該商品形態の有する全体的印象の視点から，その同一性の判断がなさるべきであろう。この場合には，形態自体についての同一性判断の場合に比し，やや広く限界づけられるのではないかと思われる。

また，本事案においては，争点とされていないが，上述の如き，保護対象商品の特性，すなわち，当該商品の形態の全体的印象は，通常の流行傾向とは異なった美的な個性的印象を生ぜしめる如き形態を有する商品に限定される，との要件も検討さるべきであろう。

　(4)　他方，意匠権侵害の点については，本件判決は，前同様，形状自体の同一ないし類似を問題にしているが，意匠法2条にも規定する如く，「意匠とは，……視覚を通じて美感を起させるもの」であるから，侵害対象意匠との対比においても，両者の全体的美的印象の対比の観点から，同一ないし類似の判断がなされるべきであろう。

Ⅳ　意匠権侵害差止等請求事件：「理容椅子および自動洗髪機」事件（大阪地裁平成13年7月12日判決，平成12年(ワ)第1455号）

1　判旨（抜萃）（105頁の対照図を参照）

「(1)　意匠権Ⅰ（登録意匠Ⅰ）のロ号による侵害の点（具体的構成の相違点についての判旨は省略）

　　登録意匠Ⅰの背もたれは，手すりの上部と同程度の高さに存在する側辺の屈曲点付近で最も幅が広くなっており，背もたれの前面には，横方向に縫い目が付けられていることから，登録意匠Ⅰの背もたれは，横方向に広がりを感じさせ，全体の形状としては下方が狭くなっているにもかかわらず，安定感を感じさせる。これに対し，ロ号物件の背もたれは，外側に張り出した曲率の大きい円周の部分で最も幅が広く，その部分は，手すりより高い位置にあるため，上方が広く下方が狭い印象が強められている。また，ロ号物件の背もたれの前面には，縦方向に縫い目が付けられており，この縫い目により，背もたれの前面

は，ヘッドレストの下の部分と，縫い目の外側の縦長の部分に分けられているが，このような縦方向の縫い目により，ロ号物件の背もたれは，縦方向の長さが強く印象づけられている。さらに，この縫い目を境として，その外側の部分が前方に屈曲しているため，背もたれ両側部の前方への屈曲が強調されている。正面視において，登録意匠Ⅰとロ号物件では，背もたれ前面の左右両端の下部に，手すりに隠れる部分があるか全部見えるかの違いがあり，この差異により，登録意匠Ⅰの背もたれは重厚な印象を与えるのに対し，ロ号物件の背もたれは，両側部の前方への屈曲と相まって，よりめりはりのきいたシャープな印象を与える。

　登録意匠Ⅰの背面部材は，全体の形状が上方が広く下方が狭い形状であり，側辺の屈曲点の付近で最も幅が広くなっている上，中央の縦長の部分及びその両側の略逆三角形の部分によって形成される上方に開いた扇形の輪郭が目立つため，上方が広く下方が狭い形態が強く印象づけられている。これに対し，ロ号物件の背面部材の全体の形状は，下辺において最も広く，上辺においてそれより狭く，上から4分の1程度の位置で最も狭くなっており，背面部材の中央部には，上辺が下辺よりも短い台形の部分があり，その台形の部分が目立つため，下方が広く上方が狭い安定感のある形態が強く印象づけられている。

　座面について，登録意匠Ⅰでも，ロ号物件でも，座面の縫い目に沿った部分がへこんでいるが，登録意匠Ⅰの座面には，座面を前後に分割する横方向の縫い目が付されているのに対し，ロ号物件では，座面には，H字状の縫い目が付されているので，ロ号物件の方が，座面の凹凸が目立ち，座面に立体感が感じられる。また，登録意匠Ⅰの背もたれ及び座面の各横方向の縫い

Ⅳ 意匠権侵害差止等請求事件:「理容椅子および自動洗髪機」事件

目,ロ号物件の背もたれの縦方向の縫い目と座面の前後方向の縫い目は,それぞれ背もたれと座面を統一的なデザインにしており,この点でも登録意匠Ⅰとロ号物件の意匠は,看者に異なった印象を与える。

足置き,台座の具体的構成についての相違も,背もたれや座面の相違と相まって,看者に与える印象を相違させている。

背もたれの全体,前面及び背面部材の形状並びに座面の形状は,看者の目に付きやすく,これらの具体的構成について看者の印象を異にするような相違がある上,足置き,台座の具体的構成にも相違があることから,登録意匠Ⅰとロ号物件が看者に与える印象は大きく異なるものと認められる。したがって,登録意匠Ⅰとロ号物件は,基本的構成及び具体的構成の一部に一致点があることを考慮にいれても,なお,美感は異なるものと認められ,ロ号物件は,登録意匠Ⅰに類似しない。

(2) 意匠権2(登録意匠2)のハ号物件による侵害の点(具体的構成の相違点についての判示は省略)

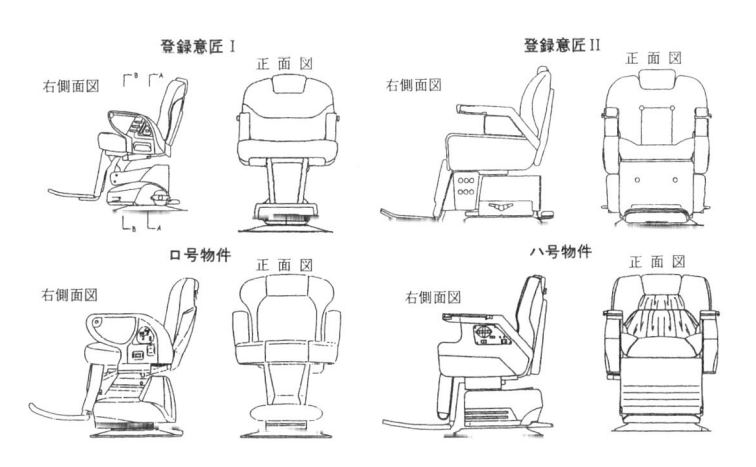

背もたれの上辺から側辺にかけての形状について，登録意匠Ⅱでは丸みを帯びた印象を与えるのに対し，ハ号物件では，直線的で角ばった印象を与える。

　背もたれの前面について，登録意匠Ⅱでは，2個のボタンと縫い目が付けられており，ボタンをアクセントとして表面がなめらかな印象を与えるのに対し，ハ号物件では，ヘッドレストを含めた背もたれの半分の高さのところに，背もたれに深く食い込んだ切れ目のような縫い目があり，その上下の台形の部分に，縦方向に合成皮革のしわが形成されていることから，表面に凹凸があり柔らかで膨らみのある印象を与える。

　座面について，登録意匠Ⅱでは，2個のボタンと縫い目が付けられており，ボタンをアクセントとして表面がなめらかな印象を与えるのに対し，ハ号物件では，横方向の縫い目とその左右の端から背もたれへ向けて延びる縫い目に囲まれた座面の中央部の台形状の部分が，深くへこんでおり，座面に立体感が感じられる。また，登録意匠Ⅱでは，背もたれ前面と座面にそれぞれ設けられた2個のボタンと直線状の縫い目が統一感を与えているが，この点でも登録意匠Ⅱとハ号物件とは異なっている。

　手すりについて，登録意匠Ⅱでは，座部の側面に長方形に近い形の側板が設けられ，側板と手乗せ板の間に，手乗せ板を支えるように台形状の部材が設けられていること，手乗せ板前方の空洞部の長さが，手乗せ板の座面と平行な部分のうちの前方約半分を占めていることから，手乗せ板，側板及びその間の台形状の部材が，別個の部材として印象づけられている。そして，空洞部の後方内側の角が，上下の角とも直角であり角張っていることから，横から見た形状について直線的で角張った印象を与える。これに対し，ハ号物件では，手乗せ板の下から座部の

Ⅳ　意匠権侵害差止等請求事件：「理容椅子および自動洗髪機」事件

下面までを一体の側板が覆っており，スイッチパネルも，側板の一部を切り抜いた形で設けられており，空洞部の横の長さは，手乗せ板の座面と平行な部分のうちの前方約4分の1を占めるにすぎないから，手すり全体が一体の板状のものとして印象づけられる。また，空洞部の後方内側の角は，上の角は直角に近い角張った角であるが，下の角は丸みを帯びているから，全体として角張った印象はそれほど受けない。

　登録意匠Ⅱでは，側板の前方の下で前垂れの後方に当たる部分に縦長の台形の飾り板が付けられているのに対し，ハ号物件は，そのような飾り板はなく，簡素な印象を受ける。

　前垂れについて，登録意匠Ⅱは，前垂れの前面に2個のボタンが付けられ，背もたれ前面，座面及び前垂れに統一した印象が与えられているが，ハ号物件の前垂れの前面下方には4本の飾り線が付けられており，凹凸がある背もたれ前面や座面に対して前垂れが全くの平板とならないような構成とされている。

　ポンプカバーについて，後ろから見た場合の横方向の幅が，ハ号物件の方が広いので，ハ号物件の方が，下方に重みを感じさせ，より多くの安定感がある。

　背もたれの上辺から側辺にかけての形状，背もたれの前面の形状，座面の形状並びに手すりの形状は，看者の目に付きやすく，これらの具体的構成について看者の印象を異にするような相違がある上，前垂れの前面及びポンプカバーの具体的構成にも相違があることから，登録意匠Ⅱとハ号物件が看者に与える印象は大きく異なるものと認められる。したがって，登録意匠Ⅱとハ号物件は，基本的構成及び具体的構成の一部に一致点があることを考慮に入れても，なお，美感は異なるものと認められ，ハ号物件は，登録意匠Ⅱに類似しない。

4 ドイツにおける商品の形態保護

(3) 周知商品等表示としての商品形態の不正競争防止法2条1項1号該当性

　商品の形態は，通常，その商品の機能を発揮させ，又は美感を高めるために選択されるものであり，必ずしも商品の出所を表示することを目的として選択されるものではないが，商品の形態が他の商品と識別し得る独特の特徴を有し，かつ，商品の形態が，長期間継続的かつ独占的に使用されるか，又は，短期間であっても商品形態について強力な宣伝等が伴って使用されたような場合には，商品の形態が商品等表示として需要者の間で広く認識されることがあり得る。

　原告は，(a)背もたれが，上底より緩やかな曲線をもって下底にかけて絞り込まれ，前垂れは，上底が下底より長い台形状となるように直線によって絞り込まれ，足置きは，座部の幅に比して小さめであり，正面から見た形状は，全体として逆台形であること，(b)手すりは，座部後部から緩やかな角度をもって現れ，やがて手すり上面は座部傾斜とほぼ平行になり，前面上部は突出した形状をなし，その角部は丸みを帯び，前面部は，下方にかつ背もたれ側に円弧状をなしたラインを有し，座部付近の手すり基部に連なっており，手すり上面の下方には空洞部が形成されており，その内面形状は，上部がほぼ直線状で前部が曲線状であることを，原告クリエの特徴とし，このような特徴を有する原告クリエの形態は，商品等表示としての形態に当たると主張する。別紙9（原告製品目録2），甲第10号証，第267号証によれば，原告クリエが，原告がその特徴であると主張する形態を備えていることが認められる。

　また，原告は，(a)正面形状は，背もたれの肩部が上部にいくほど狭くなる緩やかな曲線であるほかは，ほぼ長方形であるこ

Ⅳ　意匠権侵害差止等請求事件：「理容椅子および自動洗髪機」事件

と，(b)側面には，座部の後部からほぼ45度の角度で板状の手すりが現れ，しばらくして座部と平行となり，手すりの下には操作部があり，手すりの前部の下方は空間となっていること，(c)背もたれは，その左右が少し内側に折り曲げられた形状であり，背もたれのうち手すりより上の部分は緩やかな曲線で少し絞り込まれ，背もたれのうち手すりより下の部分は急な直線で絞り込まれた後垂直に座部に至っており，それに加え，逆台形で横長の直線的なイメージを与えるヘッドレストと，台形で縦長の同じく直線的なイメージを与える背面部材からなることを，原告プライムハイテクノの特徴とし，これが商品等表示に該当すると主張する。別紙10（原告製品目録3），甲第12号証によれば，原告プライムハイテクノが，原告がその特徴であると主張する形態を備えていることが認められる。

　しかし，前記1(4)で認定したとおり，理容椅子には，具体的構成を異にする様々なものがあり，それぞれが独自の特徴を有しているものであるところ，そのような中で，ロ号物件の販売が開始された平成9年，ハ号物件の販売が開始された平成8年以降において，原告クリエ，原告プライムハイテクノの前記のような特徴が，看者に強い印象を与える形態上の顕著な特徴であったとまでは認められない。

　したがって，原告が原告クリエ，原告プライムハイテクノの特徴として主張するところは，他の商品と識別し得る独特の特徴ということはできない。

　前記認定のとおり，原告クリエ及び原告プライムハイテクノについては，多くの場合，写真入りで，広く宣伝広告が行なわれた。しかし，原告が原告クリエ，原告プライムハイテクノの特徴として主張するところは，他の商品と識別し得る独特の特

徴ということはできないから，広く宣伝広告が行なわれても，原告クリエ，原告プライムハイテクノの形態が，出所を表示する周知の商品等表示となったと認めることはできない。」

2 研　　究

(1) 前述のⅡ−2−(1),(2)および4に記載した「ドイツにおける意匠権侵害の判断基準」を要約すれば，次のとおりである。

(i) 先行公知意匠との対比における当該意匠形態の創作的寄与の高度性の確定

(ii) 当該意匠形態と侵害意匠形態の一致点の確定。この場合，重要でない些細な付加・省略・変更は，一致点の判断にとり重要ではない。また，特別の注意を払った場合にのみ知覚され得るような相違点は，無視されなければならない。

(iii) 全体的印象による比較が重要であり，全体的印象が一致する場合には，侵害が成立する。すなわち，当該意匠を個性的に特色づける本質的特徴部分が模倣されている場合には，侵害が成立する。

(iv) 全体的印象の判断においては，看者と対象物との距離は，通常の距離が保たれなければならない。

(2) 意匠権侵害の判断基準より本件判旨を検討すれば，先行公知意匠に関する証拠資料の提出がないため，先行公知意匠による本件意匠形態の創作的寄与の高度性および本件意匠形態を個性的に特色づける本質的特徴部分が確定されない状態で，本件意匠と侵害意匠形態との対比がなされており，訴訟当事者にとりこの点も争点となり得ることを指摘するにとどめる。

(3) 判旨は，登録意匠Ⅰとロ号物件正面図の対比において，前者は，安定感のある重厚な印象を与えるのに対し，後者は，よりめり

Ⅳ　意匠権侵害差止等請求事件：「理容椅子および自動洗髪機」事件

はりのきいたシャープな印象を与えるとし，登録意匠Ⅰとロ号物件は，美感は異なるものと認められるとしているが，筆者もこれに同調するものである。なお，筆者は，正面図・右側面図の全体的美的印象として，登録意匠Ⅰは，判示のごとく安定性のあるオーソドックスな印象を与えるのに対し，ロ号物件は，曲線的構成を基調としたモダーンな調和美を有するとの印象を受け，右両者は全く異なる美感を生ずるものと思料せられる。

（4）　判旨は，登録意匠Ⅱとハ号物件の対比において，その細部の相違点をも指摘の上，結論として両者は類似しないと判示している。

しかし，前述のように，本件については先行公知意匠に関する証拠資料の提出がないため，本件意匠形態を特色づける特徴部分を確定し得ないが，登録意匠Ⅱとハ号物件は，判示の如き相違点にも拘らず，その全体的印象として類似するのではないかと思料せられる。

（5）　前掲判旨(3)において，「商品の形態は，通常，その商品の機能を発揮させ，又は美感を高めるために選択されるものであり，必ずしも商品の出所を表示することを目的として選択されるものではないが，商品の形態が他の商品と識別し得る独特の特徴を有し，かつ，商品の形態が，長期間継続的かつ独占的に使用されるか，又は，短期間であっても商品形態について強力な宣伝等が伴って使用されたような場合には，商品の形態が商品等表示として需要者の間で広く認識されることがあり得る。」の判示のうえ，「原告が……特徴として主張するところは，他の商品と識別し得る独特の特徴ということはできないから，広く宣伝広告が行われても，……出所を表示する周知の商品等表示となったと認めることはできない。」とした。

筆者は，上記結論に同調するものであるが，上記理由以外に，理容椅子は，高額商品であり，かつ，耐久商品であるから，購買者はその出所を確認することなく購入することは稀れであり，また，そ

111

の流通ルートも特定されているため流通頻度が低く，理容椅子の形態が周知性を獲得して出所表示機能を生ずるに到ることは，商品の特殊性よりして困難な事案が多いのではないかと思料せられる[9]。

---

(1) Möhring / Nicolini, Urheberrechtsgesetz, München 2000, Einl 107.
(2) Schricker, Urheberrecht, München 1999, S. 111ff.
(3) Baumbach / Hefermehl, Wettbewerbsrecht, München 1999, UWG §1, S. 738ff.
(4) 前掲書 UWG §1, S. 702ff.
(5) Gamm, Geschmacksmustergesetz, München 1989, S. 134ff.
(6) Furler, Geschmacksmustergesetz, Köln 1985, S. 151ff.
(7) 同書 S. 148.
(8) 不正競争防止法2条1項3号の立法上の先例とされたスイス不正競争防止法5条(c)は，
「市場性を有する他人の成果を，自ら相応の負担を行うことなく，技術的複製方法により，そのもの自体を（als solches）コピーし，または，利用する者は，不正行為に該当する」
と規定し，また，右条項が依拠したとされるドイツ不正競争防止法における判例理論は，他人の成果の直接的借用（Unmittelbare Übernahme fremder Leistung）の行為類型を，(i) 直接的不法領得（unmittelbare Aneignung），(ii) 同一態様での模倣（identisches Nachmachen），(iii) 特に短命な流行商品の模倣，に分類し，(i)は，競争の目的を以て，保護に値する独創性を有し，かつ，労力と出費の負担によってのみ達成し得る他人の完成した成果（fertige Arbeitsergebnis）を，自己の出費を節約して・技術的複製方法を用いて不当に領得し，他人からその成果を奪うために，何らの改良をも加えることなくその儘の状態で，商品として売り出す行為類型を意味し，また，(ii)は，競業上保護に値する独創性を有するが，他の知的財産権の保護がない他人の成果を，複製により直接的に不当に領得するのであるが，その他人の成果を単に自己の創作のための示唆として

Ⅳ 意匠権侵害差止等請求事件:「理容椅子および自動洗髪機」事件

用いるのではなくて, 必然的な理由がないにも拘らず, 競業者から不当な方法でその成果を奪い, 同人に損害を与えるために, 同一ま̇た̇は̇殆̇ん̇ど̇同̇一̇の̇態̇様̇ (identische oder nahezu identische Form) で模倣する行為類型を意味する。また,(ⅲ)については, 本文Ⅰ-2において詳述した(注3の同書, UWG §1, S.731-740)。

前述(ⅰ)の行為類型およびスイス不正競争防止法5条(c)の行為類型は, ともに模倣手段として技術的複製方法 (technische Vervielfältigungsverfahren ; technische Reproduktionsverfahren), 例えば, 光学的走査によるデータの電子的解析・製品形状の鋳造・印刷物の写真複写・音響および映像担体またはコンピュータプログラムの再録・レコードの再製等の技術的複製手段を用いることを要件とし, また, (ⅱ)の行為類型およびスイス不正競争防止法5条(c)の行為類型の保護客体は, ともに商品の形態に限定されることなく, 音響・映像収録物, 技術製品, コンピュータプログラム, 印刷物等, 殆んどすべての製品自体がその対象とされており, わが国不正競争防止法2条1項3号の行為類型とは異なり, 同条項は, むしろ前記ドイツ不正競争防止法における(ⅲ)特に短命な流行商品の模倣の行為類型に該当するものと思料せられる。

なお, Baudenbacher, Lauterkeitsrecht, Basel 2001, S.183ff. によれば, 隷従的模倣 (Sklavische Nachahmung) と直接的コピー (Unmittelbare Übernahme) との関係につき, 次の如く述べている。

「隷従的模倣 (殆んど同一態様での模倣) とは, 直接的コピーの概念に対し, 他人の労作を『その儘模倣すること』であり, 両概念の限界は, 流動的である。例えば, ドイツ連邦裁判所の判例によれば, プラスチックの注入・保護期間の経過した文学作品の写真複写は, 直接的コピーとしているのに対し, 他の方法による復刻ないし複写は, 隷従的模倣としている。オーストリア最高裁判所の判例は, 『一見明白なコピー (glatter Übernahme)』という表現を用い, 両者を包含する概念として, 理解している。」

(9) 不正競争防止法2条1項1号についてのドイツ不正競争防止法との比較法的考察については, 判例タイムズ988号26頁・29頁以下に収載の拙稿を参照されたい。

113

5 従業者発明の報酬における独占原理と特別労務給付原理
―― わが国立法および判例との対比 ――

Ⅰ 雇傭関係における発明報酬の本質
Ⅱ 従業者発明の報酬についてのドイツおよびスイスの立法例
　1 ド　イ　ツ
　　（1） 従業者発明の歴史的背景
　　（2） 従業者発明の特許法上の体系
　　（3） 小　　括
　2 ス　イ　ス
　　（1） スイス債務法 332 条
　　（2） 職務発明の帰属
　　（3） 発明対価の支払
　　（4） 小　　括
Ⅲ わが国の立法（特訴法 35 条，実用新案法 11 条 3 項）について
Ⅳ わが国の判例について
　　（1） 東京地裁昭和 58 年 12 月 23 日判決
　　（2） 大阪地裁昭和 59 年 4 月 26 日判決
Ⅴ 附　　言

I 雇傭関係における発明報酬の本質

　知的財産権重視の風潮を受け，最近，企業従業者による職務発明の対価を巡る訴訟が続出している旨，新聞紙上に報じられ，また，その請求額も高額に昇っている。

　上記対価を巡る紛争は，使用者である企業と従業者の基本的見解が鋭く対立する局面であり，また，これに関する各国の法制も，その基本的見解の相違を反映して，それぞれ異なった法制度を採用している。

　本稿は，従業者の基本的見解を基盤とするドイツの立法と，使用者である企業の見解を基盤とする，ドイツの立法を除く，大多数のヨーロッパ諸国において採用されている立法，特にスイスの立法とを比較し，これとわが国立法の基盤を対比して考察し，職務発明における適正な対価の探究に資することを意図したものである。

I　雇傭関係における発明報酬の本質[1]

　雇傭関係における発明報酬につき，使用者である企業と従業者との間には，見解の相違が存在する。すなわち，従業者は，発明報酬の額は，従業者が創出し法律の規定により企業に譲渡した発明の価値と均等であるべきであり，企業が当該発明から引き出す利益に見合う場合にのみ，当該発明報酬は相当の対価であるとの見解を有するのに対し，使用者である企業は，発明報酬と発明価値を対置せず，労働契約上従業者に要求される労務内容と，労働契約上の労務内容を超える発明に具現された労務内容とを対置して比較し，発明報酬を労働法上の特別労務給付（arbeitsrechtliche Sonderleistung）についての対価と位置づけ，したがって，当該対価は，使用者である企業の立場からすれば，労働賃金の一部（Teil des Arbeitslohnes）に該当するものとするのに対し（「特別労務給付原理（Sonderleistungsprinzip）」と称せられる），従業者の立場においては，労働賃金とは

117

5 従業者発明の報酬における独占原理と特別労務給付原理

無関係な発明の購入価格（Kaufpreis）すなわち，当該発明について付与された特許権の価値への関与と位置づける（「独占原理（Monopolprinzip）」と称せられる）。

　上述の如き発明報酬の本質についての見解の相違に基づき，両者は，本質的な点において相異なる結論に導くことになる。すなわち，従業者の大半は，企業が当該発明から引き出す利得についての関与を要求するのに対し，企業側の大半は，当該従業者の発明的寄与が，当該従業者の企業における地位に相応して期待される得るものである場合には，当該発明に対し発明報酬を支払う必要はないとする。要約すれば，従業者発明のあらゆる問題の取扱において，使用者である企業は，労働法的側面を強調するのに対し，従業者である発明者は，この法分野での発明による独占権的側面を強調することになる。

　発明報酬の本質についての問題に正しい回答を得るためには，法体系全体における従業者発明の位置づけから出発しなければならない。すなわち，従業者発明は，2つの異なった法分野である特許法と労働法の観点から考察されなければならないことになる。すなわち，労働法においては，労働の成果は使用者である企業に帰属するとする原理が妥当するとされるのに対し，特許法においては，発明および発明から生ずる権利は発明者に帰属するとされる。しかし，これを発明者個人について考察すれば，発明者は同時に従業者であり，その発明はその性格上従業者としてなされたものであり，したがって，前述の2つの法原則，すなわち，労働法上の法原則と特許法上の法原則は，発明者個人において交錯して適用されることになる。その満足すべき解決は，両側面の利益の慎重な比較考量によってのみ達成せられることになる。この場合，発明から生ずる上述の如き分断された権利についての労働賃金としての性格と発明価値と

しての性格とは，同等に考慮されなければならないであろう。

以上よりして，「相当の報酬（angemessene Vergütung）」なる概念の解釈に際しては，従業者の極端な見解にも，また，使用者である企業の見解にも組みすべきではなく，個々の事案の個別的な問題の取扱いにおいて，労働賃金としての観点と特許権取得価格類似の対価の観点の何れの観点を優先させるべきか，また，如何にすれば上記両原則が相互に一致され得るかが，検討せられるべきことになる。

II 従業者発明の報酬についてのドイツおよびスイスの立法例

従業者発明の報酬の問題については，前述の如く，市場経済的観点よりする経済生活を規制する法規範において，2つの基本体系が形成された。いわゆる独占原理と特別労務給付原理であり，前者は，従業者の発明についての報酬を，その発明について付与された特許権の価値への関与（Beteiligung am Wert）として把握するものであるのに対し，後者は，当該発明中に存在する特別の労務給付についての報奨（Belohnung für besonderen Leistungen）であるとの見解に立脚する。ドイツおよびデンマークの立法は，前者すなわち独占原理に基づくものであるのに対し，ヨーロッパの大多数の国は，後者すなわち特別労務給付原理に基づく立法を採用している[2]。以下にドイツおよび後者の立法を採用するスイスについて詳述することとする。

1 ド イ ツ
（1） 従業者発明の歴史的背景[3]

従業者によってなされた発明の利用につき，雇主である企業は，保護に値する経済的利益を有する。何故なれば，当該企業は，その研究開発作業についての実質的な手段を提供し，従業者は，その研

5 従業者発明の報酬における独占原理と特別労務給付原理

究開発作業につき賃金の支払を受けているからである。しかし，賃金は，原則的には通常の労務給付に基づいて算定されるため，従業者は，その発明的労務給付についての特別の価値への関与を要求することになる。このような使用者である企業と従業者との利益相反についての規整は，長期間にわたり賃金協定（Tarifvereinbarungen）および判例に依存していたが，その間徐々に，企業発明（Betriebserfindungen）・職務発明（Diensterfindungen）・自由発明（freie Erfindungen）の区別がなされることになり，前二者については，使用者である企業は，当該従業者の発明につき特別の報酬を支払うべき義務を負担すること無く，特許権が当該企業に帰属するものとされ，これに対し，後者については，従業者に自由な処分権能が認められた（JW誌1920年383頁以下掲載のライヒ裁判所判決）。

その後，1942年7月12日の「従業者発明の取扱に関する指令」および1943年3月20日の「同施行規則」を経て，1957年7月25日「従業者発明に関する法律（Gesetz über Arbeitnehmererfindungen）」（全47条）が制定せられるに至り，同法は，当時懸案とされていた，私的職務および公的職務に従事する従業者ならびに公務員および軍人の特許発明および考案および技術的改良提案等についての規定を網羅的に包含し，また，1959年7月20日「私的職務における従業者発明の報酬に関する指針（Richtlinien für Vergütung von Arbeitnehmererfindungen im privaten Dienst)」（全43番号）が公布せられ，現在に至っている。なお，「従業者発明に関する法律」は，従業者の保護を目的とするものであるが故に，その規定は強行規定である旨，定められている（同法22条）。

（2）従業者発明の特許法上の体系[4]

1936年5月5日のドイツ新特許法が制定せられる以前においては，「企業発明（Betriebserfindung）」なる概念が判例により許容せ

Ⅱ 従業者発明の報酬についてのドイツおよびスイスの立法例

られ，自然人でない法人も発明を原始的に取得し得る方途が存在したが，特許法3条（現行特許法6条）は，「発明者またはその権利継承者は，特許を求める権利を有する。」との明文の規定を設け，その意味するところは，発明は精神的な創作活動であるが故に，発明者は自然人にのみ認められ（「発明者原理（Erfinderprinzip）」と称せられる），法人には認められないとするものであり，この条項により企業発明なる概念は否定せられるに至った。

前記「従業者発明に関する法律」は，発明者原理を前提として，同法2条ないし4条の意味における職務発明に対し，使用者である企業は，従業者に相当の報酬（angemessene Vergütung）を支払わなければならない旨，規定している（同法9条112条）。使用者である企業の報酬支払義務の特別の法的根拠は，労働法上の根拠に基づくものではなくして，使用者である企業をして競業者ないし市場一般に対し独占的地位ないし独占権を得るに至らしめた発明者の寄与，および，この独占的地位により使用者である企業に提供された利得の可能性に基づく特許法上の観点に根ざすものである。要約すれば，従業者発明法の基本原理は，独占原理に基づくものであり，特別労務給付原理に基づくものではない。

以上よりして，従業者に支払われるべき「相当の報酬」は，労働契約により合意された給料および労働契約上従業者に期待される労務給付を上回る特別の労務給付に対する補償手当との関係において関連づけることは許されない。それ故，職務発明を使用者である企業に譲渡したことによる昇給の事実のみにより，従業者の報酬請求権が黙示的に支払われたものであると評価することはできない（GRUR 1965年302頁以下掲載のドイツ連邦裁判所「Schellenreibungskupplung」判決）。換言すれば，報酬支払義務は，使用者である企業が特許権または実用新案権を取得するに至った発明的所与の成果に

5 従業者発明の報酬における独占原理と特別労務給付原理

ついての反対給付として，職務発明の特許権に内在する構成要素として理解されなければならない。

相当の反対給付の判断に際しての最も重要にして，かつ，最も困難な問題は，発明報酬額の算定である。事実関係の多様性は，完結的にして細目にわたる立法を制定することを不可能にする。

したがって，従業者発明法9条2項は，

「報酬の算定については，特に，職務発明の経済的利用可能性・従業者の当該企業における職責および地位ならびに当該職務発明の完成についての当該企業の関与の程度が，その基準となる。」

と規定するに止め，また，前記1959年7月20日の「私的職務における従業者発明の報酬に関する指針」においても，この点につき，やや詳細に規定しているが，指針は，報酬算定についての根拠を示す意味を有するに過ぎず，強行規定ではないとされ，このような立法の欠陥を補うものとして，ミュンヘン所在の特許庁仲裁部の判断による実務が基準とされることになる。

指針は，従業者発明法9条2項に規定されている要件に対応して，3つの部分に分類されている。すなわち，発明の経済的利用可能性（発明価値）の検討に関する規定・発明完成についての企業の関与の程度（関与ファクター）の確定に関する規定および報酬の計算（計算表）による検討に分類されている。指針の骨子は，発明価値から企業支出による関与部分が控除されなければならないという点である。

(3) 小　括

先に考察した如く，ドイツ特許法における職務発明は，発明は精神的な創作活動であるが故に，発明者は自然人にのみ認められるとの前提の下に，従業者の職務発明についても，発明者である従業者に帰属するものとし，使用者である企業は，従業者に帰属した発明

につき，発明の有する特許（実用新案）独占権所得——使用者である企業の選択による特許権の譲渡による取得・専用実施権または通常実施権の設定による取得——の対価として，相当の報酬を支払うべき義務が生ずることになる。したがって，ドイツ特許法における「相当な対価」の支払は，独占権取得の対価として支払われるものであり，前述の「独占原理」に立脚するものと解される。

2 スイス[5]
(1) スイス債務法332条

スイスの立法は，従業者発明についての権利の配分規定を，特許法・従業者発明法において規定せず，「債務法（Obligationenrecht）」332条において概括的に規定している。同規定は，次の如くである。

「(1) 従業者が，その職務の遂行に際し，かつ，労働契約上の義務の履行としてなした発明およびデザイン，または，当該発明およびデザインの成就に協力関与した発明およびデザインは，当該発明およびデザインが特許保護能力を有するか否かに拘らず，使用者である企業に帰属する。

(2) 書面による合意により，使用者である企業は，従業者によりその職務の遂行に際してではあるが，労働契約上の義務の履行としてなされたものでない発明およびデザインを，取得することができる。

(3) 前項の条項により発明またはデザインをなした従業者は，使用者である企業に，その旨を書面により通知しなければならない。使用者である企業は，6ケ月以内に，当該発明ないしデザインを取得する意思を有するか，または，従業者に開放するか否かを，書面により通知しなければならない。

(4) 発明またはデザインが従業者に開放されない場合には，使用

者である企業は，従業者に相当な特別報酬を支給しなければならない。当該報酬額の確定に際しては，特に，発明の経済的価値・使用者である企業の関与の程度・補助人員および使用者である企業の器材設備の使用ならびに使用者である企業の支出および従業者の企業内における地位等の諸事情が考慮されなければならない。」

（2） 職務発明の帰属

(a) スイス債務法332条1項は，同条項の要件を充足する従業者の職務発明につき，使用者である企業に「帰属する」（「gehören」）旨規定している。「帰属する」との文言の意味は，スイスの判例および学説においては，一部の判例・学説は原始的取得（originärer Erwerb）の意味に解し，他の一部は債権譲渡（Legalzession）の意味に解しているが，同条項の法的効果は，その帰属に関しては同一である。すなわち，使用者である企業は，従業者の意思に関係なく，当該発明を自由に処分し得る権能を取得することになり，当該発明を世界各国に特許出願をし，ノーハウとして秘匿し，または，公共使用に提供することも自由である。

同法332条1項は，使用者である企業による発明についての権利取得につき，次の2つの要件を規定している。すなわち，(i) 従業者の職務の遂行に際し，労働契約上の義務の履行としてなした発明，(ii) この(i)の発明の成就に協力関与した発明である。

この要件を具備する発明については，使用者である企業は，当該発明をなした従業者に対し，何らの発明対価も支払う義務を有しない。

(b) 同条2項ないし4項に規定する「従業者によりその職務の遂行に際してではあるが，労働契約上の義務の履行としてなされたものでない発明」は，一方において同条1項の要件による職務発明を

限界づけるとともに,他方において,従業者が,同条1項および2項の発明とは無関係に,企業においてなした発明をも限界づけるものである。

(3) 発明対価の支払

前述のように,同条1項の職務発明については,使用者である企業は,従業者に発明対価を支払う義務を有しないが,同条2項の職務発明については,同条4項により,「相当な特別の報酬（besondere angemessene Vergütung）」を支給しなければならない旨,規定している。

この条項は,使用者である企業が同条2項の職務発明を取得するに際し,使用者である企業の報酬支払義務を規定したもので,強行規定であり,従業者に不利に変更され得ない。また,同条項は,報酬の額は,発明の経済的価値・使用者である企業の発明への関与の程度・補助人員および器材設備の使用の状況・企業支出および従業者の企業内における地位等のすべての事情が考慮されなければならない旨,規定している。職務発明の報酬対価についての詳細な基準規定およびこれに関する指針的裁判例が欠如しているため,前掲ドイツにおける1959年7月20日「私的職務における従業者発明の報酬に関する指針」,特に,同指針番号3－29（発明価値の確定）・同指針番号30－38（発明者の関与ファクターの算定）・同指針番号39（報酬対価算出の数式）が,斟酌せらるべきであるとされている。

(4) 小　括

先に考察した如く,スイス特許法における職務発明は,従業者がその職務の遂行の過程においてなされた発明は,すべて使用者である企業に帰属するものとし,労働契約上の義務の履行としてなされたものでない発明については,その労務についての反対給付としての賃金が支払われていないが故に,その労務は労働契約外の特別の

労務提供として、その労務提供の内容に相応した相当な対価が支払われることになるのであり、スイス特許法における「相当な対価」の支払は、前述の「特別労務給付原理」に立脚したものと解することができる。

III　わが国の立法（特許法35条，実用新案法11条3項）について[6]

わが国特許法35条は、次のように規定している。

「使用者……は、従業者……がその性質上当該使用者等の業務範囲に属し、かつ、その発明をするに至つた行為がその使用者等における従業者等の現在又は過去の職務に属する発明（以下「職務発明」という。）について特許を受けたとき……は、その特許権について通常実施権を有する。

2　（省略）

3　従業者等は、契約、勤務規則その他の定により、職務発明について使用者等に特許を受ける権利若しくは特許権を承継させ、又は使用者等のため専用実施権を設定したときは、相当の対価の支払を受ける権利を有する。

4　前項の対価の額は、その発明により使用者等が受けるべき利益の額及びその発明がされるについて使用者等が貢献した程度を考慮して定めなければならない。」

この規定は、従業者が発明をなした場合には、当該特許権は従業者に帰属することを前提として（特許法29条1項柱書）、この発明が同条1項の要件を充足する職務発明である場合には、この発明に基づく特許権につき、使用者である企業は、通常実施権を当然かつ無償で取得することを定めるとともに、労働契約等により使用者である企業が特許権または専用実施権を取得した場合には、これに対

し相当の対価を従業者に支払うべき義務を有する旨，定めている。

この規定の立法趣旨は，その文言の体裁よりして，特許権の有する排他的独占権に着目し，同条1項所定の職務発明に該当する場合には，衡平の観点から，その成果である排他的独占権の内，その一態様である通常実施権のみを使用者である企業に，当然かつ無償で分配するとともに，特許権自体による独占権は従業者に分配留保し，労働契約等により使用者である企業が特許権または専用実施権を取得した場合には，その剰余価値に相応する対価を従業者に支払うべきものとした，と解することができる。なお，私見は，前述の「独占原理」との関係においては，「独占分配原理」と称することができるであろう。

Ⅳ わが国の判例について

(1) 東京地裁昭和58年12月23日判決（判時1104号120頁）
「職務発明について特許を受ける権利を従業者から譲り受けてこれにつき特許権を得た使用者が，この特許発明を他者に有償で実施許諾した実施料を得た場合，得た実施料は，職務発明の実施を排他的に独占しうる地位を取得したことによりはじめて受け取ることができた利益であるから，この額を基準に使用者の貢献度その他諸般の事情を考慮して譲渡の対価を算定することは十分に合理的であるといえる」

(2) 大阪地裁昭和59年4月26日判決（特許ニュース6443号）
「使用者が受けるべき利益とは……『当該発明の独占性に基づいて使用者が受けるべき利益の額』と解するのが相当であるところ，第三者に実施させた場合や譲渡の場合の利益が右に該当することはもちろん，自社実施の場合でも使用者が他社から製品を購入する際には，右購入価格には実施料が含まれているところ，逆に自

社みずから実施する場合には右実施料相当額の支払を免れるのであるから，自社実施の場合でも，右独占性に基づいて使用者が受けるべき利益が存するというべきである」

上記の両判決の判示より明らかな如く，使用者が受くべき利益は，従業者の有した「排他的に独占しうる地位」または「独占性」であると判示し，わが国判例が，独占原理に立脚するものであると解せられる。

V 附　　言

なお，最後に附言すれば，ライマー・シャーデ・シッペル「従業者発明法」(コンメンタール7版 2000年108頁)には，

「従業者発明法についてのヨーロッパ統一に向けてのこれまでの2，3の試みは，独占原理を希薄化する方向での改正に失敗した。ヨーロッパ連合においては，ドイツを除き，すべての加盟国は，特別労務給付理論を採用しており，将来のヨーロッパ統一従業者発明法においては，特別労務給付理論がその統一の基礎とせられ，現在の独占原理に基づくドイツの法制は廃棄されることになるであろう。」

と述べている。

ドイツと類似の法制度を採用するわが国の従業者職務発明規定も，その見直しを迫られるのではないかと予測せられる。

---

(1) Reimer-Schippel, "Die Vergütung von Arbeitnehmererfindungen". 1956, S. 26ff.

(2) Nirk, "Gewerblicher Rechtsschutz" 1981, S. 306.

(3) Hubmann / Götting, "Gewerblicher Rechtsschutz" 6 Aufl. 1998, S. 140ff.

V 附 言

(4) Klauer / Möhring, "Patentrechtskommentar" Band I 1971, S. 207 ff. (R. Nirk).
(5) Troller, "Immaterialgüterrecht" Band II 1985, S. 639ff.
(6) 中山信弘編『注解特許法』第3版（上巻）335頁（2000年，青林書院）は，特許法35条の立法趣旨につき，次のように述べている。

「本条は，発明は発明者の財産であるという原則の下に，発明者と発明者に給与その他の資金的援助をなした者の間の利益を調整するための規定でもある。どの点で調整をとることが最も望ましいか，ということは法政策上の問題であるが，それはあくまでも使用者と従業者との間の衡平の理念に基づいたものでなければならない。職務発明のすべての問題を解く鍵は，この衡平の理念にあるといってもよいであろう。」

また，安田有三「21 職務発明(1)——成立要件」（牧野利秋編『工業所有権訴訟法』裁判実務大系9，280頁以下，1985年，青林書院）は，次のように論述している。

「特許法35条は，沿革的には発明者たる従業者の保護という労働政策的観点に支えられている。しかし，使用者と従業者は雇用契約によって結ばれている。使用者は従業者の労働の成果は自己に帰属すべきものとし，従業者は自らなした発明に関する権利については自己に帰属すべきものと考える。この対立が尖鋭なるとき，使用者は「飼犬に手をかまれた。」との感情を，また従業者は「使用者の横暴」に怒りを，それぞれ抱く。本条は，この両者の利益を調整するため，従業者のなした発明について従業者に特許を受ける権利を付与し，右発明が職務発明にあたるとき使用者に無償の通常実施権を付与したものである。」

「従業者が発明をした場合には，右の財産権たる特許を受ける権利は，使用者あるいは従業者のいずれが本来取得すべきか。雇用関係にある従業者が，職務として製作した有体物の所有権は，使用者が原始的に取得する。一方，研究者のように，精神的活動たる発明行為そのものを職務とする場合，その結果たる発明について，特許を受ける権利は本来いずれが取得すべきか。立法の歴史をみると，明

5 従業者発明の報酬における独占原理と特別労務給付原理

治42年法は使用者が取得するとし，大正10年法においてこれが逆転して被用者（従業者）が取得するとされ，現行法もこれを引き継いでいる。この，従業者が特許を受ける権利を原始的に取得するという規定は，雇用関係（本来使用者が取得する）の例外か，あるいは発明者権（本来従業者が取得する）として当然か。換言すれば，発明者たる従業者につき，使用者との雇用関係を重視するか，発明者としての個人に着目するかとの相違を生む。立法の沿革をみるならば，その背景には従業者保護という考えがある。しかし，従業者といえども発明者である以上，当然右権利を原始的に取得すると考えるならば，労働政策的観点ではなく，発明固有の特殊性にその解を求めなければならない。」

6 従業者発明の法理論的考察
―― 立法論を含む ――

Ⅰ 労働成果についての物の所有権の帰属
Ⅱ 精神的無体給付についての権利
　1 無体財産権保護の存在しない給付
　2 無体財産権保護の存在する給付
　　(1) 無体財産権の帰属
　　(2) 使用者の報酬支払義務
　　(3) ドイツ従業者発明法における独占原理と特別労務給付原理
　　(4) 独占原理の長所および短所
Ⅲ ドイツにおける従業者職務発明についての立法論的所見
　1 ライマー・シッペルの所見
　2 ヒンメルマンの所見
　　(1) 経済政策的観点
　　(2) 従業者発明法のヨーロッパ法統一上の観点
　　(3) 法体系上の観点
　3 マイアーの所見
Ⅳ 私　見

I 労働成果についての物の所有権の帰属[※]

　雇傭関係において，労働契約上義務づけられた労働成果（製作物）の所有権は，使用者に帰属する。その理由は，労働契約上の相互交換思考[(1)]（Austauschgedanke）に基づくものとされている。すなわち，使用者は，従業者による労務給付によりもたらされたものに対し，その反対給付として，労働賃金を支払う関係にあり，この場合，従業者は，労働契約上特定の労務行為（Tätigkeit）を提供することを義務づけられてはいるが，労務提供の成果（Erfolg）についてまで義務づけられているものではない。しかし，この労務提供に対する賃金の支払は，労務提供の成果が達成せられた場合には，使用者がその成果を自由に享受し得る如き特定の成果の達成を目的として，支払われるのである。また，この場合，労務提供の成果の価値が，支払われた労働賃金に相応しない場合の危険負担は，使用者に生ずることになる。

　上述の原則は，労働契約上の義務の履行として従業者により作り出された物についての所有権に関し，ドイツ民法950条[(2)]の使用者が直接かつ原始的に当該物の所有権を取得するとの規定により具現されている。この場合，通説によれば，使用者が，ドイツ民法950条[(2)]の意味における物を「製作した者」であり，このことは，労働契約上の義務の履行として造り出された物を，使用者は，ドイツ民法985条[(3)]により，当該物の引渡しを要求し得ることを意味する。しかし，使用者の物についての原始的所有権取得は，ドイツ民法950条[(2)]の文言からは，必然的には導き出され得ない。何故なれば，概念的には，物を製作する従業者も亦，ドイツ民法950条[(2)]の意味における「1個または数個の材料を加工または改変することにより，新たな動産を製作する」者と看做され得るからである。それにも拘

らず，ドイツ民法の起草者は，ドイツ民法950条[(2)]の規定をより明確に概念づけることはなかった。何故ならば，ドイツ民法起草議事録の文言に依れば「製作せしめる（Herstellenlassen）」と「製作する（Herstellen）」とが同等であることは，「自明である（selbstverständlich）」とされたからである。上述の使用者による物の所有権の原始的取得は，給付交換，すなわち，労務給付に対する賃金（「相互交換思考[(1)]（Austauschgedanke）」）の観点から，また，「労働契約上の明示または黙示の合意」を理由として，または，「使用者のために物を製作するとの従業者の意思」を理由として，さらに，「従業者は，当該物の所有権につき，使用者の非法律行為的代理人として取得」するとの観点から，さらにはまた，「企業組織体への労働法上の編入によって生ずる従業者の社会的従属関係」を理由として，それぞれ正当づけられている。

したがって，従業者は，概念的にはドイツ民法950条[(2)]の意味における「製作者」であるが故に，従業者がその製作物についての所有権を原始的に取得し，使用者は，従業者との合意に基づいてのみ当該物の所有権を取得するとの従来の見解は，否定さるべきである。

また，物の所有権が使用者に帰属するのは，労働契約により義務づけられた労務給付行為のために造り出された製作物についてのみ生ずるのであって，従業者が，その労働時間中にその職場でなされたものであっても，労働契約により義務づけられた労務給付行為の履行によりもたらされたものでない物については，その物は従業者に帰属することになる。その例として，病院の医師が，勤務時間中に，専ら私的な学術的研究に資するためのカード目録を作製した場合には，当該医師がその所有権を取得することになる[(4)]。

Ⅱ 精神的無体給付についての権利※

1 無体財産権保護の存在しない給付

　労働成果についての使用者の権利は，原則として，従業者の精神的無体給付についての権利をも包含する。しかし，この場合，無体財産権保護の存在する精神的給付と，無体財産権保護の存在しない精神的給付とは，区別して考察されなければならない。

　労働契約上の義務の履行としてもたらされた無体財産権保護の存在しない精神的給付は，直接的に使用者に帰属し，使用者は，これを無制限に使用，かつ，利用することができる。例えば，技術的改良提案・企業組織または広告の分野での無体給付またはドイツ従業者発明法 20 条 1 項[5]の意味における改良提案を含む上記以外のノーハウ等が，これに属する。

　労働成果の帰属の問題に関しては，如何なる場合に，また，如何なる条件の下で，企業ノーハウを開発した従業者に，労働賃金以外の追加的報償請求権が発生するか否かの問題が検討されなければならない。特許発明に類する優良な技術的改良提案につき，ドイツ従業者発明法 20 条 1 項[5]は，明示的に，その報償支払義務を規定している。また，労働契約上義務づけられていない労務給付についても，その給付を使用者が利用する場合には，従業者は，これについての報償を要求することができる。さらに，賃金協定および企業内合意において，労働賃金とは別に，特定の労務給付について報償請求権が定められている場合もある。

2 無体財産権保護の存在する給付

（1） 無体財産権の帰属

　使用者は，その企業において製作された物についての所有権を，

直接的かつ原始的に取得するとする一方，無体財産権に関しては，無体財産権上の保護の対象である労務成果については，上述の当該労務成果は使用者に帰属するとの原則は，上述したところとは異なった態様で実現している。この場合にも，労務成果についての権利は，原則的には使用者に帰属するとの原則が妥当する。しかし，他方，ドイツ無体財産権においては，無体財産権は，著作者・発明者等の創作者に原始的に帰属するとする創作者原理（Schöpferprinzip）が採用されているのは周知のところである。この法原理上の対立は，世界的には，労務成果についての使用者の権利が創作者原理に優先するとする態様で，立法化されている。その例として，スイス[6]，フランスが[7]挙げられる。

労務成果についての無体財産権が，原始的に従業者に帰属するとする限り，従業者の労務成果は使用者に帰属するとの原則に則り，使用者は，当該労務成果についての無体財産権上の使用権（Nutzungsrecht）の派生的（間接的）取得（derivativer Erwerb）を求める権利を有することになり，他方，著作者人格権または発明者人格権は，創作者または発明者に留保されることになる。上述の使用権の派生的取得の実現は，ドイツ法においては，特許権と著作権とでは，次の如く異なった態様で行われている。すなわち，発明についての使用権の取得は，使用者の一方的意思表示である特許権の譲渡による取得である無制限的請求と，専用実施権または通常実施権の設定による取得である制限的請求により行われるのに対し，労働契約により従業者に義務づけられた労務給付についての著作権については，使用者は，著作者である従業者に対し，権利譲渡（Rechtsübertagung）請求権のみを有するものとされている。

（2） 使用者の報酬支払義務

従業者が労働契約上の義務の履行としてなした労務給付につき，

Ⅱ 精神的無体給付についての権利

使用者が，原始的にまたは派生的に無体財産権を取得した場合に，使用者は，これにつき，労働賃金と共にさらに別個の報酬（gesonderte Vergütung）を支払うべき義務が生ずるか否かが問題となる。

(i) 従業者が労働契約上の義務の履行としてもたらされた著作権または意匠権保護の対象となる労務給付については，ドイツ法のみならず世界各国の法制において，原則的に労働賃金により既に清算されたものとされている。但し，労働契約上の義務を超える特別の労務給付，または，使用者が特に多大の利益を得た労務給付（ドイツ著作権法36条[8]）については，著作者は，労働賃金以外の追加的報酬を要求し得るとされている。

(ii) (i)の場合と異なり，従業者の特許または実用新案の対象である発明については，使用者は，ドイツ従業者発明法9条以下の規定により，従業者に相当な報酬を支払わなければならない。右規定は，すべての職務発明につき，すなわち，当該成果が労働契約上義務づけられた労務行為である発明である場合にも，適用せられる。右の場合，ドイツ法は，上述のように，無制限的請求と制限的請求とに区別し，使用者が無制限的請求を行使した場合には，同法7条1項[9]・9条[10]の規定により，使用者が当該発明を使用しない場合においても，使用者は報酬を支払うべき義務を有し，また，使用者が制限的請求を行使した場合には，同法7条2項[11]・10条[12]の規定により，使用者が当該発明を現実に使用した場合にのみ，使用者は報酬を支払うべき義務を有することになる。

ドイツ法以外の他の多数の国の法律によれば，労働契約上義務づけられている行為の成果である所謂「職責発明（Obliegenheitserfindung）」については，使用者は，原則として，追加的報酬を支払うことを要しないとされている。例えば，フランス・イギリス・オランダ・スペイン・スウェーデン・スイス・アメリカ合衆国等の諸国が，

これに該当する。但し、使用者に特に多額の利益を取得せしめた職責発明についてのみ、使用者は従業者に追加的報酬を支払うべきであるとする法制度を採用する国、例えば、イギリス・オランダ・スウェーデン等の諸国が存在する[13]。

前述の職責発明の場合を含め職務発明につき、使用者が従業者に対し、追加の報酬を支払わなければならないとする法政策的根拠は、通説に依れば、独占原理（Monopolprinzip）—— 独占理論（Monopoltheorie）とも称せられる —— に基づくものとされる。すなわち、従業者は、使用者に対し、市場競争において特許なる法的独占的地位を取得せしめたが故に、これに対し、追加的報酬を要求するのは当然であるとする。この見解は、特に、ドイツ従業者発明法20条1項[14]に、特許または実用新案能力を有しない技術的改良提案が、特許または実用新案と「同様の優越的地位」を与えるものである場合には、当該技術的改良提案の使用を前提として、従業者は使用者に対し、追加的報酬の支払を請求し得るとの規定に、明示的に具現されているとする。

これに対し、ドイツ従業者発明法の起草者によりその採用を拒否された特別労務給付原理（Sonderleistungsprinzip）—— 特別労務給付理論（Sonderleistungstheorie）とも称せられる —— は、従業者がその発明につき報酬を請求し得る根拠は、従業者が労働契約上義務づけられている労務給付を超える特別の労務給付を、使用者に取得せしめた点にあるとする。

右特別労務給付原理は、さらに、次の2つの類型に分類せられる。

① 発明の成果が達成せられるか否かは不確定であるが故に、従業者は、労働契約上、特許能力または実用新案能力を有する発明を創造する義務を有せず、単に発明創造への努力を為す義務を有するに過ぎず、その真摯な努力にも拘らず特許発明を達成し得なかった

Ⅱ 精神的無体給付についての権利

場合においても,従業者は,労働契約上の義務違反を構成しない。したがって,労働契約上の義務とはされない,それ故,これに対し労働賃金が支払われていない結果である特許発明は,従業者による労働賃金とは別個の追加的報酬の請求を根拠づけることになる。この類型を,成果関連的特別労務給付理論[15]（Die ergebnisbezogene Sonderleistungstheorie）と称せられる。

② 従業者が,労働賃金とは別個の追加的報酬を受けるに値する特別の労務給付を斎らしたか否かは,労働法上の観点から判断されなければならない。この観点においては,従業者の努力の成果である特許発明が問題とされるのではなく,従業者の発明努力としての行為（Tätigkeit）が重要となる。この行為が,労働契約上の合意の範囲内のものである場合には,当該労働契約上義務づけられた行為が,特許発明を得るに到ったとしても,従業者は,特別の追加的報酬を受けることができない。換言すれば,従業者が,量的または質的に,労働契約上義務づけられた給付以上の給付をなした場合にのみ,その特別の労務の給付に対し特別の報酬が与えられることになるのである。再言すれば,当該特許発明が,労働契約上の義務の履行としてなされ,かつ,これに対し労働賃金が支払われている行為（Tätigkeit）の結果である場合には,従業者は,労働賃金とは別個の追加的報酬を要求することはできない。何故ならば,特許発明は,労働契約上義務づけられ,かつ,これに対し労働賃金が支払われている労務給付以上の特別の労務給付の結果ではなくて,労働契約上の義務の履行としてなされた労務給付の結果であるにすぎないからである。この類型を,行為関連的特別労務給付理論[16]（Die tätigkeitsbezogene Sonderleistungstheorie）と称せられる。

（3） ドイツ従業者発明法における独占原理と特別労務給付原理

ドイツ連邦裁判所判決は,その大多数の判決において,その判断

139

基準として独占原理に依拠すべき旨判示しているが，他の少数の判決では，その判示において，独占原理と特別労務給付原理を組み合わせて，「ドイツ従業者発明法においては，従業者は，当該発明により特許による独占権付与請求権を根拠づける特別の労務給付をなしたか否かの事情を斟酌している」としている。事実，ドイツ従業者発明法は，独占原理とともに特別労務給付原理をも採用しており，独占原理は，従業者の技術的改良の取得ないし使用する場合の報酬条件（das Ob）について，また，ドイツ従業者発明法9条2項[10]において，報酬額の査定に際しては，従業者の企業内における職責およびその地位もまた，その判定の基準となる旨規定しているが故に，特別労務給付原理も，報酬額の多寡（Höhe）の決定に影響を及ぼしていることになる。報酬額の算定に際し，特別労務給付原理の徹底した適用を追及する場合には，例えば，その能力に相応した給付が支給されている化学者については，当該発明が，専ら労働契約上義務づけられ，かつ，給料により支払われた労務行為の成果である場合には，その報酬額はゼロに近づくことになる（「ゼロ報酬[17]（Nullvergütung）」）。この点については，ドイツ従業者発明法9条2項[10]が明文の規定を設け，また，同法の立法資料も，このことを指摘している（立法理由書脚注64，27頁）とされている。

（4）独占原理の長所および短所

独占原理の内容とする職務発明に対する追加的報酬の支給は，従業者に対し，発明への意欲を刺戟する反面，次のような短所が指摘されている。

(i) 発明報酬の査定に，多大の費用を要する。

(ii) 企業が，その技術開発部門を，独占原理に基づく従業者発明法を採用していない国に移転させる危惧が，現実に存在する。

(iii) 他の技術開発の結果，当該職務発明による技術が時代おくれ

のものとなり，他の技術を使用する方が経済的にも有利であるにも拘らず，当該職務発明に関与した技術者が，その報酬の入手を維持確保するために，当該職務発明の実施を継続する傾向にあることも，周知の事実である。

Ⅲ ドイツにおける従業者職務発明についての立法論的所見

1 ライマー・シッペルの所見[18]

職務発明者の報酬請求権は，発明的行為（Tätigkeit）が賃金または給料により補償せられていない場合にのみ，発生する。従業者が労働契約に基づいて提供すべく義務づけられている労務給付はすべて，原則として，賃金または給料により既に支払われているのが通常である。当該発明者が，特定の技術的問題を解決するため，または，技術開発のため，特定の部署に従事している場合には，当該部署でなされた特許発明は，上述の労務給付に該当する。使用者による報酬支払義務を生ずる従業者の「特別労務給付行為」が存在するか否かは，先ず，労働契約の内容により判断されなければならない。労働契約の内容が，この点に関し十分な根拠を示していない場合には，従業者の企業内における事実上の地位・黙示の取り決め・個々の指図等が斟酌されなければならない。その場合，支払われた給料が，職責とされる労務と相応な関係にあるか否かが，常に検討されなければならない。

すなわち，従業者の「特別労務給付行為（Sonderleistung）」とは，従業者の地位・職責・給料等を勘案して，労働契約に基づいて提供され，かつ，給料により既に支払われた労務給付を超える労務給付を意味するとし，前述の「行為関連的特別労務給付理論」の見地より，次のような文言の職務発明規定の導入を提唱している。

6 　従業者発明の法理論的考察

「発明に現われた労務給付が，従業者の職責に基づいて義務づけられ，かつ，規準通りの給料が支給されている労務給付を超えるものである場合には，これに対し，従業者は相当の報酬を請求することができる」

2　ヒンメルマンの所見[19]

独占原理の採用から生ずる短所は，従業者発明法が，立法論として，所謂「行為関連的特別労務給付理論」を採用することにより回避することができるとして，次の諸点について，論じている。

（1）　経済政策的観点

特別報酬を請求し得るのは，職務発明者が，量的または質的に労働契約により義務づけられた所与以上のものである場合に限られる。発明に成功するか否かは，従業者にとり，単に追加的報酬額に影響を与えるにすぎない。それ故，幹部従業者が，その特別報酬のために，技術的に時代おくれとなった発明を使用し，その発明に固守する危険が存在しないことになる。

また，企業にとり，従業者発明法が，独占原理を採用するドイツ従業者発明法より使用者に有利な国に，その研究部門を移転させる理由が存在しないことになる。何故なれば，ヨーロッパの殆んどの国は，現在既に，前述の行為関連的特別労務給付理論を採用しているからである。また，この理論を採用することにより，発明者の報酬の査定およびその管理に伴うかなりの費用が節約せられることにもなり，ドイツにおいて企業活動を行う企業の競争上の不利の除去は，外国に企業拠点を有するドイツ企業に対しても，ドイツ国内にその経済拠点を移すことを魅力あるものとすることになるであろう。

また，特別報酬の支給を，原則的に，職責発明から排除する従業者発明法は，ドイツにおける発明数の誕生を現在より減少せしめる

Ⅲ　ドイツにおける従業者職務発明についての立法論的所見

のではないかとの危惧は，存在しない。何故なれば，長年月にわたりこの行為関連的特別労務給付原理を採用しているか，または，全く法制化された従業者発明法を有しない諸国における経験は，このような危惧が全く存在しないことを証明している。

（2）　従業者発明法のヨーロッパ法統一上の観点

ヨーロッパ連合においては，ドイツを除き，すべての加盟国は，特別労務給付原理を採用しており，将来のヨーロッパ統一従業者発明法においては，特別労務給付理論がその統一の基礎とせられ，現在の独占原理に基づくドイツの法制は，廃棄されなければならないことになる。

したがって，本論文において提唱した従業者発明法の新しい構成は，将来のヨーロッパ従業者発明法において，容易に採用されることになるであろう。

（3）　法体系上の観点

行為関連的特別労務給付理論に基づく従業者発明法においては，独占原理が余儀なくされる法解釈上の齟齬が回避せられることになる。何故ならば，行為関連的特別労務給付理論においては，職責発明の場合には，特別労務給付が欠如しているために報酬が支払われないため，従業者発明者と著作権法上の従業者著作者とは，報酬の支給に関しては，同様に取り扱われることになるからである。

3　マイアーの所見[20]

ドイツの現行従業者発明法は，その起源を1942年ないし1943年の国家社会主義の時期における戦争目的遂行のための戦時政令に遡るものであり，その目的は，軍事目的のための軍事技術の開発にあった。それ故，同法は，①使用者・従業者間の利益調整を意図するものではなく，一方的に使用者にその負担を強いるものであった。

②同法は，当初意図された如き発明意欲を促進することにはならず，使用者の企業意欲を喪失せしめる結果を生じた。③職場の雰囲気の悪化を生じた。④ドイツ国の経済的立地条件について，投資決定に不利な影響を及ぼすことになった（筆者注…研究開発部門の海外移転）。

以上の理由により，マイアーは，現行ドイツ従業者発明法および従業者発明報酬指針を廃棄し，次のような内容に改正することを提案している。

(ⅰ) 企業の業務活動の領域においてなされた従業者発明は，何らの特別の移転手続を要せずして，企業に帰属せしめること
(ⅱ) (ⅰ)以外の従業者発明はすべて，従業者に帰属せしめること
(ⅲ) 企業に帰属する従業者発明の取扱いに関しては，従業者側を代表する経営協議委員会と経営者との間の経営体内の合意に委ねられること

Ⅳ 私　　見

以上の考察より私見を述べるならば，原則として，前述の行為関連的特別労務給付理論に立脚した立法が，法理論上も，また，実務的にも，合理的であると思料せられ，職務発明を規定するスイス債務法332条[21]が右理論を端的に表現しているが故に，右条項を採用することが望ましいと思料せられる。しかし，同法4項に規定する第2項の発明に対する報酬については，労使双方の代表によって構成される企業内協議委員会により，各企業およびその業種の特殊事情・慣行等を勘案した準則を定め，個別的事案については，右準則に則り，同委員会がその報酬額を決定する企業内自治による方式が妥当ではないかと思料せられる。

Ⅳ 私　　見

(1) Hubmann, "Das Recht am Arbeitsergebnis" FS. Hueck 1959, S.45

　筆者はかつて，著作権法15条の「法人著作」の要件につき，「相互交換思考」を引用し，次の如く論述した。

　「法人等の従業者の作成した著作物が当該法人等に帰属するとする著作権法15条の『法人著作』は，民法623条による従業者と法人等との間の雇傭関係ないし労働関係の存在を想定した規定であり，相互交換思考（Austauschgedanken）に基づく，使用者の賃金支払義務に対する反対給付として，被使用者の労務（精神的・肉体的）提供義務が存在し，右労務の質的および量的内容についての危険負担はすべて，使用者が負担し，他方，被使用者の提供する労務の結果（プラス・マイナスを含め）は，当該労働契約の範囲内で，すべて使用者に帰属する関係を要件とするものであり，この関係こそが，被使用者の生産した有体物と同様，無体財産権である著作物についても，使用者に帰属せしめる根拠となるのである。したがって，通説・判例の採用する使用者の『指揮監督』なる概念は，被使用者の職務著作物を使用者に帰属せしめるメルクマールとしては，不適切であると思料せられる。

　以上の観点より，出向および人材派遣の場合を考察すれば，出向社員および人材派遣会社による被派遣者は，賃金の反対給付を受けて——この場合，賃金の支給者である派遣会社は，単に職業斡旋的性格を有するにすぎないが故に，賃金の支払者が派遣会社であることは問題にする必要はない——，被出向企業または被派遣会社のために労務を提供する関係にあるが故に，真正の雇傭関係ないし労働関係に準ずるものとして，その労務の結果は，被出向企業または被派遣会社に帰属することとなる。これに反し，本件の場合のように，下請企業にプログラムの開発を委託する場合には，前述のような関係にないため，法人著作ないし職務著作が成立する余地はない。」（拙著『判例知的財産侵害論』370頁，2000年，信山社）

(2) ドイツ民法950条

　「1個または数個の材料を加工または改変することにより，新たな動産を製作した者は，右の新しい物についての所有権を取得する。

但し，加工または改良の価値が，材料の価値に比し，著しく僅少でない場合に限る。」

右規定と同様の規定として，民法246条1項は，次の如く規定している。「他人ノ動産ニ工作ヲ加ヘタル者アルトキハ其加工物ノ所有権ハ材料ノ所有者ニ属ス但工作ニ因リテ生シタル価格カ著シク材料ノ価格ニ超ユルトキハ加工者其物ノ所有権ヲ取得ス」

(3) ドイツ民法985条

「所有権は，占有者から，物の引渡を要求することができる」

(4) ドイツ連邦裁判所 1951・10・26 "Krankenhauskartei" 判決

(5) ドイツ従業者発明法20条1項

「使用者に知的財産権と同称の優越的地位を保障する技術的改良提案については，使用者が当該改良提案を使用することを条件として，従業者は，使用者に対し，相当な報酬を請求する権利を有する」

(6) 拙稿「従業者発明の報酬における独占原理と特別労務給付原理について」判例評論526号164-166頁参照。

(7) Jonczyk, "Employee Inventions" IIC 1989. 860, 865.

(8) ドイツ著作権法36条

「著作者が他人に使用権を与えた場合において，既に合意された反対給付が，当該他人と著作者との全般的関係を考慮すれば，著作物の使用から生ずる収益に比し，著しく不均衡である場合には，当該他人は，著作者の要求に基づき，著作者に当該事情に適合した収益についての相応の関与を保証する如き契約の変更に，合意する義務を有する。」

(9) ドイツ従業者発明法7条1項

「無制限請求権行使の意思表示の到達により，職務発明についてのすべての権利は，使用者に移行する。」

(10) ドイツ従業者発明法9条

「(1) 使用者が，職務発明につき，無制限請求権を行使した場合には，従業者は，使用者に対し，相当な報酬請求権を有する。

(2) 報酬の算定に際しては，特に，職務発明の経済的利用可能性・企業における従業者の職責および地位ならびに職務発明の完成

Ⅳ 私　見

についての当該企業の関与の程度が、その算定の基準となる。」
(11) ドイツ従業者発明法7条2項

「制限請求権行使の意思表示の到達により、使用者は、職務発明の使用についての通常実施権のみを取得する。使用者の使用権により、従業者による職務発明の他の使用が不当に妨げられる場合には、従業者は、使用者が、2ヶ月以内に当該職務発明につき、無制限請求権を行使するか、または、従業者に開放することを要求することができる。」

(12) ドイツ従業者発明法10条1項

「使用者が、職務発明につき、制限請求権を行使し、かつ、当該職務発明を使用した場合には、従業者は、使用者に対し、相当な報酬請求権を有する。この場合、9条2項が準用される。」

(13) 掲記の各国の従業者発明報酬制度については、次の各論文を参照せられたい。

 (ⅰ) Jonczyk, "Employee Inventions" ICC 1989.
 (ⅱ) Cornish, "Arbeitnehmererfinderrecht im Vereinigten Königreich" GRUR Int. 1990, S. 339ff.
 (ⅲ) Suchmidt-Szalewski, "Arbeitnehmererfinderrecht in Frankreich" GRUR Int. 1990, S. 342ff.
 (ⅳ) Jonczyk, "Arbeitnehmererfinderrecht in Osteuropa" GRUR Int. 1990, S. 348ff.
 (ⅴ) Straus, "Arbeitnehmererfinderrecht : Grundlagen und Möglichkeiten der Rechtsangleichung" GRUR Int. 1990, S. 353ff.
 (ⅵ) Oesch, "Das Recht anf angemessene Vergütung nach dem finnischen Arbeitnehmorerfindungsgesetz" FG karl Beier 1996, S. 133ff.
 (ⅶ) 中山信弘『発明者の研究』1987年、東京大学出版会
 (ⅷ) 井関涼子「アメリカ合衆国における従業者発明」同志社法学54巻3号143頁以下
 (ⅸ) 拙稿「従業者発明の報酬における独占原理と特別労務給付原理について」判例評論526号164頁以下（本書 5）

6　従業者発明の法理論的考察

(14)　ドイツ従業者発明法20条1項

　「使用者に知的財産権と同称の優越的地位を保障する技術的改良提案については，使用者が当該技術的改良提案を使用することを条件として，従業者は，使用者に対し，相当の報酬請求権を有する。この場合，9条および12条の規定が適用せられる。」

(15)　無体財産法的特別労務給付理論（Die immaterialgüterrechtliche Sonderleistungstheorie）とも称せられる。

(16)　労働法的特別労務給付理論（Die arbeitsrechtliche Sonderleistungstheorie）とも称せられる。

(17)　ドイツ従業者発明法9条2項は，「報酬の算定に際しては，特に，職務発明の経済的使用可能性・企業における従業者の職責および地位ならび職務発明完成についての当該企業の関与の程度が，その算定の基準となる。」と規定し，従業者の企業内部署における・職・責・お・よ・びその地位が，報酬額の算定において，重要な要素を占めているのに対し——その意味において，独占原理とともに特別労務給付原理を採用することにより，報酬額の算定に衡平の理念が導入されている——，わが国の職務発明に関する特許法35条4項は「前項の対価の額は，その発明により使用者等が受けるべき利益の額及びその発明がされるについて使用者等が貢献した程度を考慮して定めなければならない。」と規定するのみで，前掲ドイツ従業者発明法9条2項の如き特別労務給付原理を採用した文言が存在しないが故に，その報酬額の算定において「ゼロ報酬」とはなり得ない。この点では，ドイツ法に比し後退した立法ということができるであろう。

(18)　Reimer-Schippel, "Die Vergütung von Arbeitnehmererfindungen" 1956, SS. 41-42, S. 67.

　同書は，従業者発明の報酬に関する指針の新規定につき，連邦労働大臣の委嘱によりなされたライマー・シッペルの鑑定意見書全208頁であり，巻末に同鑑定書提案による新指針が添付されている。

(19)　Himmelmann, "Vergütungsrechtliche Ungleichbehandlung von Arbeitnehmer-Erfinder und Arbeitnehmer-Urheber" 1998, S. 251-252.

Ⅳ　私　見

(20) Karl Meier, "Bewährtes deutshes Arbeitnehmererfinderrecht?" GRUR 1998, S. 779ff.
(21) 2001年10月5日のスイス「デザイン保護法」の改正に伴い，職務意匠に関するスイス債務法332条aが廃止させられ，次の如く，職務発明と同様に取り扱われることになった。

　スイス債務法 332 条

　「(1)　従業者が，その職務の遂行に際し，かつ，労働契約上の義務の履行としてなした発明およびデザイン，または，当該発明およびデザインの成就に協力関与した発明およびデザインは，当該発明およびデザインが特許保護能力を有するか否かに拘らず，使用者である企業に帰属する。

　(2)　書面による合意により，使用者である企業は，従業者によりその職務の遂行に際してではあるが，労働契約上の義務の履行としてなされたものでない発明およびデザインを，取得することができる。

　(3)　前項の条項により発明またはデザインをなした従業者は，使用者である企業に，その旨を書面により通知しなければならない。使用者である企業は，6ケ月以内に，当該発明ないしデザインを取得する意思を有するか，または，従業者に開放するか否かを，書面により通知しなければならない。

　(4)　発明またはデザインが従業者に開放されない場合には，使用者である企業は，従業者に相当な特別報酬を支給しなければならない。当該報酬額の確定に際しては，特に，発明の経済的価値・使用者である企業の関与の程度・補助人員および使用者である企業の器材設備の使用ならびに使用者である企業の支出および従業者の企業内における地位等の諸事情が考慮されなければならない。」

※［参考文献］

　Dr. Reinhard Richardi / Dr. Otfried Wlotzke "Münchener Handbuch zum Arbeitsrecht" (Sack) Band 1. 2 Aufl. 2000, C. H. Beck München §100, §101

7　東京地裁「青色発光ダイオード」事件の一試論

Ⅰ 一部請求における既判力の遮断的効力
Ⅱ 職務発明における従業者の競業避止義務と発明対価請求権
Ⅲ 特許審査の迅速化等のための特許法等の一部を改正する法律案（職務発明を含む）

I　一部請求における既判力の遮断的効力

本件は,「窒素化合物半導体結晶膜の成長方法」なる名称の発明の,特許権持分確認等請求事件に関するものであり,本判決の「事案の概要・請求の要旨」の記載を引用すれば,次の如くである。

原告は,本件特許発明についての特許を受ける権利は,同発明の完成と同時に発明者である原告に原始的に帰属し,現在に至るまで被告に承継されていないと主張して,被告に対し,主位的に一部請求として本件特許権の一部（共有持分）の移転登録を求めるとともに,被告が本件特許権を過去に使用して得た利益を不当利得であるとして,その一部である1億円の返還および遅延損害金の支払いを求めている。

原告は,予備的に,仮に本件特許を受ける権利が職務発明として被告に承継されている場合には,特許法35条3項に基づき,発明の相当対価の一部請求として,本件特許権の一部（共有持分）の移転登録並びに1億円および遅延損害金の支払いを求めると主張している。

また,仮に,特許法35条3項に基づく対価請求として,特許権の一部（共有持分）の移転登録を求めることが許されない場合には,同項に基づき,発明の相当対価の一部請求として,200億円および遅延損害金の支払いを求めると主張している。

同判決は,右原告の第二次予備的請求を認容し,被告に対し,発明の相当対価の一部として200億円の支払いを命じた。

この点につき,仮に被告が,原告の主位的請求である「一部請求としての本件特許権の一部（共有持分）1,000分の1の移転登録請求および不当利得としての一部請求である1億円の返還請求」につき,民事訴訟法266条による請求の認諾をなした場合には,本件は,

7 東京地裁「青色発光ダイオード」事件の一試論

最終的に解決し、原告は、請求権の確定によるその残部について前訴の既判力の遮断的効力により、その余の特許権の持分の移転登録請求およびその余の不当利得の返還請求をなし得ないことになるのではないかとの問題が生ずる[1]。

この問題設定が肯定的に解される場合には、原告への本件特許権1,000分の1の帰属は、原告本人が本特許発明を実施する場合以外、同持分を第三者に譲渡または専用実施権および通常実施権を設定する何れの場合についても、持分共有権者である被告の同意を要する（特許法73条）が故に、被告にとり何らの痛痒も受けることにはならず、同判決の第二次予備的請求での認容額である200億円の負担に比し、遥かに有利な解決になるのではなかったかと思われる。

II 職務発明における従業者の競業避止義務と発明対価請求権

本件判決は、「相当対価の算定方法」につき、次のように判示している。

　従業者によって職務発明がされた場合、使用者は無償の通常実施権（特許法35条1項）を取得する。したがって、使用者が当該発明に関する権利を承継することによって受けるべき利益（同法35条4項）とは、当該発明を実施して得られる利益ではなく、特許権の取得により当該発明を実施する権利を独占することによって得られる利益（独占の利益）と解するのが相当である。ここでいう独占の利益とは、①使用者が当該特許発明の実施を他社に許諾している場合には、それによって得られる実施料収入がこれに該当するが、②他社に実施許諾していない場合には、特許権の効力として他社に当該特許発明の実施を禁止したことに基づいて使用者があげた利益がこれに該当するというべきである。後者（上

II 職務発明における従業者の競業避止義務と発明対価請求権

記②）においては，例えば，使用者が当該発明を実施した製品を製造販売している場合には，他社に対する禁止の効果として，他社に実施許諾していた場合に予想される売上高と比較して，これを上回る売上高（以下「超過売上高」という）を得ているとすれば，超過売上高に基づく収益がこれにあたるというべきである。

同判示につき考察するに，使用者は，特許法35条1項の規定により，通常実施権を当然かつ無償で取得し，使用者自身が当該特許発明を実施する場合には，これに対し，従業者に何らの対価を支払う義務も生ぜず，その実施により得た利益はすべて，使用者に帰属することになる。この場合，従業者は，自己に留保された特許発明を従業者自身において実施し，または，この特許権を第三者に譲渡し，または，この特許権につき第三者に専用実施権または通常実施権を設定することが，従業者の使用者に対する労働契約上の競業避止義務の観点から，許容せられるか否かが問題となる。

仮に右設問が否定的に解される場合には，使用者は特許法35条3項による特許権または専用実施権の取得を要せずして，事実上の独占的地位を確保し得ることになり特許発明の実施により得られる使用者の事実上の独占的利益は，すべて使用者に帰属することになり，仮に使用者が名目上同条項による権利を取得したとしても，既存の事実上の独占的地位には何らの寄与をももたらすことにはならず，したがって，この権利の取得による独占的地位に対する従業者の対価請求権は発生しないことになるのではないかと思料せられる。

翻って，従業者の競業避止義務につき考究するに，従業者は，使用者との労働契約に基づく信義誠実（Treu und Glauben）の原則から導き出される使用者の利益への配慮義務（Rücksichtspflicht）が存在し，この義務の一態称として，使用者と如何なる競業をも行ってはならないとする競業避止義務（Wettbewerbsverbot）が課せられ

7　東京地裁「青色発光ダイオード」事件の一試論

る。換言すれば,「労働契約においては, その人的・継続的な性格に由来しての信頼関係が要請される。より具体的には, 当事者双方が相手方の利益に配慮し, 誠実に行動することを要請されている。この誠実・配慮の要請に基づく付随的義務の代表的なものは, ……労働者については, 営業秘密の保持義務, 競業避止義務, 使用者の名誉・信用を毀損しない義務などが肯定される(2)。」とされている。

以上よりすれば, 前述の如き従業者が自己に留保された特許発明を従業者自身実施し, または, 特許権を第三者に譲渡し, または, この特許権につき第三者に専用実施権または通常実施権を設定することは, 使用者の製品販売市場に競争関係をもたらし, これにより使用者は損害を蒙ることは明らかであるが故に, 従業者のこれらの行為が競業避止義務に違反することは明らかである(3)。

この結論は, 労働関係の存続期間中の競業避止義務に関するものであり, 退職後の義務については, 別途その検討を必要とし, さらに, この事例とは逆に, 使用者の従業者に対する誠実配慮義務との関係において, 使用者の営業方針に反しない限り, 第三者に当該特許発明の実施権を供与し, その実施料収入を従業者に還元すべき義務が存在するか否かも, 検討すべき問題ではないかと思料せられる。仮にその義務が肯定せられる場合に, 予想実施料収入が, 相当対価決定の基礎とせられることになるであろう。

設例は, 自己使用のみの事例に関するものであり, 使用者が第三者に実施許諾を供与している場合には, これによる実施料収入は, 全額特許権による独占的利益として職務発明による対価を構成するものであることはいうまでもない。

Ⅲ　特許審査の迅速化等のための特許法等の一部を改正する法律（職務発明を含む）

　上記改正法[(4)]（平成16年6月4日法律第79号，特許法の一部改正）によれば，職務発明に関する35条3項に規定する使用者による特許権の承継等の場合における従業者に対する相当対価支払義務の条項を温存するとともに，同条4項において，この対価の額は，「不合理と認められるものであってはならない」と規定するに留めた。したがって，この点については，現行法と実質的には大差がなく，今後も，相当な対価の額が合理的であるか，不合理であるかを巡っての法廷争訟が頻発することは避けられず，本件判決が認定した一般の常識を遥かに超える莫大な職務発明の対価が認定される事案も皆無であるとはいい得ないであろう。

　本判決後の各界よりの反応は，賛否両論に分かれるが，特に産業界よりの反応は，日本企業の国際競争力の低下 ── 企業利益を研究開発に再投資することにより，国際競争力が増進することになるが，独占理論に基づき，独占的利益が従業者に帰属する法制下では，企業の国際競争力は低下する ── ，研究開発部門の海外移転等が話題となりつつある。

　すでに筆者は，本書5「従業者発明の報酬における独占原理と特別労務給付原理」および6「従業者発明の法理論的考察」において述べたとおり，労働契約上義務づけられている行為の成果である所謂「職責発明（Obliegenheitserfindung）」については，使用者は，原則として，追加的報酬としての対価を支払うことを要しないとされているフランス・イギリス・オランダ・スペイン・スウェーデン・スイス・アメリカ合衆国等の諸国を例示するとともに，スイスの職務発明規定であるスイス債務法332条についての解説をしてい

7　東京地裁「青色発光ダイオード」事件の一試論

る（123頁，144頁参照）。

また，「私見」として，「原則として，前述の行為関連的特別労務給付理論に立脚した立法が，法理論上も，また，実務的にも，合理的であると思料せられ，職務発明を規定するスイス債務法332条がこの理論を端的に表現しているが故に，その条項を採用することが望ましいと思料せられる。しかし，同法4項に規定する2項の発明に対する報酬については，労使双方の代表によって構成される企業内協議委員会により，各企業およびその業種の特殊事情・慣行等を勘案した準則を定め，個別的事案については，この準則に則り，同委員会がその報酬額を決定する企業内自治による方式が妥当ではないかと思料せられる。」との見解を述べた。

現行の職務発明制度を改正して，企業の国際競争力を維持し，研究開発部門の海外移転等による技術流出の虞れ等の副次的弊害を防止し，企業意欲を促進するためには，スイスを含む大多数のヨーロッパ諸国およびアメリカ合衆国が採用する，従業者がその職責としてなした職務発明は，直接的（原始的）に使用者に帰属せしめるとともに，これについては特別の対価を支払うことを要しない旨，明文化するとともに，「従業者による職務の遂行に際してではあるが，労働契約上の義務の履行としてなされたものではない発明（機会発明または留保発明と称せられる）」については，その取得を使用者の選択に委ね，使用者がその取得を選択した場合には，使用者は，これに対し相当の対価を支払う義務を有し，その対価の決定は，前記企業内自治に委ねる法制度が妥当ではないかと思料せられる。

なお，上記法制度は，法理論的根拠に基づくものであり，発明者の発明意欲を促進せしめるため，各企業および業種の特殊事情ならびに経済・技術的環境の変化等に即応して，個別的または一般的に，従業者に有利に修正のうえ，弾力的に運用することを妨げるもので

Ⅲ 特許審査の迅速化等のための特許法等の一部を改正する法律（職務発明を含む）

はない。

───────────────

(1) 本立論は，以下に引用する新堂幸司『新民事訴訟法（第2版）』（294頁以下，弘文堂）および中野貞一郎『民事訴訟法の論点Ⅱ』（111頁，判例タイムズ社）引用の「手続保障説」に依拠するものであり，一部請求の判決の既判力の遮断的効力に関しては，判例・文献において，これと異なる見解が示されており —— 前出『民事訴訟法の論点Ⅱ』87 — 135頁，一部請求論の展開」に詳しい ——，また，本立論は，請求の認諾の既判力に関する立論でもあり，筆者の一試論として論じたものにすぎないことを付言する。

① 新堂幸司『新民事訴訟法（第2版）』

「**一部請求** 原告は，数量的に可分な債権の一部のみを請求することができる（たとえば1,000万円の損害賠償債権のうち100万円の支払を求めるというように）。その場合，裁判所は，限定された数量以上を認容する判決をすることは許されない。ただし，右の一部のみを判断する判決の効力が，残額の請求を既判力によって遮断するかどうかについては争いがあり，かりに残額請求を既判力によって遮断するとの立場をとるとすれば，いわゆる一部請求は，原告において残額分の権利を放棄するという不利益を覚悟しないかぎりできないということになる。

元来，申立ての範囲は当事者が指定すべきものであり，審判もその範囲でしかできないたてまえであるから，審判した結果，それによってどこまでの範囲の紛争を解決ずみとして残額請求を許さないものと扱うかという問題においても，第一に，原告の申立ての趣旨を尊重しなければならないのは当然であるが 他面，一回の訴訟で全部解決できるはずの紛争を原告の恣意によって，数回の訴訟を要することにするのは，一回ですむところをなんども応訴せしめられる被告にとって不公平であるし，裁判所の立場からも，権利の請求された一部についての判断のためには，その権利の成立・存続を全面にわたって審理判決せざるをえないのに，既判力は原告の恣意によって限定された一部にしか及ばないとい

うのでは，費やした労力に比べて紛争解決の実効性に乏しいといわざるをえない。そこで，数量的に可分な債権の一部請求については，右のような被告や裁判所の立場を重視して一部請求後の残額請求を原則として許すべきではあるまい（かりに，残額請求を許すとしても，債権の存否自体について争点効がはたらくことが考えられる。最判（2小）平10・6・12民集52巻4号1147頁は，数量的一部請求を全部または一部棄却する判決確定後の残部請求は，特段の事情のない限り，信義則上許されない」とする（これについては，新堂「審理方式からみた一部請求論の展開」佐々木吉男先生追悼論集『民事紛争の解決と手続』3頁以下，2002年，信山社，参照）。

② 中野貞一郎『民事訴訟法の論点Ⅱ』

「**手続保障説** 前訴で債権全部の請求ができたかどうか，あるいは全部の請求をすべきであったかどうかを規準として残部訴求の可否を決する見解である。

新堂幸司は，『訴訟物＝既判力説』を排して，一部請求の許否は『深く紛争解決の一回性の要請と，当事者の分割訴求につき有するであろう便宜との比較衡量から個別的に判断されるきわめて政策的な問題である』とし，次のように説く。第一に原告の申立ての趣旨を尊重しなければならないが，他面，一回の訴訟で全部解決できるはずの紛争が原告の恣意によって数回の訴訟を要することにするのは，複次応訴を強いられる被告にとって不公平であり，裁判所としても，既判力が原告の恣意によって限定された一部にしか及ばないというのでは，費やした労力に比べて紛争解決の実効性に乏しいから，数量的に可分な債権の一部請求については，一部請求後の残額請求を原則として許すべきでなく，残部訴求は，前訴の既判力によって妨げられる。契約上の債権と不法行為に基づく損害賠償債権とで区別する理由はなく，請求部分を他から区別できる標識があるか否かにも関わらないが，前訴で請求しようにも請求しえなかった後遺症に基づく賠償請求などは，前訴で「一部」と明示していなくても，第二の訴訟を許すべきである，と。

Ⅲ 特許審査の迅速化等のための特許法等の一部を改正する法律（職務発明を含む）

(2) 菅野和夫『労働法（第6版）』78頁。
(3) わが国特許法35条1項の使用者の有する法定通常実施権と従業者の有する特許権との関係は、ドイツ従業者発明法6条および7条2項による使用者が職務発明につき制限的請求権を行使して、職務発明の使用につき非独占的権利である通常実施権を取得した場合に比することができると考えるが、この場合、ドイツの通説は、従業者に留保された特許権を第三者に譲渡または実施権を設定することは、それが使用者の競業相手である場合においても許容されるとし、この解釈は、使用者にとり不当な過酷を強いるものではないとし、その理由として、使用者は、高額の対価を支払うことにはなるが、職務発明についての無制限的請求権を行使することにより、特許権を取得することができるからであるとしている。しかし、他方、労働契約上の忠実義務（Treuepflicht）から導き出される競業避止義務に基づき、これにより使用者と競業関係をもたらす場合には、当該職務発明の自己使用（Eigenverwertung）はなし得ないとし、また、従業者の忠実義務違反と見做される特別の事情が存在する場合には、例外的に、使用者の競業相手に対する実施権の供与は、忠実義務に違反し許されないとしている（Richardi／Wlotzke, "Münchener Handbuch zum Arbeitsrecht" Bd.1, 2Aufl. 2000, S.2078 ; Bartenbach／Volz, "Arbeitnehmer-erfindergesetz", 4Anfl, 2002, S.342ff. ; Reimer／Schade／Schippel, "Das Recht der Arbeitnehmer-erfindung", 7Aufl. 2000, SS.552-553 ; Hubmann, "Das Recht am Arbeitsergebnis" FS Hueck, S.48 ; Hueck, "Gedanken zur Neuregelung des Rechts der Arbeitnehmererfindungen" FS Nikisch, S.78）。

筆者は、職務発明の自己使用と第三者への特許権の譲渡または実施権の設定とを区別して、競業避止義務の存否を論ずるのは、その根拠に乏しいのではないかと思料し、本論の如き結論に達したものである。

なお、特許法99条2項の特許権の譲渡または実施権の設定を前提とする規定は、上述の従業者の競業避止義務との関係では、その適用が排除せられるものと思料せられる。

7 東京地裁「青色発光ダイオード」事件の一試論

(4) ［改正特許法］
　　（職務発明）
　第35条　（略）
　2　従事者等がした発明については，その発明が職務発明である場合を除き，あらかじめ使用者等に特許を受ける権利若しくは特許権を承継させ又は使用者等のため専用実施権を設定することを定めた契約，勤務規則その他<u>の定め</u>の条項は，無効とする。
　3　従業者等は，契約，勤務規則その他<u>の定め</u>により，職務発明について使用者等に特許を受ける権利若しくは特許権を承継させ，又は使用者等のため専用実施権を設定したときは，相当の対価の支払を受ける権利を有する。
　<u>4　契約，勤務規則その他の定めにおいて前項の対価について定める場合には，対価を決定するための基準の策定に際して使用者等と従業者等との間で行われる協議の状況，策定された当該基準の開示の状況，対価の額の算定について行われる従業者等からの意見の聴取の状況等を考慮して，その定めたところにより対価</u>

［改正前特許法］
　（職務発明）
第35条　（略）
2　従業者等がした発明については，その発明が職務発明である場合を除き，あらかじめ使用者等に特許を受ける権利若しくは特許権を承継させ又は使用者等のため専用実施権を設定することを定めた契約，勤務規則その他<u>の定</u>の条項は，無効とする。
3　従業者等は，契約，勤務規則その他<u>の定</u>により，職務発明について使用者等に特許を受ける権利若しくは特許権を承継させ，又は使用者等のため専用実施権を設定したときは，相当の対価の支払を受ける権利を有する。
<u>4　前項の対価の額は，その発明により使用者等が受けるべき利益の額及びその発明がされるについて使用者等が貢献した程度を考慮して定めなければならない。</u>

Ⅲ 特許審査の迅速化等のための特許法等の一部を改正する法律（職務発明を含む）

<u>を支払うことが不合理と認められるものであってはならない。</u>
<u>5 前項の対価についての定めがない場合又はその定めたところにより対価を支払うことが同項の規定により不合理と認められる場合には，第3項の対価の額は，その発明により使用者等が受けるべき利益の額，その発明に関連して使用者等が行う負担，貢献及び従業者等の処遇その他の事情を考慮して定めなければならない。</u>

8 ドイツおよびヨーロッパ特許出願における予備的申立
—— わが国判例および出願実務との対比 ——

Ⅰ　ドイツ特許出願における予備的申立
　1　ドイツ民事訴訟法における扇状形態の訴
　2　判例の推移
　3　特許出願手続における予備的申立に対する対応
　4　「予備的申立」制度の重要性
Ⅱ　ヨーロッパ特許出願における予備的申立
　1　ヨーロッパ特許条約における経緯
　2　ドイツ特許出願との手続上の相違点
　　（1）　特許審査手続
　　（2）　異　議　手　続
Ⅲ　特許付与を求める権利（出願権）の保護
　1　出願権の法的性質
　2　知的財産の別格性 ── 憲法による制度保障：Instituts- garantie ──
　3　小　　括
Ⅳ　わが国特許庁の審査および審判の実情と文献および判例
　1　多項制下における特許庁の審査および審判の実務
　2　改善多項制についての工業所有権審議会の答申
　3　特許庁の実務の法的根拠
　4　文　　献
　5　東京高等裁判所判決
Ⅴ　わが国特許庁の実務の検討
　1　予備的請求についてのわが国民事訴訟における実務
　2　特許付与を求める権利（出願権）の法的性質およびその憲法上の保障
Ⅵ　結　　語

本稿は，現行特許法が採用する特許明細書のクレーム多項制下において，1つの特許請求の範囲の項に記載された発明に拒絶理由が存在する場合には，他の特許請求の範囲の項に記載された発明が特許能力を有する場合にも，当該出願を拒絶し得る，とするわが国特許庁の実務につき，ドイツ特許およびヨーロッパ特許につき，ドイツ特許庁およびヨーロッパ特許庁の特許出願における「予備的申立(Hilfsanträge：Eventualanträge)」の実務を対比して考究するとともに，クレーム多項制下におけるわが国特許庁の出願審査のあるべき姿を探究することを意図したものである。

I ドイツ特許出願における予備的申立

1 ドイツ民事訴訟法における扇状形態の訴[1]

主たる申立と予備的申立の相前後する扇状形態の訴 ── 任意の選択に付される並列的形態の訴ではない ── についての取扱いに関し，ドイツ民事訴訟法において，次の如き確立した法原則が形成せられた[2]。

(1) 個々の申立についての原告により選択された順序に，裁判所は絶対的に拘束される。先順位の申立，特に主たる申立についての認容の可否およびその理由づけを判断することなく，容易に次順位の予備的申立について認容することは許されない。したがって，裁判官は，精査された主たる申立が認容されない場合に初めて，第1次予備的申立の審理に入り，これを認容する判決をなすことができ，また，主たる申立および第1次予備的申立が棄却されなければならない場合に初めて，第2次予備的申立について，前同様の判断がなされることになる。

(2) 前述の如き段階的判断においては，各判決理由をあとづけ得る態様で読み取り得るものでなければならない。すなわち，認容さ

れなかった先順位の申立にはすべて，その判決において個別的にその理由を開示しなければならない。これに対し，先順位の申立が認容される場合には，後順位の申立についての判断は不必要である。

(3) 主たる申立または他の先順位の申立が棄却され，後順位の申立についてのみ認容された場合には，原告は，これに対し不服の申立をなすことができ，法律上定められた上訴を提起することができる。

2 判例の推移

前述の法原則――この法原則は，ドイツ民事訴訟法309条[3]から導き出すことができ，また，当然の事理（Natur der Sache）として妥当するものであるが――は，ドイツ帝国特許庁抗告部により，特許出現の主たる申立および予備的申立に転用せられるに到り，その後一貫して遵守せられ，ドイツ連邦特許庁の実務において定着するに到っている。以下に，これに関する判決を年代順に掲記する。

(i) 1902年11月8日判決[4]

「予備的申立が認容される場合には，如何なる理由により，主たる申立が拒絶されたかを示さるべきであることは，何らの疑も容れない。」

(ii) 1965年6月1日ドイツ連邦裁判所決定[5]

「出願人は，主たる申立とともに，クレームの文言において異なった任意の複数の予備的申立をなすことができる。」

(iii) 1965年6月10日ドイツ連邦裁判所決定[6]

「特許の拒絶の事案においては，予備的関係にある複数の申立は，その全てについて，理由を付した拒絶理由通知がなされなければならない。」

(iv) 1965年6月10日ドイツ連邦裁判所決定[7]

I ドイツ特許出願における予備的申立

「予備的関係(主たる申立と予備的申立)にある複数の申立がなされた場合には、それらが認容せられない限り、申立の順序に従って、個別的に拒絶理由が開示されなければならない。」

(v) 1977年6月10日および同年12月16日ドイツ連邦裁判所決定[8]

同決定において、ドイツ連邦裁判所は、2つの出願公告決定を破棄し、事件をドイツ特許庁に差戻した事案に関するものであるが、その理由とするところは、以下に引用する如く、審査課は、両事案において、主たる申立によるクレームを看過し、予備的申立によるクレームにつき決定したとするものである。

「予備的申立 ── この予備的申立は、主たる申立が拒絶された場合に初めて、その効力を生ずるものであるが ── については、最初に判断されてはならない。出願人は、主たる申立と予備的申立の何れを選択するかを、特許庁の恣意に任せたのではない。本件事案において、審査課により選択された手続が正当であるとするならば、出願人は、その主たる申立を追行する可能性を有しないことになるであろう。

(vi) 1980年3月27日ドイツ連邦裁判所決定[9]

「出願人が、主要クレーム以外の他のクレームについて特許付与を求める予備的申立がなされていない限り、主要クレームが特許能力を有しない場合には、他のクレームの特許能力の審査をすることなく、出願の全てが拒絶されなければならない。」

(vii) 1982年2月2日ドイツ連邦裁判所決定[10]

「内容的に一致する主たる申立と予備的申立は、権利保護の利益を有しない。」

(viii) 1982年12月21日ドイツ連邦裁判所決定[11]

「主たる請求項の対象が特許能力を有しない場合には、従属請求

項についての特許付与が予備的に申立てられている限り、連邦特許裁判所は、この従属請求項についても、その特許能力の有無につき判断しなければならない。」

(ix) 1989年10月12日ドイツ連邦裁判所決定[12]

「予備的申立についての特許付与は、主たる申立についての抗告が理由がないため却下される場合にも、変更を受けることはない。」

3 特許出願手続における予備的申立に対する対応[13]

出願人が、既に係属中の特許出願手続において、主たる申立および予備的申立をなした場合には、審査課により如何なる対応がなされるか。

(1) 審査課は、主たる申立による出願を拒絶し、予備的申立による出願に特許を付与する。この場合、出願人は、主たる申立の拒絶に対し、抗告を提起しなければならないことになる。この抗告の申立の趣旨は、拒絶決定を破棄し、主たる申立による特許付与を求めることを内容とする[14]。右の如き拒絶決定の破棄を求める申立は如何に理解さるべきかの点に関し、ドイツ連邦裁判所[15]は、次の如く判示している。「予備的申立に基づく特許の付与は、抗告裁判所が主たる申立に基づく特許を付与する限りにおいて、破棄されなければならない。」この場合、予備的申立についての特許庁の特許付与決定は、主たる申立が抗告裁判所において認容せられ、当該予備的申立が取消されるまで抗告裁判所に係属することになる。すなわち、予備的申立による特許の帰趨は、抗告の成否に不可分的に強く結びついており、予備的申立が存続し続けることはない。

以上に述べた如く、主たる申立に対す抗告の提起により必然的に、予備的申立についても、ドイツ特許法75条[16]における延期的効力 (aufschiebende Wirkung) を及ぼすことになるのであるが、この抗

I ドイツ特許出願における予備的申立

告による延期的効力は，ドイツ特許法58条[17]による特許の法的効力の発生要件である特許公報への公表はなされない[18]。

(2) 予備的申立に基づく特許の効力は，抗告にかかる主たる申立が確定するまで効力を発生しないのであるが，Hövelmann[19]は，次のような提言により，予備的申立が認容された段階でその効力を発生せしめ得るとしている。「私の見解に依れば，審査課での予備的申立の構成を，『後に主たる申立による特許が特許公報に公表せられその効力が発生した場合には，予備的申立により認容された特許は，その効力を喪失するとの解除条件を付して，予備的申立による，より狭い特許の付与を求める』とすることにより，可能である」としている。

以上要約すれば，主たる申立が，第1審級において認容された場合には，予備的申立については，判断される必要性は存在しない。第1審級において，主たる申立が拒絶せられ，予備的申立のみが認容せられた場合 ── この場合，前述の解除条件付予備的申立の場合には，ドイツ特許法58条1項による特許公報への公表がなされる ── には，次の2つの場合に区別されなければならない。

(i) 第1審級および第2審級の何れにおいても主たる申立が認容せられなかった場合には，第1審級において認容された予備的申立が，その効力を維持することになる。この場合においては，予備的申立についての解除条件は，発生しない。

(ii) 主たる申立が第2審級において認容せられた場合には，予備的申立の出願手続係属の遡及的脱落は生ぜず，主たる申立と予備的申立との予備的関係を維持しつつ，（非典型の）重畳的関係が存続し，主たる申立による特許の特許公報への公表を条件として，解除条件が成就し，予備的申立による特許は失効する。

(3) 以上の如き理論構成により，二重特許（Doppelpatentierung）

の危惧は回避せられることになる。すなわち，主たる申立による特許が付与せられる場合には，その解除条件の成就により，予備的申立による特許と主たる申立による特許の重複が回避せられることになるからである。また，この場合，分割されない単一の出願から経過的に2個の特許を取得し，しかも，特許年金を1回限り支払えば足りることになり，出願費用の節約にも通ずることになる。

(4) さらに，主たる申立による特許ならびに予備的申立による特許の何れに対しても，異議の申立 (Einspruch) が可能であるが，予備的申立による特許に解除条件が成就した場合には，特許の放棄（ドイツ特許法20条）の場合と同様，異議申立人が，当該特許についての過去に遡っての無効確認についての権利保護の利益を主張し得る場合を除き，当該異議手続は終結することになる。

(5) さらに，(2)において提言された理論構成よりして，解除条件を伴わない通常の予備的申立により特許が付与された場合には，主たる申立の拒絶決定に対する抗告の申立において，予備的申立による特許を即時特許公報に公表さるべき旨の訂正を主張することはできないことになる。

4 「予備的申立」制度の重要性

Witte[20]は，予備的申立について，次のように述べている。

「予備的申立による出願は，ドイツ特許庁およびドイツ連邦特許裁判所の実務において，連日の如く提出されているにも拘らず，明示の法律上の規定は存在しない。それにも拘らず，その適用において，何らの問題も生じていない。したがって，また，その関係当事者は，この制度に非常な信頼を寄せているのが，その実情である。予備的申立は，出願手続のあらゆる段階において提出することが可能であり，例えば，口頭審理の進行の過程において，それまで確実

であると予測していた問題点が突如維持し得ないと判明した場合に，『最後の瞬間に (in allenletzter Minute)』，この予備的申立がなされることも稀ではない。」

この記載より明らかな如く，ドイツ特許出願手続の実務においては，予備的申立による出願は，その実定法上の根拠を欠くにも拘らず，広くかつ深く定着し，その適用に聊かの疑念も存在しないことが看取せられる。

II　ヨーロッパ特許出願における予備的申立[20]

1　ヨーロッパ特許条約における経緯

1977年10月7日その効力を発生したヨーロッパ特許条約において，ドイツ特許出願において定着している予備的申立制度が，ヨーロッパ特許庁における出願手続においても採用されるか否かが，重要な関心事とされた。

しかし，ヨーロッパ特許条約においては，審査手続についての条項（96条，施行規則51），異議手続についての条項（101条，施行規則58）および抗告手続についての条項（110条，施行規則66）の何れの規定にも，予備的申立の適用に関する明示的条項が存在せず，また，その後の改正においても同様であった。

右の如き状況は7年間継続したが，ヨーロッパ特許庁公報1989年491頁掲載の告示15／84号により，予備的申立の制度は法制化せられ，その適用は確立せられるに到り，この時点以降，予備的申立は，ヨーロッパ特許庁の出願手続においても常態化し，「ヨーロッパ特許庁出願審査指針（Richtlinien für die Prüfung im Europäischen Patentamt）」において制度化せられ現在に到っている。

8 ドイツおよびヨーロッパ特許出願における予備的申立

2 ドイツ特許出願との手続上の相違点

(1) 特許審査手続

ヨーロッパ特許庁における特許審査手続においても，予備的申立につき，出願人は，ドイツ特許庁の審理手続におけると同様の権利を有するが，次の2点において異なっている。

(i) ヨーロッパ特許条約施行規則86第3項によれば，出願人は，第1回目の通知の受領後1回に限り，特許請求の範囲の項につき自発的補正が許されるが，この点については予備的申立についても妥当し，その後の補正については審査課の同意を得ることが必要となる。

(ii) 出願人が，前記施行規則51第4項に規定する3カ月の期間を無応答のまま経過せしめた場合には，前記告示15／84号により，予備的申立をなす可能性は排除されることになる。

(2) 異 議 手 続

異議手続においては，出願人は，ドイツ異議手続におけると同様，主たる申立および予備的申立を段階的に申し立てることができる。但し，以下の点に留意しなければならない。先ず，前述のヨーロッパ特許条約施行規則86第3項の規定は，異議手続においては適用されないということである。したがって，出願人は，異議手続中は何時でも，異議審理部の同意を要することなく，予備的申立をなすことができる。この場合，特許は，出願人により同意された特許請求の範囲の項の文言によってのみ，維持され得るのであり（同条約102条3項a），したがって，出願人は，予備的申立による特許請求の範囲の項の文言を，異議審理部が右文言を維持し得ると見做す如くに，構成する義務を有することになる。異議審理部が，特許は予備的申立の範囲においてのみ維持され得るとの結論に達した場合には，異議審理部は，この結論を同規則58第4項による通知の形式

により伝達する。この場合，出願人が，新たに起草された主たる申立による特許請求の範囲の項の文言の範囲での権利を抗告手続において取得することを欲する場合には，同規則58第4項の期間内に異議審理部により提言された判断についての同意を拒否することが肝要である。何故なれば，出願人がこれを拒否しない場合には，同意したものと見做されるからである。この点が，ドイツ特許出願手続との顕著な相違点である。

Ⅲ 特許付与を求める権利（出願権）の保護[21]

1 出願権の法的性質

発明の完成により，発明者個人に発明者権（Erfinderrecht）が発生する。この発明者権は，人格権的内容と財産権的内容を有する一元的な権利である。この発明者権から，真性の財産権（echtes Vermögensrecht）ではあるが，同時に人格権的内容をも有する特許を求める権利が導き出される。発明は，発明がなされた当初は，発明者の純然たる人格的領域に属するが，発明の発表，これに続く特許出願，さらにその利用と，順を追って益々その財産的内容が増大することになる。そして，人格権的内容は，最終的には，発明者栄誉権である発明者表示義務として残存することになる[22]（ドイツ特許法37条，63条，ヨーロッパ特許条約62条）。この場合，付与された特許が，ドイツ基本法14条1項1文に規定する財産権保障の条項に包含されるのみならず，独占的排他権の付与を求める，特許出願を理由づける財産的価値を有する権利，すなわち，特許権についての期待権＝将来財産権（patentrechtliches Anwaltschaftsrecht＝expectancy）についても，同条項に包含せられる[23]。

この見解は，無権利者による特許の出願後，真正の権利者が異議の申立，就中，ドイツ特許法8条による返還請求（Vindikationsanspruch) をなし得る点に，その根拠を求め得るとしている[24]。また，連邦憲法裁判所も，未だ特許が付与されていない発明について，ドイツ基本法14条1項による憲法上の保護を認めている[25]。

2 知的財産の別格性 —— 憲法による制度保障[26]：
Instituts- garantie ——

ドイツ基本法14条の規定から，個別的財産権の保障とともに，基本法の第2の側面である制度保障が導かれる。個々の財産権の保障からは当然には，知的財産権が制度保障に包含されるとの結論は導かれない[27]。また，他方，制度保障は，各個人の請求権の基礎を提供するものでもない。制度保障は，厳密には，財産権の内容規定および制限規定についての立法上の権能を制限する機能を有する。すなわち，制度保障は，立法機関に対し，「財産権上の領域における憲法により保障された諸活動の基本的存立に属する」私法秩序の実体領域を奪うことを，禁止するとともに，憲法により保障された自由領域を剥奪し，または，本質的に縮減することをも禁止し，ドイツ基本法14条の意味における財産権として規定されている規範の基礎を保障するにある。

知的財産権が，前述の憲法上の制度保障に服する点につき，Maunzは，「憲法を全体的に考察すれば，知的財産権が，憲法上の保護を享ける活動（Betätigung）の構成要素であることは疑いない[28]」と述べ，また，Badura[29]およびKreile[30]も「ドイツ基本法14条は，憲法上保障された制度である『知的財産』を保護し（制度保障），それから導き出される『経済的利用権（finanziellen Verwertungsrechte）』を保護するものである」と述べている。

ドイツ基本法14条の制度保障に基づいて，立法機関は，立法による介入がなければ不都合が生ずる場合には，立法上の措置を講じ

III 特許付与を求める権利(出願権)の保護

なければならないことになる[31]。この一般的表現は，次のように，より具体的に明確に表現することができる。すなわち，現行法規が，憲法上の財産権の概念に合致していないか，または，当該概念の範囲より後退している場合には，憲法上の制度保障の機能により，当該財産権概念に合致した法規を制定する義務が生ずることになる[32]。すなわち，現行法規の構成が欠如しているか，または，現行法規の構成が，憲法上の観点から不十分であることが明らかな場合には，立法機関は，制度保障に基づき，これを修正すべき義務を生ずることになる[33]。このような新規の法規の立法義務とともに，財産権保護の観点から，現行法規についても，その事実上の変更（faktische Veränderungen）に際し，不断の検討と修正を行う義務が生ずるとする見解も存在する[34]。

　知的財産をドイツ基本法14条の保護範囲に包摂せしめるための，より根本的な理由を考究するならば，その根拠を知的財産の「別格性（Besonderheiten）」に求められる。ドイツ連邦裁判所の判決においても判示されている従来からの見解は，「当然の事理（Natur der Sache）」を理由とするものである。すなわち，ドイツ憲法理論においては，主として，知的財産権をドイツ基本法14条に規定する人間の尊厳なる思想的内容ないし財産権についての「不可侵の基本的人権（unverletzlichen Menschenrechtskern）」を根拠として論じられている。したがって，知的財産権は，「自然法的内容を有する国家以前の人権（vorstaatliches Menschenrecht mit Naturrechtlichem Gehalt）であり，本来的に固有の独自的価値を有し，立法機関の意のままにはなし得ない性質を有するものとされ，その発生・権利者・その権能・保護期間等に関する立法規定は，知的財産権の法的性質に照し定められなければならないことになる。知的財産権は，国家によりその保護が与えられる（gewährt）権利ではなく，その保護

8 ドイツおよびヨーロッパ特許出願における予備的申立

が確認ないし保障される（gewährleistet）権利であるとされる所以である[35]。

3 小　括

以上を要約すれば，ドイツ連邦共和国基本法14条は，財産権・相続権およびその収用につき，

「(1) 財産権および相続権は，その保障を確認する。その内容および制限は，法律により定められる。

(2) 財産権は，義務を伴う。その使用は，同時に，公共の福祉に奉仕するものでなければならない。

(3) その収用は，公共の福祉のためにのみ許容せられる。収用は，補償の種類・範囲を定める法律により，または，法律に基づいてのみ，なすことが許される。補償は，一般公衆と関係当事者との利益の正当な較量により，定められなければならない。補償の額を理由とする訴は，通常裁判所に提訴することができる。」

と規定し，発明者権を内容とする特許付与を求める権利すなわち出願権が，同条1項1文に規定する財産権に該当するのみならず，憲法の有する制度保障機能により，特許付与を求める権利，すなわち出願権を基本法の条項に合致した法規として制定する義務を立法機関に課するとともに，現行法規の解釈適用に際しても，不断の検討を加え，基本法の条項に合致する如く，解釈適用することを，行政機関および司法機関に課するものであると解せられる。

Ⅳ わが国特許庁の審査および審判の実情と文献および判例

1 多項制下における特許庁の審査および審判の実務

　昭和62年12月特許庁発行「改善多項制および特許権の存続期間の延長制度に関する運用基準」298項ないし299項は,「Ⅲ　新規性,進歩性等の特許要件の審査」として次のような記載が存在する。

「一,一　特許要件と出願に係る発明

　特許法第49条各号に掲げる拒絶理由のうち,新規性,進歩性,先願性等の要件の判断の対象は,特許法第49条1号に規定されているように,特許出願に係る発明である。

　各請求項には,特許を受けようとする発明の構成に欠くことができない事項のみが記載されることになるので,特許法第36条第4項及び第5項に規定する要件を満たしている出願においては,各請求項の記載に基づいて把握される各発明(請求項に係る発明)が出願に係る発明ということになる。

　一,二　請求項に係る発明の特許要件

　新規性,進歩性,先願性等の要件は請求項に係る発明について判断される。その際の判断基準は従来の基準と同様とする。

　二,二　請求項ごとの拒絶理由通知

　新規性,進歩性等の判断は請求項に係る発明について行われることから,それらについての拒絶理由通知は各請求項ごとに明記する必要がある。

　二,四　引用形式請求項について新規性,進歩性等の判断

　先行する他の請求項のすべての特徴を含む引用形式請求項(Ⅰ,一,五,二(前半)参照)に係る発明は,引用される請求項に係る

発明に新規性，進歩性がある場合には当然に新規性，進歩性を有することになる。引用される請求項に係る発明が新規性，進歩性を有さないと判断された場合には，このような引用形式請求項に係る発明の新規性，進歩性についても更に判断しなければならない。

二，五　拒絶査定

先に通知した拒絶理由が依然として解消されていない請求項がある場合には，拒絶査定をする。

そして，拒絶査定を行う際には，先に通知した拒絶理由が依然として解消されていない請求項のすべてを指摘する。」

また，同300頁は，「拒絶査定不服審判」につき，次のような記載が存在する。

「一，一　特許要件の審理の対象

審判における特許要件の審理は，まず，拒絶査定において特許要件を具備しないとされた請求項に係る発明について行う。その審理の結果，原査定が維持できる場合には，その審理に基づいて審決することとなるが，原査定が維持できなくなった場合には，その他の請求項に係る発明についても審理を行う。

一，二　審理

審理の結果，特許要件を具備しないと認められる請求項があれば審判請求は成り立たないものとなる。その場合，原査定の拒絶理由が妥当と認められる場合には，審査段階で拒絶理由の通知がされていない請求項があっても，それに対して新たな拒絶理由は通知しない。ただし，原査定の拒絶理由が妥当と認められない場合であって，当該拒絶理由の対象とされた請求項について新たな拒絶理由を発見したとき又は当該拒絶理由の対象とされていない請求項について拒絶理由を発見したときには，当然拒絶理由を通知する。」

上記の記載によりすれば、各請求項の記載に基づいて把握される各請求項に係る発明が出願の対象である発明ということになり、したがって、発明の新規性・進歩性等の審査は各請求項ごとになされ、それらについての拒絶理由通知は各請求項ごとに明記する必要がある、とされているにも拘らず、拒絶査定に対する不服審判手続においては、「特許要件を具備しないと認められる請求項があれば審判請求は成り立たないものとなる。」と記載され、その意味するところは必ずしも明瞭ではないが、特許要件を具備しないと認められる請求項が1つでもあれば、他の請求項は判断する必要がないとするものと解される。

2　改善多項制についての工業所有権審議会の答申

昭和62年5月25日法律第27号により導入された現行改善多項制の基礎とされる昭和61年12月19日付工業所有権審議会昭和61年12月19日付「多項制の改善、諸期間の弾力化等制度の国際化・国際調和等のあり方に関する答申」（改正の趣旨）として、次の如き記載がある。

「出願人に多面的表現による複数のクレームの記載を認める。具体的には、(イ)同一発明に係る複数独立形式クレーム、(ロ)いわゆる外的付加によるクレーム、(ハ)独立形式クレームと同等の扱いを受ける従属形式クレーム等の記載を可能にするよう特許請求の範囲等の規定を整備する。なお、審査手続においては、各請求項ごとに、当該請求項から把握される発明に基づいて特許性の有無等が判断されることとなる。」

「出願の単一性の範囲について、出願人及び第三者の便宜、特許庁の審査効率を踏まえつつ、将来の技術動向、諸外国の制度の運用状況等に応じて弾力的に拡大しうるよう規定するものとする。具体

的には，現行の併合出願制度において認められている一出願に含められる発明の範囲を拡大し，新たに当面，(イ)物と改良物の製法，(ロ)いわゆるコンビネーションとサブコンビネーション，(ハ)最終生成物と一定範囲の中間体等について同一願書での出願を認めることとする。なお，特許処分については出願ごとに行われ，これにより発生する特許権は1つである。」

「特許権の有無等が請求項ごとに判断されることに伴い，無効審判の請求も請求項ごとに行えるものとする。」「特許性の有無等が請求項ごとに判断されること及び特許権の効力の基礎となる特許発明は各請求項に記載された発明であることに鑑み，従来発明の数に応じて料金を徴収していたいわゆる審査請求料，審判・再審請求料及び特許料については，請求項の数に応じて料金を徴収するよう設定するものとする。」

3 特許庁の実務の法的根拠

特許庁における上記実務を根拠づける特許法の規定として，拒絶査定の要件を定める同法49条には，請求項ごとに査定をすべき旨の明文の規定が存在せず，また，（2以上の請求項に係る特許または特許権についての特則）について規定する同法185条の「請求項ごとに特許がされ，又は特許権があるものとみなす」例外的場合の列挙条項にも，特許法49条の規定が包含されていないことを根拠として，同法49条は，請求項ごとではなく，特許出願単位で拒絶すべき旨の査定をすべきであるとする。

4 文　献

(1) 吉藤幸朔『特許法概説（第13版）』（290−291頁，2001年，有斐閣）

Ⅳ　わが国特許庁の審査および審判の実情と文献および判例

「請求項と特許請求の範囲の関係　　請求項は，特許請求の範囲の保護範囲的機能を強化するため，わが国の法律に初めて導入された用語であり，欧米のクレーム（a claim）に相当する。したがって，区分された請求項の寄せ集め（集合）としての特許請求の範囲は，欧米法の the claims に相当するということができる。このため区分された請求項は，単項制の特許請求範囲そのもの又は従来法の必須要件項と同様であるから，当然に特許請求の範囲が本来果すべき保護範囲的機能を有することはいうまでもなく，同時に，構成要件機能をも各別に有しなければならない。したがって，すべての請求項（もちろん，従来法の実施態様項に相当する請求項を含む）には，発明の構成に欠くことができない事項（必須要件）のみを記載しなければならない（5項2号）のである。

他の請求項との関係　　以上述べたことから明らかなように，従来法の実施態様項に相当する請求項であるか，必須要件項に相当する請求項であるかを問わず，各請求項はそれぞれ別個・独立であり，あたかも他の請求項がない場合と同様の，換言すれば，単項制における特許請求の範囲又は従来法の必須要件項と同様の法的地位を有するのである（請求項の独立性）。

この独立性の故に，いうまでもなく，各請求項は別々に審査・審判等の対象とされるのであり，すなわち，1つの請求項に係る発明（技術的思想）が新規性・進歩性等の特許性を有するかどうかは，他の請求項に係る発明の特許性と無関係に審理されることとなる。」

（2）　中山信弘編著『注解特許法（第3版）上巻』（572頁，橋本執筆，2000年，青林書院）

「複数請求項のうち1の請求項について拒絶理由があるときには当該特許出願は拒絶査定される。これは，併合出願（特旧38但書）の場合に，併合出願された2以上の発明のうち1発明について拒絶

理由があるときは、その特許出願である併合出願全部について拒絶査定されたのと同様である。」

5　東京高等裁判所判決
（1）　昭和49年（行ケ）第97号審決取消請求事件（昭和52・12・23判決）

【原告の主張】

審決は、理由中において本願発明(1)について判断しているだけであって、同(2)について何ら判断を示していない。しかし、同(1)は方法の発明であるのに対し、同(2)は装置の発明であるから、前者について拒絶査定を正当とする場合であっても、必ずしも後者も同様であるとは限らない。したがって、審決は、本願発明(2)についての判断を遺脱した違法がある。

【被告の反論】

特許法第49条柱書の規定は「……特許出願が次の各号の1に該当するときは、その特許出願について拒絶」査定する旨を定めているから、明細書の一部であれ、特許請求の範囲中の1項であれ、その特許出願のいずれかの部分に不特許事由の存するときその特許出願が拒絶査定されるのは、同条の文言上明かである。したがって、本願において、特許請求の範囲第1項の発明が拒絶査定されるべきもの である以上、同第2項の発明につき理由中において格別の判断を示さずとも、審決を違法とする理由にはならない。

【判旨】

およそ、特許法第47条によれば、特許庁長官は、特許出願を審査官に審理させなければならないものであるが、同法第38条但書のいわゆる併合出願の審査において、2以上の発明のうちの1発明について拒絶理由があるときどのように処理すべきかについては、

Ⅳ　わが国特許庁の審査および審判の実情と文献および判例

直接これに関する明確な規定は存しない。

　しかし，同法第38条但書の規定は，1発明1出願の原則を緩和して，所定の関連性を有する複数の発明に限って，1通の願書で特許出願をすることを認めたものであるが，その場合でも，発明の個数に応じた複数の特許出願が客観的に併合されているのではなく，その複数の発明が一体となった1個の出願と解すべきものであり，したがって，これに対する特許法上の処分は，特段の規定がない限り，1個のものでなければならない。

　ところで，同法第123条第1項柱書後段には「特許請求の範囲が2以上の発明に係るものについては，発明ごとに（特許無効審判を）請求することができる。」と規定され，また，同法第185条には，「特許請求の範囲が2以上の発明に係るものについての特則」との見出しのもとに，発明ごとに特許がされ，また，特許権があるものとみなされる例外的場合が列挙されているが，これは特許の後の法律上の取扱いを特に定めたものであり，出願手続中の取扱いには関していない。

　そうである以上，審査及び拒絶査定に対する審判においても，併合出願された2以上の発明は一体として取扱うのが特許法の趣旨であると解さざるをえないものであり，したがって，併合出願された2以上の発明のうち1発明について拒絶理由があるときは，同法第49条の規定によって，その特許出願たる併合出願全部について拒絶すべき旨の査定をしなければならない。

　なお，このように解することは，もし併合出願された他の発明について拒絶理由がない場合には，その発明に関する限り，権利保護の機会が奪われる結果になりうることは否定できないが，そうかといって，拒絶すべき発明を除いた残余の発明について併合出願が存続するものと解するならば，併合出願がされた2以上の発明相互間

に同法第38条但書各号の関連性がない場合には，個々の発明については他の拒絶理由がなくても，同条違反として併合出願全部が拒絶される（同法第49条。但し，併合出願が特許された場合には，同法第38条違反が特許無効の事由にならないことは，同法第123条の規定から明らかである。）ことと均衡を失するものがあろう。そして，いずれの場合であっても，出願人にとっては，拒絶理由のない発明について特許出願の分割手続をして，その権利を保全すべき途が残されているのである。

（2） 平成11年(行ケ)第317号審決取消請求事件（平成12・10・24判決）

【原告の主張】

「（他の発明についての審理不尽）

審決は『本願第1発明について特許を受けることができない以上，他の発明については検討するまでもなく本件出願は拒絶されるべきものである。』と判断しているが，特許請求の範囲には8個の発明が記載されており，それぞれの発明はその記載形式が従属形式であるか独立形式であるかを問わず，その構成要件を異にしているのであるから，それぞれの発明についてその特許要件を審理すべきものである。

本件出願についての拒絶査定は，本件出願は請求項1ないし9についていずれも拒絶理由が解消していないとしている。すなわち，請求項1の発明（第1の発明）についてのみ拒絶理由があることをもって，他の請求項に係る発明について判断することなく拒絶がされたわけではない。そもそも，審査と審判とは続審関係にあり（特許法158条，159条），審判では，審査においてした手続を土台として審理を行い，原査定が維持できるか否かを審理するものである。

拒絶査定不服の審判請求人は，原査定において示された各請求項

に係る発明についての審査官の判断に対し、これを不服として審判官の判断を求めて審判請求を行っているのであるから、その審理においては審査官による拒絶査定の理由が正当であるかどうかを中心として行われなければならない。すなわち、審査の場合と同様に、請求項が複数あるときはすべての請求項につき拒絶理由の有無を職権で調査し、その結果、原査定が維持できるのであれば、『審判の請求は成り立たない』として請求を棄却することができるのである。

ちなみに、審判請求に際して請求項の数に応じた審判請求手数料を支払うことが定められているのは（特許法195条）、請求項ごとの審理を手数料の面から保証したものである。」

【被告の反論】

「特許法49条によれば、拒絶は特許請求の範囲の請求項単位ではなく、出願単位で行うものとされている。

したがって、本件出願において、請求項1に係る発明が特許され得ないものであるときに、請求項2ないし請求項8に係る発明について検討することなく、本件出願は拒絶されるべきものであると判断した審決に原告主張の違法はない。」

【判旨】

「1つの特許出願に係る2以上の発明の特許要件は、請求項に係る発明ごとに判断されるが、拒絶は当該1出願についてされるものである。

したがって、本件出願の請求項1に係る発明が特許要件を欠くと判断したときには、他の請求項に係る発明について特許要件を検討することなく本件出願について拒絶すべきものであるとした審決の判断に誤りはない。」

8　ドイツおよびヨーロッパ特許出願における予備的申立

(3)　平成11年(行ケ)第347号審決取消請求事件(平成12・7・4判決)

【原告の主張】

「(本願発明2についてのみ判断し他の請求項の発明について判断を遺脱した違法)

(1)　従前の特許庁の審判の審理では，複数個の請求項があるものについて，そのうちの1請求項が登録要件を満たさないと判断される場合には，拒絶理由の通知あるいは電話による連絡をするのが一般的なのに，本件審判においては，このような対応は一切されないまま審決に至っている。

本件審判請求時に請求項の数に乗じた額の手数料を納めて請求している以上，請求項1及び3について一言も言及さえしない審理の在り方は，審判請求費用との関係においては，一般社会常識では詐欺的な費用徴収行為に該当し，かかる行為は公的機関である特許庁が暗黙の要件として許されるべきではない。

(2)　本件出願で拒絶査定の対象となった請求項は請求項1，2及び3のすべてなので，査定不服の審判を請求する場合は，請求項を削除する補正や，分割出願をする等の権利を保全するための措置はとり得ない。

拒絶査定謄本に記載された内容を吟味し，請求項の削除等の措置をとるのが理論上可能であったとしても，本件審判請求においては，当該拒絶査定の内容自体に承服できず，あくまで本件出願がそのまま登録になることを前提としているので，上記の措置まで審判請求の際に期待するのは余りにも酷である。

(3)　以上のとおり，請求項1及び3に関する手続は，『発明の保護』という特許法1条の法目的から逸脱しており，違法である。」

Ⅳ わが国特許庁の審査および審判の実情と文献および判例

【被告の反論】

「特許法37条においては，2以上の発明であっても，1の請求項に記載される発明（特定発明）に対し，同条各号に掲げる関係を有する発明については，特定発明と同一の願書で特許出願することができるとする（いわゆる多項出願に関する規定）。また，同法49条においては『……特許出願が次の各号の1に該当するときは，その出願について拒絶をすべき旨の査定をしなければならない。……』と定めている。

したがって，同法37条の規定による多項出願は，1個の特許出願中に2以上の発明が包含されているというにすぎないもの，すなわち，2つ以上の発明が一体となった1個の出願にすぎないものであって，2つ以上の発明を一体として取り扱わなければならないものと解されるから，1つの発明について拒絶の理由があるときには，その余の発明について拒絶の理由があるか否かにかかわらず，審査官，審判官は，同法49条の規定により出願を拒絶すべきである。

本件出願については，請求項2に係る発明に拒絶の理由があり，原査定が妥当であって，審判請求に理由があるとすることができないから，審判官は，原告に対し，本願請求項1及び3に係る発明について拒絶の理由を通知し，意見書提出の機会及び明細書について補正の機会等を与える必要はなく，また，審決において本願請求項1及び3に係る発明に対し言及していなくても，審理が不適正ということにはならない。」

【判旨】

「特許法37条においては，2以上の発明であっても，1の請求項に記載される発明（特定発明）に対し，同条各号に掲げる関係を有する発明について特定発明と同一の願書で特許出願することができるとして，いわゆる多項出願を認めているが，本件出願もこの規定

8 ドイツおよびヨーロッパ特許出願における予備的申立

に従ったものである。

同条の規定による特許出願は，2以上の発明を包含するが，同条各号所定の関連性があることから，これら2以上の発明を一体のものとして取り扱うこととした1個の特許出願があると解され，この出願においても，『……特許出願が次の各号の1に該当するときは，その出願について拒絶をすべき旨の査定をしなければならない。……』と定める同法49条の規定が適用されるので，2以上の発明のうち1の発明について拒絶の理由があるときには，その余の発明について拒絶の理由があるか否かにかかわらず，一体として出願を拒絶すべきものとされていることが明らかである。

本件出願においては，平成10年11月10日付け拒絶査定で本願発明の各請求項の発明に関する拒絶理由が示され（甲第6号証），審決も，本願発明2についてはこの拒絶理由と同様の引用例により特許を受けることができないと判断しており，この判断に原告主張の誤りはない以上，他の請求項の発明につき判断するまでもなく，また改めて拒絶理由の通知をするまでもなく，拒絶査定は維持されるべきものである。審決が，本願発明2につき特許を受けることができない理由を示して判断している以上，本願発明の他の請求項の発明について判断を示すことなく審判請求は成り立たないと結論に至った点について，原告主張の違法があったということはできない。

原告は，本件審判請求時に請求項の数に乗じた額の手数料を納めて請求していることは上記判断と矛盾する旨主張するが，この点（特許法別表（195条関係）の13における審判請求時の手数料額の算定）は手数料算定についての立法政策に帰着し，上記判断を左右するものではない。

その他，原告が取消事由2で主張するところも，出願人である原告の審判請求における対応について述べるものにすぎず，これらの

点をもってしても，審決に手続上の違法があったということはできず，取消事由2も理由がない。」

（4） 平成11年(行ケ)第188号審決取消請求事件（平成12・10・4判決）

【原告の主張】

「（審理不尽の違法）

審決は，本件明細書の特許請求の範囲の請求項4，5に記載された発明について何ら判断を示しておらず，審理不尽の違法がある。」

【被告の反論】

「（審理不尽の違法）について

拒絶査定に対する不服の審判においては，1の出願に包含された2以上の発明は一体として取り扱うべきものであり，1発明について拒絶理由があれば，その出願を拒絶すべきものであるから，この点に関する原告らの主張は失当である。」

【判旨】

「（審理不尽の違法）について

原告らは，審決が本件明細書の特許請求の範囲の請求項4，5に記載された発明について何ら判断を示していない点を取消事由として主張するが，本願出願に適用される平成5年法律第26号による改正前の特許法49条は，『その特許出願に係る発明』が同法29条の規定により特許をすることができないものであるとき（同法第49条1号）には，『その特許出願』（同条柱書き）について拒絶査定をしなければならない旨を定めているから，本願出願に係る発明である本願発明（明細書の特許請求の範囲の請求項1に記載された発明）に，同法29条2項に当たる事由が存在し，これを特許することができない以上，本願出願に包含される他の発明について，特許することができない事由が存在するか否かに関わりなく，本願出願について

拒絶査定をすべきものである。したがって，これに対する不服の審判においても，本願発明を特許することができないとの拒絶査定の判断を是認する以上，他の発明についての当該事由の存否について関わりなく，拒絶査定を維持する審決をすべきであり，その場合に，他の発明についての当該事由の有無について判断する必要は全くないから，審決がそれについて判断を示さなかったとしても，何ら違法とすることはできない。」

V　わが国特許庁の実務の検討

1　予備的請求についてのわが国民事訴訟における実務

新堂幸司『新民事訴訟法（第2版）』（2001年，弘文堂）は，予備的請求につき，次の如く述べているので，その記載を抜萃する（同書640-645頁，758頁）

「予備的併合　　第1次（主位）の請求が認容されないことを慮って，その認容を解除条件としながら，第2次（副位）の請求についてもあらかじめ審判を申し立てる場合の併合である。裁判所は，第1の請求を認容するときは，副位請求について審判する必要がなくなるが（訴えの取下げがあったと同様），主位請求を棄却するときは，副位請求についても審判しなければならない。数個の請求が相互に両立しない場合にかぎって許される。たとえば，売主が代金請求をしながら，売買が無効と判断されることを慮って，引き渡した目的物の返還を予備的に請求する場合，また目的物の占有権限を明らかにするために，所有権確認請求をし，予備的に賃借権確認請求をする場合に認められる（小山・520頁は，所有権確認請求を棄却する理由は賃借権確認請求の審理に役立たないとして，許されない予備的併合とするが，所有権取得の事情と賃借権取得の事情とは，実際には密

接に関連しているか，同一の事実関係に対する法的構成・評価のちがいに基づいてどちらかが認められるという場合が多いと考えられるので，予備的併合を認めてよい）。このような場合，両請求は，訴訟追行・審理の過程できわめて密接に関連するので，2つの請求を同一の手続内で審理するほうが当事者にとっても裁判所にとっても都合がよいし，判断の統一もはかれる。しかし，両立しない両請求を同位的に主張するとすれば，原告の主張として意味をなさないから（同時に，一方で売買は有効といい，他方で無効と主張することになる），原告としては両請求に順位をつけ，どちらでまず勝ちたいかを明らかにする必要があり，それ故に，両請求に順位をつけることを条件として両請求の併合審判を可能にする道を認めるのが，この予備的併合というテクニックである（主位請求が容れられたとき副位請求を撤回するという点は，予備的併合という形態を成立させるために不可欠な事柄ではない。ただ主位請求で勝訴すれば副位請求で敗れることは明らかであるから，原告にこれをさらに追行する意思がないのが当然であるところから，予備的併合の一要素とされている）。したがって，各請求が両立する関係にあってとくに順位をつける必要のない場合にまで，条件付申立てを含むこのような併合形態を認める趣旨ではない。当事者がかりに各請求を予備的に併合した形の訴えを提起しても，単純併合として取り扱うべきである（原告は，第2の訴えにつき判決を欲しないなら訴えの取下げをすべきである）。」

│控訴審の取扱い　　全部判決の一部に対して控訴したときも，すべての請求についての訴訟が移審する。予備的併合の場合，主位請求を認容した第1審判決に対して控訴があると，副位請求も移審する。控訴審が主位請求を認容した第1審判決を不当と認めるときは，副位請求が現実に審判の対象となる。控訴審が主位請求を認容した第1審判決を取り消すべきときは，副位請求についても，第1

審に差し戻さず，自ら審判できる。この場合，副位請求について第1審の審理を経ていないので審級の利益を失わせるようにみえるが，この種の併合においては，両請求が密接に関連しており，主位請求のための審理の重要部分は副位請求にも共通なはずであるから，副位請求の審理も実質上はすでに審理済みといってよいし，また，控訴審になってからも，訴えの変更によって，新たにこの種の請求を追加できるとされていること（143条，297条）との均衡を考えても，控訴審は副位請求について審判できると解すべきである[1]（大判昭11・12・18民集15巻2266頁，最判（3小）昭33・10・14民集12巻14号3091頁）。なお，予備的併合訴訟の上告審の審判の範囲については791頁参照。

(1) 副位請求を認容した原判決に対し被告のみが上訴した場合の取扱い　また主位請求を棄却し副位請求を認容した第1審判決に対し，被告のみが控訴し，原告が控訴も附帯控訴もしていない場合には，主位請求に対する請求棄却の第1審判決の当否は審判の対象とはならないとするのが判例（最判（3小）昭58・3・22判時1074号55頁）であるが，原告には，主位請求の棄却部分について実質的な不服があるものとして，審判の対象になると解すべきである（新堂「不服申立て概念の検討－予備的併合訴訟における上訴審の審理の範囲に関して」吉川追悼下〔同・争点効（下）227頁以下〕）。」

「全部勝訴の当事者には，原則として不服の利益はない。予備的請求で勝訴しても，主たる請求の棄却については，不服の利益はある。」

前掲Ⅰ1において述べたドイツ民事訴訟における「予備的申立」についての実務におけると同様，わが国民事訴訟の実務においても，予備的申立（請求）の実務は定着しており，その実務を，ドイツお

よびヨーロッパ特許出願における予備的申立におけると同様，わが国特許出願に転用することは，その理論的観点からするも，その素地を有する意味において何らの抵抗もなく容易であると思料せられる。

2 特許付与を求める権利（出願権）の法的性質およびその憲法上の保障

特許法33条ないし35条は，特許を受ける権利すなわち出願権の移転およびその持分の譲渡・承継ならびに職務発明に関し規定しているが，特許を受ける権利の法的性質に関しては，特許権の付与を求める公法上の請求権であると同時に，発明者は，発明の完成とともに財産権としての発明者権を原始的に取得し，発明者は当該発明を使用・収益・譲渡することができ，特許法の各条項は，特許を受ける権利が，ドイツ特許法における所謂「特許権についての期待権すなわち将来財産権」としての性質を有することを前提とする規定であると解され，右特許を受ける権利が財産権に属することは，わが国の通説でもある[36]。

他方，特許を受ける権利すなわち出願権が，特許権と同様，財産権に該当する以上，憲法29条および同97条により保障せられる基本的人権である財産権に該当することは明白であり[37]，財産権を侵害する法律・規則・行政処分等が司法機関の法令審査権に服し，これに該当する法律・規則・行政処分等は，同法98条1項により無効とせられる反面，法律の条項の解釈についても，財産権の侵害を回避する解釈が要求せられるものと解せられ，これは同法99条に規定する憲法尊重擁護の義務からも結論づけ得るものと思料せられる。

Ⅵ 結　語

（1）　前掲Ⅳ 5 に掲記の東京高裁判決の各事案において，被告はその主張を理由づける根拠条文として，一貫して特許法 49 条の規定を引用し，これに同調する判旨も存在するが，特許法 49 条の規定は，出願の形式的要件・出願の実体的要件ならびに出願人の出題適格等が欠如する場合に，特許出願が拒絶査定せられる旨を，総括的に規定しているのみであって，請求項の 1 つについて特許能力が存在しない場合には，他の請求項に特許能力が存在する場合にも，当該特許出願を拒絶し得るとの解釈は，この条項からは導き出され得ない。

この点については，東京高裁判決(1)の事案において，被告の特許法 49 条による主張に対し，「2 以上の発明のうちの 1 発明について拒絶理由があるときどのように処理すべきかについては，直接これに関する明確な規定は存在しない。」と判示している点からも明らかである。

（2）　また，前掲Ⅳ 3 に掲記の「特許庁の実務の法的根拠」とする特許法 185 条の「2 以上の請求項に係る特許又は特許権については，請求項ごとに特許がされ，又は特許権があるものとみなさ……」れるとの規定は，特許法 36 条 4 項 2 号が採用するクレーム多項制の制度上の根本原則を明らかにし，同条項掲記の各規定の適用に際しては，この原則が適用されるべき旨を注意的に規定したものであって，例外的適用を定めたものではない。何故なれば，そこに掲記の各規定は，この原則が適用さるべきことが想定せられる殆んどすべての条項を網羅している —— すなわち，本規定が例外規定とする場合の原則規定が存在しない —— 点からも理由づけられ得る。

他方，改善多項制を全面的に採用した現行特許法においては，各

VI 結　語

　請求項ごとに複数の発明を記載することを容認して，これにより，出願者は，当該複数の発明につき特許付与を求め得ることを根幹とする制度的構造を有するものであるが故に，上記各法条の文言を上記改善多項制の基本的構造に反する如く解釈さるべきではなく，仮にこのような解釈が公権的解釈であるとするならば，公権的解釈に基づく行政処分である拒絶査定は，前述の如く，憲法の保障する財産権を侵害する行政処分に該当するものというべきである。

　(3)　請求項の予備的申立についての特許庁の運用基準が存在しない現時点においては，特許付与を求める権利すなわち出願権が，憲法29条および同97条により保障せられる基本的人権に該当する財産権であることに鑑み，ある請求項につき特許能力が存在する場合には，出願人に対し，その請求項のみについても特許査定を求めるものであるか否かを，他の請求項についての拒絶理由通知に際し，審査官または審判官は，出願人に通知すべき行政上の作為義務を負担するものであり，作為義務に違反して，請求項の1つにても拒絶理由が存在する場合には，他の請求項について特許能力を有する場合においても，出願全部の拒絶査定をなし得るとしてなした行政処分は，憲法99条違反の行政処分を構成するものとして，拒絶査定または拒絶査定を内容とする審判決定は，憲法98条により無効であると思料せられる。

　他方，特許庁は，クレーム多項制下における従来の運用基準を改定して，ドイツおよびヨーロッパ特許出願において採用されている如き「予備的申立」を含む実務を確認すべきであり，これは，憲法99条にも「憲法尊重擁護の義務」として明定されているところである。

---

(1)　Dr. Horst Papke, "Eventualanträge im Patenterteilungsverfah-

ren" Mitt 1982, S. 161, 163.
(2) Rosenberg-Schwab, "Zivilprozeßrecht" 12. Auf., §100 Bem. III ff. = S. 534 ff.
(3) ドイツ民事訴訟法 309 条
「(当事者の申立への拘束) 裁判所は, 申立がなされていない事柄につき, 当事者に認容する権能を有しない」
(4) Mitt. 1920, 7, 8 に掲載の Hüfner "Eventualanträge" の論文に引用されている。
(5) GRUR 1996, S. 85, 86.
(6) Mitt. 1967, S. 16, 17.
(7) Mitt. 1967, S. 16, 17.
(8) 4W (pat) 60 / 77. 4W (pat) 144 / 77.
(9) GRUR 1980, S. 716, 718.
(10) GRUR 1982, S. 291-293.
(11) GRUR 1983, S. 171.
(12) GRUR 1990, S. 109, 110.
(13) Peter Hövelmann, "Das Patent nach Hilfsantrag", GRUR 1998, S. 434, 435.
(14) ドイツ連邦裁判所 1989 年 10 月 12 日「Weihnachsbrief」事件決定 (GRUR 1990, S. 109)
(15) (14)のドイツ連邦裁判所決定
(16) ドイツ特許法 75 条 1 項
「抗告は, 延期的効力を有する」
(17) ドイツ特許法 58 条 1 項
「特許の付与は, 特許公報に公表せられ, 同時に, 特許明細書が公表せられる。特許公報への公表により, 特許の法的効力が発生する。」
(18) Rudolf Kraßer, "Der Verzicht des Anmelders im Erteilungsverfahren", GRUR 1985, S. 689, 690.
(19) Hövelmann 前掲注(13)。
(20) Alexander Witte, "Hilfsanträge im deutschen und im europäisch-

en patenterteilungs-und Beschwerdeverfahren" Mitt. 1997, S. 293, 294.

(21) Frank Fechner, "Geistiges Eigentum und Verfassung" 1999, S. 198. 217.

(22) Manfred Preu, "Das Erfinderpersönlichkeitsrecht auf das Patent", FS für Heinrich Hubmann S. 349, 354.

(23) Erich Häußer, "Die Gewährung von Einsicht in Patenterteilungsakten unter besonderer Berücksichtigung verfassungsrechtlicher Gesichtspunkte" 1974, S. 74f.

(24) Preu 前掲注(22) S. 352ff.

(25) 連邦憲法裁判所判決集 36 巻 281 頁（290 頁）

(26) Fechner 前掲注(21)

(27) Theodor Maunz, "Das geistige Eigentum in verfassungsrechtlicher Sicht", GRUR 1973, S. 107ff.

(28) Maunz 同上書 S. 108.

(29) Peter Badura, "Zur Lehre von der verfassungsrechtlichen Institutsgarantie des Eigentums", FS Theodor Maunz, Rdnr. 36

(30) Reinhold Kreile, "Die Sozialbindung des geistigen Eigentums" FS Peter Lerche, 1993, S. 253.

(31) Helmut Ridder, "Verfassungsrechtliche Probleme der gesetzlichen Regelung von Verwertungsgesellschaften auf dem Gebiet des Künstlerischen Urheberrechts. 1963, S. 11.

(32) Christoph Engel, "Eigentumsschutz für Unternehmen, AÖR 1993, S. 197.

(33) Engel 同上書 S. 198.

(34) Peter Badura, "Der Eigentumsschutz des Urhebers und die Vervielfältigung urheberrechtlich geschützter Werke für Zweck der Ausbildung und der Wissenschaft. 1982, S. 28.

(35) Fechner 前掲注(21)

(36) 中山信弘編著『特許法（第 3 版）上巻』310 頁以下（2000 年，青林書院）。仙元隆一郎『特許法講義（第 3 版）』144 頁以下（2000 年，

8　ドイツおよびヨーロッパ特許出願における予備的申立

悠々社)。

　最高裁平成9年(オ)第1918号「特許出願人名義変更届手続請求事件」判決（平成13年6月12日言渡）において,「特許を受ける権利」が「財産的利益」すなわち財産権である旨判示している。

(37)　佐藤幸治『憲法（第3版）』565頁, 1995年, 青林書院

　最高裁昭和62年4月22日「森林法共有林分割制限規定違憲」判決において,「憲法29条は, 私的財産制度を保障しているのみでなく, 社会的経済的活動の基礎をなす国民の個々の財産権につきこれを基本的人権として保障する」と判示している。

9 ドイツにおける企業秘密の刑法的保護
―― ゲルト・ファイファー（Gerd Pfeiffer）「不正競争防止法17条による工場秘密および営業秘密の刑法的漏洩」――

Ⅰ　ヨーロッパにおける企業秘密保護の歴史的沿革
Ⅱ　ドイツ不正競争防止法の体系
Ⅲ　保 護 法 益
Ⅳ　営業秘密および工場秘密の概念
Ⅴ　ドイツ不正競争防止法17条1項の従業者による秘密漏洩
　1　行　為　者
　2　客観的構成要件
　3　主観的構成要件
　4　既遂および未遂
　5　正犯および共犯
Ⅵ　ドイツ不正競争防止法17条2項1号の企業スパイ行為
　1　行　為　者
　2　客観的構成要件
　3　主観的構成要件
　4　既遂および未遂
Ⅶ　ドイツ不正競争防止法17条2項2号の営業秘密または工場秘密の権限なき使用または伝達
　1　行　為　者
　2　客観的構成要件
　3　主観的構成要件
　4　既遂および未遂
Ⅷ　競　　合
Ⅸ　刑事訴追および法的効果
Ⅹ　結　語

9 ドイツにおける企業秘密の刑法的保護

　本稿は，Rudolf Nirk 生誕70歳記念論文集に寄稿された元ドイツ連邦裁判所長官ゲルト・ファイファー博士の「不正競争防止法17条による工場秘密および営業秘密の刑法的漏洩（Der strafrechtliche Verrat von Betriebs-und Geschäftsgeheimnissen nach §17 UWG)」と題する論文の翻訳である。

　この論文は，冒頭の目次に示されている如く，企業秘密の歴史的沿革に遡って叙述せられ，その保護の必要性が如何にして醸成せられるに至ったかを理解することができ，さらに，企業秘密保護を規定する現行ドイツ不正競争防止法17条の刑法的観点からする理論的解明が詳細になされている。

　他方，わが国企業秘密保護については，不正競争防止法2条1項4号ないし9号において，その民事的保護が与えられていたが，平成15年156回国会において，「不正競争防止法の一部を改正する法律」の法律案が可決成立し，同法14条1項3号ないし6号，同条2項および3項において企業秘密漏洩に対し，新たに刑事罰が加えられることになった。

　企業秘密漏洩の犯罪構成要件は，ドイツ不正競争防止法17条に規定する犯罪構成要件とはやや異なるが，当然のことながらその構成要件的特徴には共通性が存在し，さらに，刑法理論の適用については同様であるが故に，本論文は，新改正法の解釈に多大の貢献をなすものと思料せられる。

　なお，本論文の翻訳に際し，2003年8月18日付にて，上記記念論文集の出版社 Verlag C.H. Beck の同意を得たことを附記し，本紙上を借りて謝意を表する。

9　ドイツにおける企業秘密の刑法的保護

I　ヨーロッパにおける企業秘密保護の歴史的沿革

　営業ないし企業秘密漏洩の歴史は，最初にフランス革命において，および，これに続く 19 世紀に殆んどすべてのヨーロッパ諸国において公認せられるに到った「営業の自由（Gewerbefreiheit）」に，その端を発する。

　物々交換の風習，および，物品の製造が，封建制度下での土地領主制の需要充足経済の狭い範囲内において行われている限り，荘園領主は，この外部から閉された範囲においてのみ，相互に割り当てられた営業分野間の競業を規制するのみで充分であった。すなわち，当時におけるあらゆる種類の経済活動は，競争が存在しない社会であったが故に，現今の意味における競業とは称し得ない。

　集約的に行われる商品売買と手工業との分離をもたらした都市経済の時期においては，ギルドすなわち商人同業者組合とツンフトすなわち手工業者同業者組合が，競業を規制した。この規制は，商品の種類が少ない上に，その交易は，都市間の商業的関係を必要とする程度のものであったが故に，比較的容易に行うことが可能であった。

　上述の如き同業組合的結合の内部においては，個々の営業分野の保護のための規律は不必要であった。何故なれば，各組合員に他の組合員と同等の収益を保障することを基調とする同業者組合の厳しい規律は，不公正な営業態度を誘発する如き激しい競争に曝されることがないからである。

　上述の事態は，近代国家における営業自由の公認とともに，根本的な変貌を生ずることとなった。すなわち，これまで絶大な権力を有する同業者組合の保護の下に，各組合員は相応の収入の保証が与えられていたのに対し，今やその収入を増加し得るとの見込みによ

I ヨーロッパにおける企業秘密保護の歴史的沿革

り，これについての他人の利害を顧慮することなく，その商取引における無謀な競争は，ますます熾烈化するに到った。かかる事態においては，公正な競争とされる限界は，当然のことながら，その限度を超えるものとなった。このような不公正な商取引により，その被害者が続出するとともに，経済分野全体に測り知れない困難をもたらした。

　フランス革命の結果，1791年3月17日の法律により，フランス全土に営業の自由をもたらしたフランスは，上述の如き新しい事態に直面して，次のような結論に到達した。すなわち，フランス刑法418条の規定する秘密漏洩罪を模範規定として，秘密漏洩を抑圧し，これにより今後10年以内に，現在台頭しつつある激しい競争において，営業秘密および工場秘密の保持を確保することにより，商人をして完全な営業の自由を達成せしめ得るとしたのである。このフランス刑法418条の規定[1]は，他国の立法に影響を与え，また，ドイツの法改正作業においても，模範立法として採用されたものであるが故に，以下にその条項を訳出することとする。

　「工場長・工場主任または工場従業者が，外国人または外国に居住するフランス人に，同人らが従事する工場秘密を漏洩または漏洩せんとした場合には，2年ないし5年の懲役刑および，5,000ないし20,000フランの罰金刑に処せられる。

　当該秘密が，フランスに居住するフランス人に漏洩された場合には，3ケ月ないし2年の懲役刑および16ないし200フランの罰金刑に処せられる。

　当該秘密が，軍事工場または国家の戦争管轄省の軍事秘密に関するものである場合には，上記に規定する最高刑が適用されなければならない。」

　秘密保護を求めるドイツ産業界の要請は，1896年5月27日制定

9　ドイツにおける企業秘密の刑法的保護

の「不正競争制圧に関する法律 (Gesetz zur Bekämpfung des unlauteren Wettbewerbs[(2)])」により，容認せられるに至った。右規定の条項は，次の如くである。

「9条　企業従業者・労務者または徒弟として，その雇用関係に基づき，同人等に開示され，または，入手するに至った営業秘密または工場秘密を，雇用関係の存続期間中に，競業の目的でまたは企業に損害を加える意図で，権限なく他人に伝達した者は，3,000 マルク以下の罰金または1年以下の懲役に処せられる。

第1項に掲記の伝達により，または，公序良俗に違反する行為により取得した営業秘密または工場秘密を，競業の目的で権限なく使用し，または，他人に伝達した者は，前項と同様の刑に処せられる。

この刑罰に加え，その違反行為については，生じた損害につき，賠償の責任が課せられる。行為者が複数人である場合は，連帯債務者として，その責に任ずる。」

「10条　競業の目的で，他人をして9条1項に掲記の権限なく伝達をなすべく教唆した者は，2,000 マルク以下の罰金または9ケ月以下の懲役に処せられる。」

この1896年制定の不正競争防止法9条および10条の規定は，1909年法17条[(3)]および20条により僅かな変更を加えて引き継がれ，また，18条[(4)]の規定により補充せられた。

第1次世界大戦後，ドイツ産業は，外国のスパイ活動により重大な損害を蒙った。特に，いわゆる「Sürete 事件」後は，刑罰規定の厳罰化の要請が高まった。この事案においては，化学産業における秘密漏洩が問題とされ，その調査の結果，占領地区のフランス秘密警察である Sürete の官吏が，この秘密漏洩に関与していたことが判明した。

I ヨーロッパにおける企業秘密保護の歴史的沿革

　ドイツの著名な法学者であるコールラウシュ・イザイ・エベルハルトシュミット・シュラム・ヴァサーマン等は，精力的にドイツ経済の保護に尽力し，秘密保護の問題につき，法改正の提案をなした。就中，コールラウシュは，注目すべき法案を作成し，1932年3月9日のドイツ帝国大統領（1919年－1934年）の緊急命令（議会の承認なしに発令される）により，犯罪構成要件が拡張せられ，外国での行為を導入して処罰を加重した。刑法施行法による1975年1月1日施行の刑法への刑罰規定の調整は別として，前記緊急命令により改定せられた17条の規定は，1986年8月1日施行の「第2次経済犯の制圧に関する法律」の発効に至るまで，変更を受けることなく維持せられた。

　前記緊急命令前に既に，当時の規定に反対して主張された批判は，行為の可罰性が行為者の雇傭期間中に限定されている点，および，経済秘密の探知が刑罰の対象とされていない点についてであった。この時間的ならびに実体的に限定された保護は，経済界および学界の見解によれば，経済秘密の効果的保護に背反するものであるとされた。何故ならば，企業秘密の保護は，経済的優位の強化および確保において顕著な意義を有し，また，経済界は，企業秘密スパイにより毎年莫大な損失を蒙っている事実が過去にも認識されており，現在も認識されているからである。

　経済犯の制圧についての専門家委員会の経済法の改正に関する答申に基づき，連邦政府は，不正競争防止法の改正に関する法律草案において，17条の補完を提案した。この提案が，1986年8月1日の第2次経済犯の制圧に関する法律により，修正された形で施行されるに到った。これが現行法規である。

II ドイツ不正競争防止法の体系

ドイツ不正競争防止法17条1項および2項[3]は，次の3つの異なる構成要件を包含している。

1項　雇傭関係の存続期間中の企業の従業者による秘密漏洩

2項1号　特定の手段および方法を使用して営業秘密または工場秘密を探知する行為，いわゆる企業スパイ（Betriebsspionage）行為

2項2号　1項または2項1号により取得した秘密の権限なき使用または伝達，いわゆる秘密の故買的取得（Geheimnishehlerei）行為

4項は，刑が加重される場合を規定している。同法17条に規定する3つの基本構成要件は，同法18条[4]により補完せられ，同条項は，自営業者による違法な秘密使用を，特定の場合に可罰対象としている。同法20条は，同法17条および18条に規定する構成要件につき，秘密漏洩の教唆または幇助，ならびに，幇助の応諾が罰せられる旨，規定している。また，同法20条aは，外国での特定の行為につき，同法17条，18条，20条の適用を規定している（刑法5条7号）。この条項に関連する刑法の条項として，刑法96条（州および国家機密の探知行為），同法99条（秘密諜報機関のスパイ行為），同法202条a（データの探知），同法203条（私的秘密の侵害），同法204条（他人の秘密の使用）等がある。

III　保護法益

刑法上の保護の前提として，個々の企業に帰属する権利としての営業秘密および工場秘密が存在する。したがって，その保護は，就中，当該企業に関するものである。しかし，日々増大するノーハウ

の安全確保に依存する経済活動の保護は，公共の利益にも奉仕する。このことは，特別の公共の利益が存在する場合には，告訴がない場合にも職権により，刑事訴追官庁の権限により介入し得るとする不正競争防止法22条の新規定に，その表現を見出すことができる。したがって，同法17条の保護法益は，個人の法益としての営業秘密および工場秘密であるのみならず，さらに，経済秩序に関する制度（Institution der Wirtschaftsordnung）としての，したがって，社会的法益としての競業でもある。

Ⅳ　営業秘密および工場秘密の概念

　行為の対象は，工場秘密および営業秘密である。法律は，これについての概念定義を与えていない。

　営業秘密は，企業の一般的な営業取引，特に，顧客関係に関するものである。これに対し，工場秘密は，技術的操作を制御する秘密，特に，製造および製造方法に関する秘密を意味する。しかし，営業秘密と工場秘密の概念は，相互に流動的であり，大多数の秘密は両領域に算入される。また，両概念の厳格な区別は，その法的取扱において同一であるため，不必要である。

　判例は，営業秘密または工場秘密の概念につき，次の如く判示している。

　　「営業活動に関連を有する事実が，ごく狭い範囲の個人の間でのみ知られており，したがって，周知ではなく，かつ，その秘密が保持されなければならないとの企業主の意思が明白に表明されていることを要する[5]。」

　何人にも周知である対象は，もはや，秘密ではない。周知の事実は，第三者の認識からもはや奪い取ることは不可能であり，また，秘密を保持することも不可能である[6]。秘密が保たるべき事実は，

9　ドイツにおける企業秘密の刑法的保護

狭く限られた個人間でのみ知られていることを必要とする。この結論は，秘密の性質上，当然である。当該秘密の関知者は，本質的に閉鎖的集団を形成しなければならない。周知性（Offenkundigkeit）の概念は，刑法244条3項の規定の概念と同一である。すなわち，理性的にして経験の豊かな人が，通常当然に知っている事実および経験則，または，一般に入手し得る信頼に値する出所から容易に，すなわち，特別の専門的知見を要することなく，知り得る事実および経験則は，周知である(7)。専門雑誌での公表は，原則として，秘密性を排除する。秘密が保持さるべき事実は，特定の営業に関連するものでなければならない。この関連が，重要な点であって，秘密が保持されるべき事実ではない(8)。

　企業主の秘密保持の意思が存在することが必要である。秘密保持の意思の存在により初めて，未知の事実を秘密にするのである。企業主は，この秘密保持の意思を外部に認識し得る程度に表明しなければならない(9)。ドイツ連邦裁判所の判旨によれば，「この保護は，秘密保持の意思が存在し，かつ，その意思が表明されている場合にのみ，考慮の対象となる」と述べている(10)。この秘密保持意思の表明は，明示的になされる場合もあり，また諸事情から認められる場合もある。例えば，複雑な構造の機械においては，その秘密保持は，営業上の意味を有するが故に，自明のものとされる。複雑なプロセス計算機の開発の事例が，その例である(11)。すなわち，平均的な従業者であれば，企業主の秘密保持意思を明瞭に認識するはずである，とする程度の基準で足りる。

　企業主は，秘密についての正当な経済的利益を有しなければならない。現在の通説とされるこの利益理論（Interessentheorie）は，企業にとり何ら秘密保持についての正当な利益が欠如している場合には，企業は肆意的に秘密保持を要求する権利を有しない，という

ことを意味する。すなわち、秘密保持により保護されるべき利益は、当該秘密内容の特色によって生ずる独自の競争力についての企業の利益である。この点を、さらに具体的に表現すれば、秘密が周知事実になることが、競業者の市場競争力を増大せしめ、自己の営業活動を阻害する場合には、秘密の事実が周知のものにならないことにつき、企業は、秘密保持に値する利益を有することになる。したがって、秘密保持の刑法的保護は、結局、企業主の意思とは無関係な客観的観点に依存することになり、この点につき、裁判官は、審理手続において自己の責任において検討されるべき点である。しかし、この検討は、狭義になされてはならない。すなわち、競業者が同一の製造方法を用いることを阻止するためには、競業者から秘密を秘匿することが自己の営業活動にとり重要である、との要件で足りる[12]。

秘密の対象を構成する事実は、新規であることを要しない。知的財産法における新規性概念は、この場合には適用せられない[13]。以前周知であったが、日時の経過とともに忘れ去られた事実も、可罰的な伝達行為の時点では、秘密である場合がある[14]。特定の製品の製造のために、それ自体周知の方法が使用せられた製造方法も、工場秘密の対象である場合がある。それが秘密であるための要件は、その実施および具体化により、特別の利点が達成せられるか、または、「当該企業が当該方法を使用し、これにより特別の成果を達成していることが、秘密である」とされる[15]。いずれにしても、秘密保持につき知的財産権の存在を必要としない。

営業秘密および工場秘密の例として、次のものが挙げられる。「見本のコレクション」[16]、「顧客リスト」[17]、「セールスマン顧客リスト」[18]、「価格計算書」[19]、「計算資料」[20]、「商品購入先」[21]、「実験・製造工程・調理法等の記録文書」[22]、「機械の構造」[23]、「機械の部品」[24]、

「化学製品の製造工程」[25],「作業の秘密方法」[26],「製造工程の工場資料」[27],「製造設備の状況」[28],「化学製品における物質の添加順序」[29],「プロセス計算機の計算ハンドブックおよび計算方法」[30]。秘密性は,電算機記憶装置に入れられたデータ内容（計算根拠,リスト,ノーハウ等）から生ずる場合がある。また,コンピュータプログラム自体も,秘密性を有するものとして保護能力を有する場合がある。例えば,それが市場性を有する場合である。

V ドイツ不正競争防止法17条1項の従業者による秘密漏洩

1 行 為 者

(a) 本条項の文言によれば,秘密漏洩行為は,企業の従業者・労務従業者または見習いが行為者である旨,規定している。しかし,この列挙は,行為者の限定的表示として解すべきではなく,この行為の行為者は,企業のあらゆる種類の被傭者を意味するものと解さなければならない[31]。したがって,その労働力を全体としてまたは部分的に企業に提供する関係にあるすべての者が,これに包含される。すなわち,行為者が高度な労務を行う者であるか,軽度な労務を行う者であるかとか,行為者が広汎な権限を有しているか,限定された狭い権限を有するにすぎない者であるかとか,さらに,高給を得ているか,低給しか支給されていないとか,全く無給であるとかの事情は,考慮の対象とはされない。重要な点は,契約上の信義誠実義務（Vertragliche Treuephlicht）の存在である。従業者の形式上の地位,民法611条の意味における雇傭契約の締結・労働契約または徒弟修業契約等の締結の有無は重要ではない。請負契約・委託・業務相談等は,本条の秘密漏洩の対象に該当する。換言すれば,経済的観点が重要なのであって,法的視点は重要ではない[32]。商業

V ドイツ不正競争防止法17条1項の従業者による秘密漏洩

使用人・営業徒弟・化学者・技術者・新聞編集者・無給の実習生・自立の労賃織工・アトリエまたは他の企業の依頼に基づいて業務を行う独立の仲介マイスター等も,本条の行為者に包含される。株式会社の役員および有限会社の業務執行社員も同様である[(33)]。子会社での在職中に親会社の指示により親会社の秘密を知った子会社の従業者も,本法の行為者である場合がある。何故なれば,従業者のある業務分野についての帰属性の問題に関しても,経済的考察視点が重要であって,法的形式的考察方法は重要ではない。これに対し,複数の企業が,共同作業チームとして共同作業をしている場合に,ある企業の従業者が,共同作業の結果,他の企業について知り得た他の企業の秘密を漏洩した場合には,不正競争防止法17条1項[(3)]の行為者には該当しない。但し,当該秘密が,両企業に共通の秘密である場合は,この限りではない。

(b) 本条項に該当する行為は,真正の特別犯(echtes Sonderdelikt)である。行為者(間接正犯者,共犯者も亦)は,常に企業の被傭者でなければならない。しかし,刑法26条,27条,28条1項の要件を充足することを前提として,特別義務すなわち信義誠実義務の担い手の行為についての教唆者または幇助者として関与する場合がある。

したがって,次の者は,本条の行為者に該当しない。個人の商事企業の企業主・合名会社または合資会社の社員および株式会社の株主。但し,―― 上記地位に関係なく ――,これらの企業および会社と雇傭関係が存在しない場合に限る。同様に,例えば弁護士・公認会計士・税理士の如く,独自にかつ指示に拘束されることなく,契約上の依頼事項または企業の案件に基づいて知り得る立場にある者も,原則として本条の行為者から除かれる。しかしこの場合には,事情により刑法203条1項3号,商法333条または株式法404条1

項2号による可罰性が問題になる場合がある。

2 客観的構成要件

本条の客観的構成要件は，雇傭関係に基づき企業従業者に委ねられ，または，入手されるに到った営業秘密または工場秘密を，当該企業従業者により，その雇傭期間中に，その入手資格を有しない第三者に，権限なく伝達すること，である。

(a) 行為者は，当該営業秘密または工場秘密を，その雇傭関係に基づき知得するに到ったものでなければならない。すなわち，雇傭関係の事実がなければその知得に到らなかったであろう秘密を，雇傭関係の故に知得するに到ることを要する。例えば，ある企業の建物内において，文書または営業用手紙が置かれているのを見て，その文書または手紙から何らかの秘密を探り出した行為者を想定した場合，当該秘密が，従業者の雇傭関係と無関係に当該従業者が知得するに到ったものである場合には，秘密知得と雇傭関係との間に必然的な因果関係が存在しないことになる[34]。

(b)「企業従業者に委ねられ，または，入手されるに到った」営業秘密または工場秘密であることを要するとの要件。

表記の2つの行為類型は，立法者により，相互に同価値のものとして規定されたものである。したがって，この2つの行為類型の概念を相互に限定することは，重要ではない[35]。行為者が明示的または確定的な推論により，秘密保持を指示されたものと判断される状況で，当該秘密が行為者に伝達された場合に，当該秘密は行為者に・委・ね・ら・れ・た・，とされる。また，秘密が行為者に何らかの方法でその職務との関連で知得された場合，換言すれば，秘密保持者の意思なくして，または，秘密保持者の意思に反して，例えば，他の従業者を買収することにより，知得された場合に，当該秘密は行為者に入・

V ドイツ不正競争防止法17条1項の従業者による秘密漏洩

手されるに到った,とされる。

(c) 従業者は,秘密をその入手資格を有しない何人かに権限なく伝達したものでなければならない。伝達とは,何らかの態様で秘密の利用を可能にする,第三者に対する秘密のあらゆる態様での開示行為である。如何なる態様で開示がなされるかは,問題にはされない。すなわち,開示は,書面で,口頭で,録音テープでの手交またはその他の方法でなされ得る。例えば,新聞雑誌・専門雑誌または学術書での報道・報告によってもなされ得る。また,秘密が含まれている対象物の —— 例えば鍵のかかっている状態で —— 事実上の手交があれば,足りる[36]。秘密の伝達を受けた者が,当該秘密を使用するか否かは,重要ではない。すなわち,秘密の伝達を受けた者が,当該秘密を使用し得る状態にあれば,足りる[37]。秘密の伝達を受けた者は,秘密の内容自体を理解する必要はなく,また,秘密を利用する能力を有することも必要ではないが,当該秘密を保持し,さらに,他に伝達することができなければならない[38]。単純な不作為,すなわち,他人が秘密を知得することを,その阻止義務に違反して阻止しなかったことは,直ちに構成要件該当の行為であるとはいい得ない。右不作為が構成要件該当の行為であるためには,さらに,同人が秘密保護を委託されているという要件が,付加されなければならない。

(d) 「何人かに,」伝達されなければならない。右文言は,旧規定の「他人に」なる文言に代え,1932年の新規定において採用された。何故なれば,ライヒ裁判所の判例は,「他人に」なる文言を,企業主の被委託者(代理者)例えば「おとりの密偵(Lockspizel)」は,「他人に」には該当せず,企業主自身であると解釈した理由による。したがって,「何人かに」の文言は,全く任意のすべての者を包含することになり,企業主の被委託者・同じ部署の従業者・当

215

該秘密が幹部社員（上司）に知らされていない場合には，当該幹部社員[39]・密偵仲介者[40]・他の部署に勤務する当該企業の従業員[41]等が，これに該当する。

(e) 秘密伝達者が，企業主に対する契約上の義務により，秘密の伝達につき権限を与えられていない場合に，その伝達は，「権限なくして」に該当する。正当事由すなわち違法性阻却事由としては，企業主の同意・秘密開示についての公法上の義務，または，他の事案として他人に対する差迫った危険等である[42]。成文法上の公表義務は，例えば，刑法138条，高価値の法益の保護（刑法34条）のために，または，自己の重大な利益の擁護のために（例えば自己の刑事手続における適切な防禦のために），生ずる。管轄官庁に対する告発は，「権限なくして」に該当しない。従業者が，鑑定人または証人として刑事手続において供述しなければならない場合にも，秘密の公表は正当化される。但し，秘密保持すべき事実を理由に証言拒否権を主張し得る場合（刑事訴訟法52条ないし55条，76条）は，この限りではない。上述の場合以外に，裁判所法172条2号（重要な営業秘密）により，裁判の公開が禁止される場合がある。これに対し，民事訴訟において証言または鑑定を行うことは，営業秘密または工場秘密の公開を正当化しない。何故なれば，証人および鑑定人は，証言拒否権ないし鑑定拒否権を主張し得るからである（民事訴訟法383条6号，384条3号，408条1項）。しかし，裁判の公開が禁止され，かつ，審理の非公開の部分の秘密保持を，裁判所により訴訟関与者に義務づけた場合には，証人および鑑定人は，無制限に供述することができる。何故なれば，この場合には，その証言または供述は，秘密に保たれるからである。しかし，仮に訴訟手続における証言が違法に供述された場合であっても，不正競争防止法17条1項による可罰性は，原則的には，「競業目的で」なる構成要件的

V ドイツ不正競争防止法17条1項の従業者による秘密漏洩

特徴が欠如することになるであろう。

(f) 従業者は，当該秘密を「雇傭関係の存続期間中」に漏洩したものでなければならない。秘密漏洩に対する保護の時期的制限は，1896年の不正競争防止法の制定に際し，論争の対象とされた点の1つであった。この問題については，2つの相対立する利益が衝突する局面である。すなわち，一方において，従業者が雇傭関係の終了後はその企業で知得した工場秘密を他の場所で利用されないことによって，競業関係が生じないことについて重要な関心を有する企業と，他方，その生計のために以前の雇傭関係において修得した知見を利用したいとする従業者が対立する。この対立につき，立法者は，雇傭者である企業の利益は，従業者の利益により後退しなければならないという立場を採用した。そして，雇傭関係の終了直後に，重大な秘密漏洩事件が従業者によって犯され，そのため以前の雇傭者である企業に深刻な損害を与えた事案の如く，実務において実情との不一致が生じた場合においても，ライヒ裁判所は，1907年3月14日のPomril判決[43]において，次の如く判示した。

　「従業者・労務従業者等として企業に従事する者には，同人等が工場設備および工場で応用される方法に関する作業を通じて修得した技術的知見を，雇傭関係の終了後もその秘密を保持し，特に自己の使用に利用してはならないという法的義務は存在しない。また，その秘密保持につき，企業主が明瞭かつ顕著に重大な利益を有する秘密である場合においても，同様である。」

ライヒ裁判所は，その存続期間中，一貫して右判例を堅持した[44]。右の点については，明瞭な法律上の文言が存在するにも拘らず，当時の法学界において相対立する見解が表明された。一例を挙げるならば，「ひとたび企業秘密が従業者に委ねられ，または，入手されるに到った場合には，当該秘密は退社後も公表されてはならないと

いう要請を，自ら定めなければならない。この点につき，法律は，充分その根拠を提供している。すなわち，法的理性の原則（Grundsätzen der Rechtsvernunft）によってのみ解釈されるべきであり，立法者の意思により解釈されるべきではない」という見解である。

ドイツ連邦裁判所は，ライヒ裁判所の判例を継承した。当該法規は，意識的に従業者の秘密保持義務を限定したのである。何故なれば，法規は，従業者の就業期間中に修得した知見・技能および経験を，職場の変更後も利用する可能性を従業者から奪うことを望まないからである。すなわち，従業者は，企業を退職後，その生計において不当に妨げられるべきではない，とするのである[45]。以上は，企業主が事実の秘密保持に特に重大な利益を有する場合にも，妥当する[46]。雇傭関係の終了後になされた秘密の伝達は，それが雇傭関係の終了後も存続する守秘義務の違反の下に行われたものであっても，刑事罰を科せられることはない。しかし，民事上の請求権は，問題となるであろう[47]。雇傭関係の法的存続が基準となるのであって，事実上の存続ではない。したがって，従業者が，理由のない欠勤の間に，または，雇傭期間終了近くの休暇または病気の間に，秘密漏洩行為を犯した場合にも，罰せられる。即時解雇の場合を含め解雇告知の事案においては，如何なる時点において雇傭関係が法的に終了したかが問題となる[48]。

3 主観的構成要件

(a) 従業者は，故意に行為をなしたものでなければならない。故意は，客観的構成要件のすべての特徴について存在しなければならない。この場合，条件的故意の存在で足りる。行為者は，企業の従業者として，同人に委ねられ，または，入手されるに到った企業秘密を何人かに権限なくして伝達することを，認識または予測し，か

V ドイツ不正競争防止法17条1項の従業者による秘密漏洩

つ，行為の結果の発生を欲求または認容するものでなければならない。行為者がこの構成要件的特徴の1つにつき錯誤が存在する場合には，刑法16条による構成要件の錯誤（Tatbestandsirrtum）に該当し，故意的行為を阻却し，可罰性がない。何故なれば，不正競争防止法17条による過失の秘密漏洩は，罰せられないからである。右の点は，原則として，営業秘密および工場秘密の概念についても妥当する。しかし，行為者が，問題とされる事実の秘密保持についての企業者の正当な経済的利益を誤って判断した場合には，法規適用の錯誤（Subsumtionsirrtum）が認められ得るであろう。単なる法規適用の錯誤は故意を阻却しないが，刑法17条による禁止の錯誤（Verbotsirrtum）に該当する場合がある[49]。秘密の公表に関する行為者の権限についての錯誤が常に構成要件の錯誤に該当するか否かは疑問である。この場合，行為者は構成要件について錯誤があるのではなく，公表が正当化されるか否かについて錯誤が存在する点を看過している。このような錯誤は，当該錯誤が行為の正当事由の事実的前提に関する場合にのみ，刑法16条による故意行為を阻却する。これに反し，行為者は真実の事情を認識していたが，公表権限があるとの誤った結論を引き出した場合には，刑法17条による禁止の錯誤に該当する。

(b) 上述の故意的行為とともに，不正競争防止法17条1項により，さらに競業目的，または私利のために，または，第三者を利するため，または，企業主に損害を加える意図を以て —— この行為は，選択的である —— 行為することを要する。単なる条件的故意（dolus eventualis）のみでは不十分である。

(aa)「競業目的を以て」なす行為は，主観的ならびに客観的側面から考察されなければならない。客観的側面においては，競業者の販売に利するため競合販売高を増大せしめるのにふさわしい行為

219

を必要とする。また、主観的側面においては、秘密漏洩の被害者である競業者の損失において自己または他人の競業的立場に利益をもたらす意思が必要とされる[50]。競業目的は、主要な動機（Motiv）であれば足りる。但し、他の行為動機と並存して、競業目的が完全に副次的な動機であってはならない[51]。また、行為者が第三者または自己の競争力を増進する意思を有していたか否か、また、行為者自身・競業者または第三者が当該秘密を再譲渡することにより、当該秘密を利用する意思を有していたか否かは、重要ではない[52]。競業目的は、何らかの最終目的を達成するための手段であるのみで足りる[53]。その際、何時競業行為が開始され何時終了したか、等は重要ではない。特に、競業行為が、近い将来の特定の時期に開始されるであろうことは必要ではない[54]。競業行為は、従業者の雇傭期間中に従業者自身によって行われる場合もある。しかし、例えば、従業者自身が競業企業を設立する意思を有し、当該秘密をその将来の共同企業経営者に伝達する場合の如く、従業者は将来の競業行為を意図するのが通常である。純然たる私的目的、例えば、私的消費のために有利な購入ルートを開拓することを目的とする行為は、不正競争防止法17条の意味における競業目的に該当しない[55]。

(bb) 「私利（Eigennutz）に基づく」行為類型の選択的追加は、1932年の新規定により加えられた。その理由は、競業目的または加害の意思は常に立証可能であるとは限らないが、秘密漏洩者が秘密漏洩により報われる場合には、競業目的または加害の意思が存在する場合と同様、非難可能性を有する行為であるからである。私利に該当する行為は、何らかの利得の予測が行為の動機である場合に、成立する[56]。財産的利得の存在は必要ではなく、何らかのその他の満足を得られれば足りる[57]。右の利得を得る意思は、主要な動機であれば足りる。但し、他の行為動機と並存して、副次的なもので

V ドイツ不正競争防止法17条1項の従業者による秘密漏洩

あってはならない。右の利得は,「著しく高く」ある必要はない。当該利得は単に家族にのみ生ずるものであって,行為者は間接的に少くともそれから利得を受けるにすぎない場合であっても,足りる。行為者が意図した利得を得ることは,行為の可罰性にとり必要ではない。逆に,行為者は,利得例えば贈物を受け取ったが,その贈物を受け取ることを意図したものではない場合は,「私利に基づく」なる構成要件的特徴を,充足しない。

(cc) 「第三者を利する」なる行為類型の上記以外の選択的追加は,1986年5月15日制定の第2次経済犯防止法(Zweites Gesetz zur Bekämpfung der Wirtschaftskriminalität)により導入せられた。その結果,行為者が,「競業目的を以て」,「私利に基づく」・「加害の意思で」等で行為したものでない秘密漏洩の事案——例えばイデオロギー的な動機から他国の利益のために秘密漏洩を犯す行為者——についても,同条に包含されることになった。第三者を利する行為についても,それが行為者の動機として存在しなければならない。

(dd) 行為者が何らかの方法で企業主に損害を与える意思がある場合に,当該行為者は,「加害の意思」で行為したことになる。しかし,加害の意思が唯一の目的であることは要件ではない[58]。また,意図された損害は,財産的損害であることを要しない。名誉毀損の如き無形の損害も,行為の動機であり得る[59]。法規の条項は,加害の「意思」のみを要求しているが故に,行為の結果,現実に損害が発生することは要件ではない。他方,損害発生の可能性の認識のみでは不十分である[60]。民法826条の規定においては,条件的故意が存在すれば足りるとしているが,不正競争防止法17条1項においては,条件的故意は除外される[61]。したがって,軽率・冗舌・誇示等よる秘密の伝達は,加害の目的が欠如している場合には,不正競

221

4　既遂および未遂

(a) 秘密の伝達は，その相手方が知るに到った場合に，行為は既遂となる。相手方がその伝達の内容を理解したか否かは，重要ではない。書面またはその他の物的伝達においては，当該伝達が常に知り得る支配範囲に到達することで足りる。当該伝達が誤って名宛人以外の他人に到達した場合には，未遂が成立し，同条3項により罰せられる。

(b) 行為の未遂は，不正競争防止法17条3項により可罰的行為である。刑法22条による可罰的行為は，「事実の認識により構成要件の実現に直接着手する者」が，未遂を構成する。この行為類型は，構成要件的特徴を実現する故意によって裏打ちされ，事態が円滑に進行した場合には何らのその間の行為を要せずして自然に結果に到達する行為者の行為を，その対象として類型化したものである[62]。換言すれば，行為者が，主観的に「出発（jetzt geht es los）」への敷居をまたぎ，かつ，客観的または主観的に，保護法益を目前に迫った具体的な危険に導く行為を意味する[63]。その場合，行為者の意図が問題とされるが故に，危険が現実に発生することは重要ではない[64]。したがって，例えば，書面による秘密の伝達の場合に，当該秘密が相手方の知り得る状態に達せしめるであろう行為は，未遂行為に該当する。

5　正犯および共犯

不正競争防止法17条1項による犯罪の行為者——間接行為者，共同行為者を含め——は，企業の従業者のみが，これに該当する。したがって，真正の特別犯罪である（echtes Sonderdelikt）。

Ⅵ ドイツ不正競争防止法17条2項1号の企業スパイ行為

不正競争防止法17条2項は,前掲の第2次経済犯防止法により改正せられた。同法2項1号の新規定において,いわゆる企業スパイ行為が可罰の対象とせられ,可罰的情報取得の限界を明確化するために,立法者は,営業秘密または工場秘密の知得または単純な探知を,刑罰の対象から除外した。したがって,可罰的構成要件は,企業スパイ行為の特定の典型的にして危険な現象形態に限定するとともに,当該秘密の使用がなされない場合をも可罰性に包含せしめた。

1 行 為 者

本条1項の規定とは逆に,行為者の資格は問わず,何人も行為者であり得る。したがって,2項1号の構成要件は,特別犯ではない。構成要件に該当する行為をなす者は何人も,犯行への関与の態様および犯行意思指向の態様により,行為者・共犯者または幇助者に分類せられる。従業者もこれに含まれる。

2 客観的構成要件

客観的構成要件は,特定の事実的手段により,営業秘密または工場秘密を権限なくして入手または確保することを,要件とする。

(a) 入手 (Sichverschaffen) とは,行為者が,その行為により何らかの方法で ── 行為者が具体化された秘密(秘密についての認識の有無に関係なく)をその占有にもたらす場合,または,行為者が当該秘密をさらに他に伝達し得る如き状態に自己に取り込む(秘密の内容を認識する)等の態様で ── 当該秘密についての処分権を取

9 ドイツにおける企業秘密の刑法的保護

得することを意味する。行為者は,当該秘密を内容的に認識する必要は存在しない。すなわち,その秘密の意味が行為者に理解される必要はない。如何なる手段で行為者が秘密を入手したか(例えば,盗取・強要・購入・秘密資料の写真撮影・観察等)は重要ではない。秘密の入手行為は,秘密裡に行われる必要はない。

(b)「確保(Sichern)」とは,行為者は既に秘密を認識しているが,記録文書にし,コピーを作成し,または,当該秘密を必要に応じて何時でも引き出し得る形に用意することによって,さらに正確にして,または,取り残した知見を入手することを,意味する。したがって,確保は,行為者が,コンピュータプログラム中に入力された秘密を,その使用をより容易にし得るために,当該コンピュータプログラムを表現する場合にも存在する。コンピュータプログラムにおいては,「確保」に特に重要な意味が生ずる。何故なれば,コンピュータプログラムは,簡単には記憶に止められ得ないほど,複雑であるからである。この場合にも,行為者が秘密の内容について認識していたか否か,したがって,行為者により作成された文書のコピーを読了していたか否かは,重要ではない。

(c)「権限なくして(Unbefugt)」なる要件は,入手および確保について,なされなければならない。この要件により,企業における情報収集のすべての行為が企業の正当な秘密保持の利益を侵害するものではないことを,明らかにしている。秘密入手ならびに秘密確保についての権限または許可なくして,その行為を行うことが,「権限なくして」の構成要件に該当する。秘密保持の意思ならびに秘密保持は,営業秘密および工場秘密の本質に属する要件である。秘密保持の権能を与えられた者のみが,秘密に立ち入ることが許され,その秘密を知得することができるのである。この権限は,明示的または黙示的に付与せられ得る。

Ⅵ　ドイツ不正競争防止法17条2項1号の企業スパイ行為

(d)　権限なきスパイ行為は，立法者により選択的に掲記された，相互に同順位の3つの類型的手段に分類せられている。

(aa)　技術的手段の使用によるスパイ行為（2項1号a）

この行為類型には，営業秘密または工場秘密の入手または確保に用いられる，最も広義におけるあらゆる技術機械装置の使用が，これに属する。例えば，写真複写器具・カメラ・映画撮影機・盗聴装置・小型送受信機・データ処理施設に記憶されたデータの呼び出し等が，これに包含される。さらに，行為者が，単にコンピュータの表示器を読み取る場合も，技術的手段が使用されたことになる。また，他人によって開発されたコンピュータプログラムを用いることにより，金銭自動ゲーム賭博機の通常のゲームによって探索された数列が解読され，それによりそのゲーム機の賞金詐取行為（Leerspielen）が可能となる如きコンピュータプログラムを使用する者も，罰せられる[65]。

(bb)　秘密の具現化された複製物を作製することによるスパイ行為（2項1号b）

この行為類型は，広い範囲で前号aの技術的手段の使用による秘密の取得と一致する。何故なれば，技術的手段の使用が，殆んど常に具体的複製物を作製する場合に利用せられるからである。しかし，法律は，秘密を記録固定するための秘密のあらゆる具象化形態を包含せしめようとした。この行為類型は，具象化が技術的手段によって行われない場合，例えば，鉛筆で模写または書き写すことによって行われる場合である。秘密の具象化は，機械の構造の場合にも存在する。

(cc)　秘密が化体されている物の奪取によるスパイ行為（2項1号c）

有体的に固定された秘密を占有者の意思に反して着服する行為は

9 ドイツにおける企業秘密の刑法的保護

すべて，本条項に包含され，これにより，行為者は，行為者自身これを使用し，または，他に再譲渡することができる。この行為類型は，行為者が，当該秘密またはその再製物を当初から有していなかったことを要件とする。秘密が如何なる態様で物に化体しているかは，重要ではない。その態様は，紙・録音テープ・コンピュータプログラムまたは機械等である場合があり得る。また，その物がオリジナルの文書であるかコピーであるかは問われない。本行為類型は，大多数の事案においては，可罰的財産犯にも該当する。

3 主観的構成要件

行為者は，不正競争防止法17条1項の場合と同様，故意に (Vorsatzlich) および意図的に (absichtlich) 行為するものでなければならない。したがって，本行為類型の主観的構成要件は，同法17条1項のそれと同様であり，錯誤についても，同様である。

4 既遂および未遂

(a) 行為は，秘密を化体した物についての占有を取得した時点，ならびに，秘密の内容を知得した時点，および確保の場合には秘密の化体した物についての支配の成就の時点で，それぞれ既遂となる。

(b) 未遂は，同条3項により罰せられる。未遂は，秘密の入手または確保に指向され，かつ，行為者の観念表象により保護法益を具体的に危険にさらす行為，例えば，コピー・文面・録音録画撮影等の作成で着手される。

Ⅶ ドイツ不正競争防止法17条2項2号の営業秘密または工場秘密の権限なき使用または伝達

本規定は，前述のように，第2次経済犯防止法により改正のうえ

Ⅶ ドイツ不正競争防止法17条2項2号の営業秘密または工場秘密の権限なき使用または伝達

新しく導入せられた。同法2項2号は,同条1項による企業従業者の秘密漏洩により,また,同条2項1号の自己または他人の企業スパイ行為により,それぞれ取得された営業秘密または工場秘密,または,その他の権限なくして入手または確保された営業秘密または工場秘密を,権限なくして使用または第三者に伝達した者に刑罰を科することを定めたものである。

1 行 為 者

行為者は,企業の従業者または第三者である。本条項は,特別の行為者適格性(身分犯)を要件としない。

2 客観的構成要件

行為者が権限なくして使用または第三者に伝達した秘密を,行為者が如何にして自己のものとして取得したかにつき,3つの選択的態様を規定している。

(a)「使用 (Verwerten)」とは,物がもつ価値を引き出すことに向けられたすべての行為,したがって,物を何らかの方法で経済的に利用する行為である[66]。使用の概念には,財産権上の利得を指向する行為を意味し,利得が現実に得られることは重要ではない[67]。また,如何なる態様で使用するか,すなわち,自己の行為によるか他人の行為によるか,贈与・売買等の手段によるか,等も重要ではない。機械の単なる製作も,使用に該当する場合がある[68]。既に完成した機械を改良する場合も,使用とされる場合がある[69]。これに反し,行為者が秘密を単に無価値なものとする場合には,使用には該当しない[70]。使用なる概念は,秘密の認識の単なる「保持 (Haben)」の状態を越える進行的経過でなければならない[71]。

(b)「伝達」の概念内容については,Ⅴ 2(c)を参照されたい。伝

9 ドイツにおける企業秘密の刑法的保護

用が，対価の代償としての秘密の開示の態様で行われる場合には，その行為は，伝達の構成要件に該当する。

(c) 使用または伝達は，「権限なくして（unbefugt）」行われなければならない。すなわち，正当な秘密保持者の同意なくして，または，その他の正当事由なくして，行われたものでなければならない。この点については，Ⅵ2(c)およびⅤ2(e)を参照されたい。

(d) 本条は，行為者が不法に使用または他人に伝達した秘密の取得態様につき，3つの選択的態様を定めている。

(aa) 1項による秘密の伝達。この行為類型においては，2項2号の行為者が，従業者が1項の侵害行為により行為者に伝達された秘密を従業者から取得することにある。秘密が物に化体している場合に，行為者がその物を自己の占有にもたらす場合が，秘密の取得行為に該当する。通常の事案においては，この場合，行為者は，当該秘密を自己が使用しまたは他に伝達し得る程度に正確かつ確実な秘密についての認識を有しているのが通例である。但し，後者の当該秘密を他に伝達される場合は，当該秘密の意味についての理解は不必要とされている[72]。秘密漏洩者（従業者）は，上述の構成要件を完全に充足することが要件とされる。すなわち，秘密漏洩者は，秘密を権限なくして伝達し，かつ，その際，故意にかつ意図的に行為がなされることを必要とする[73]。この場合，秘密漏洩者の行為は，2項2号による行為者の行為との関係において，因果関係的（ursächlich）でなければならない。行為者は，当該秘密を直接従業者から知得する必要はなく，仲介者を通じて知得すれば足りる。換言すれば，行為者が，不法に使用または第三者に伝達する時点において，従業者が秘密の漏洩行為の際に1項の要件を充足したものであるとの認識を有しているか，または，その可能性を推測されるものであることが，重要である[74]。行為者が他の方法（例えば，偶然に）で，

228

Ⅶ ドイツ不正競争防止法17条2項2号の営業秘密または工場秘密の権限なき使用または伝達

秘密にさるべき事実を知得するに到った場合には，その営利的使用は，罰せられない[75]。

(bb) 2項1号による自己または他人の行為による取得（旧条項2項）。この旧条項2項においては，行為者は，当該秘密を，2項1号による自己または第三者の行為により取得したものでなければならない。取得の概念については，Ⅶ2 d(aa)を参照されたい。行為者は，秘密の取得につき，行為者自身が2項1号の構成要件を違法に実行したか，または，当該秘密を，2項1号の構成要件を違法に充足した第三者により取得されたものでなければならない。また，行為者が，間接的行為者として関与し，第三者を道具として利用した場合も，行為者自身が実行したことになる（刑法25条）[76]。行為者が，2項2号による利用行為につき，第三者を教唆または幇助した場合には，「第三者の行為」による代替行為（Tatalternative）が適用されなければならない。

(cc) 権限なき入手または確保（旧条項3項）。1986年5月15日制定の「第2次不正競争制圧に関する法律」は，旧条項である2項を新たに2項2号に改定した。立法者は，この捕捉構成要件（Auffangtatbestand）により，2項1号による特に危険な行為類型に該当しない権限なき秘密探知を，処罰の対象とした。すなわち，立法者は，新条項により，従来の構成要件を拡張しようとしたのであり，制限を意図したものではない。入手および確保の概念については，Ⅵ2(a)および(b)参照のこと。「権限なき入手または確保」の構成要件的特徴には，営業秘密または工場秘密のあらゆる態様での不正な取得が包含される。旧不正競争防止法17条2項の解釈においても，行為者が，秘密の知見（内容）を違法にまたは不正な方法で取得した場合に，行為者の不正な行為に該当するとした[77]。したがって，この場合，あらゆる違法な行為態様が，「権限なきもの」に包含さ

229

9　ドイツにおける企業秘密の刑法的保護

れる。それ故，ドイツの法規範，例えば，秘密が横領・窃盗・恐喝・詐欺または住居侵入により取得される場合には，刑法規範に，または，著作権法規定に抵触する行為が，問題となる。さらに，また，契約に違反する行為，例えば，違法な欺罔・無資格・第三者の契約違反行為への教唆等が，本条項の権限なき行為に該当する。この新規定の構成要件は，秘密の取得にのみ関するものであるが故に，秘密の内容についての認識なくして，物に化体されている秘密を，このような違法な行為態様で入手する場合にも，充足される。本条項による秘密の権限なき入手は，秘密保護を受ける企業の従業者が，その雇傭関係の終了後，その雇傭期間中に取得した知見または取得した秘密を使用して，以前に勤務していた企業と競争する如き事案，または，前同様その取得した秘密を，競業企業に就職してその知見を当該企業において使用または伝達する如き事案において，特に重要である。すなわち，原則として，従業者が雇傭期間中に正当に取得した秘密の知見は，雇傭期間終了後は処罰されることなく，利用または開示することが許される（V 2以下）のに対し，不正に取得した知見については，従業者が不正競争防止法17条2項による処罰を回避するためには，その雇傭期間終了後も秘密を保持しなければならないことになる。

3　主観的構成要件

行為者は，企業従業者による秘密漏洩（17条1項）における場合と同様，故意に，かつ，意図を以て行為するものでなければならない。故意（条件的で足りる）は，客観的構成要件のすべての特徴を包含するものでなければならない。したがって，行為者は，秘密の利用および伝達に際し，第1次行為者が，当該秘密を17条1項または2項の構成要件を侵害して入手したものであること，または，

Ⅶ ドイツ不正競争防止法17条2項2号の営業秘密または工場秘密の権限なき使用または伝達

第1次行為者自身が、当該秘密を上記の方法または他の方法で入手しまたは確保したものであるということを認識し、または、少なくとも認識の可能性を推量せしめるものでなければならない。秘密の取得権限、または、利用または伝達権限についての行為者の錯誤は、上記の行為についての正当性についての錯誤に該当する。この事案においては、行為者は、構成要件的特徴について錯誤が存在するのではなく、行為者の行為が正当化されるものであるか否かについて錯誤が存在するのである。このような錯誤は、当該錯誤が対抗規範（Gegennorm）の事実的前提条件に関するものである場合にのみ、刑法16条による故意的行為を排除する。これに反し、行為者には、真実の事情が認識されており、ただ、行為者が当該事情から、当該秘密を入手し、または、後に利用または伝達することが許されるとの誤った結論を引き出した場合には、禁止の錯誤に該当することになる（Ⅴ3(a)）。さらに、当該行為は、競業の目的で・私利のために・第三者を利するため・損害を加える意図を以て、着手されなければならない。したがって、行為者は、意図的に行為するものでなければならない。

4 既遂および未遂

(a) 行為者が権限なくして入手した秘密を現実に利用した場合、または、第三者に、当該秘密を使用することが許されるものとして伝達する場合に、権限なき利用または伝達は、既遂となる。権限なき伝達の場合に、秘密の伝達を受けた者が、既に当該秘密を認識していた場合も、同様である[78]。秘密が経済的に使用されないか、または、伝達されない限りは、単に不可罰の予備的行為が存在するにすぎない[79]。

(b) 未遂行為は、罰せられる（3項）。未遂は、秘密の利用また

は伝達に向けられ，かつ，行為者の観念表象に保護法益を直接危険にさらす行為により，着手せられる（V 4(b)）。

Ⅷ 競　　合

17条の各構成要件は，相互に独立したものであり，1つの行為類型に集約し得ない。すなわち，複数の行為類型にのみ集約し得るのであって，単一の行為類型に集約し得ない。行為者が，当該秘密を，他の可罰的行為により，取得し・入手し，または確保した場合には，具体的な事情に応じ，行為の単一または行為の複数が考慮せられることになる。

Ⅸ　刑事訴追および法的効果

1　刑事訴追は，不正競争防止法17条のすべての各構成要件につき，原則として告訴を要件とする（不正競争防止法22条）。告訴権者は，被害者すなわち秘密漏洩行為により直接侵害された法益の担い手である。それは，保護されるべき秘密の保有者すなわち企業主ならびに秘密の経済的利用についての権能を有する者である[80]。上述の意味における者が複数存在する場合には，各自が告訴についての権利を有する[81]。告訴権は，秘密漏洩行為の犯された時点が基準となるのであって，告訴の時点ではない。告訴権は，会社の消滅により消滅しない[82]。前掲の第2次経済犯防止法により改正せられた不正競争防止法22条1項の新規定により，検察官は，刑事訴追を必要と見做し，公共の利益に関すると認められる場合には，職権により起訴することができるとされた。

特別の公共の利益（öffentliches Interesse）が存在するか否かは，個々の事案の事情によって定められる。当初は，不正競争防止法22条1項の改正についての政府草案においては，特別の公共の利

益の存在についての例示として,「国民経済的観点において重大な損害の危険が生ずる」場合とか,「当該行為は,複数の企業を対象とする営業秘密または工場秘密の探知計画の一環である」場合等が示されている。刑事訴追官庁の裁量の余地を狭く制限しないために,上述の如き例示は法文化せられていないが,平均的な事案を超えて違法性の程度が著しく高い事案においては,特別の公共の利益の存在が肯定されるべきであることを,この例示は示唆している。公共の利益が認められる場合においても,不正競争防止法 17 条は,私訴の対象となる不法行為には影響を与えない(刑訴法 371 条 1 項 7 号)。私訴の権利を有する者は,当該企業の企業主ならびに当該秘密についての使用権能を有する者である。検察官が公訴を提起することを拒否した場合にも,起訴強制手続は許されない(刑訴法 172 条 2 項)。しかし,同一の行為の対象(刑訴法 264 条)が他の可罰行為に該当する場合は,この限りではない。不正競争防止法 17 条による行為の刑事訴追は,5 年の時効により消滅する(刑訴法 78 条 3 項 4 号)。この場合,訴追時効に関する刑法の一般規定(刑法 78 条以下)が適用せられる。不正競争防止法 17 条を理由とする刑事手続が,控訴審手続をも含め,地方裁判所に係属する場合には,当該刑事手続は,経済刑事部(Wirschaftsstrafkammer)の管轄に属する(裁判所法 74 c 条 1 項 1 号)[83]。

2 法的効果については,不正競争防止法 17 条による可罰的行為は,選択的に 3 年以下の自由刑または罰金刑に処せられる軽罪(刑法 12 条 2 項)である点が重要である。行為者自身が,当該行為により利得を得または得ようと試みた場合には,自由刑と並んで罰金刑を併科することができる(刑法 41 条)。その他の法的効果として,没収および追徴がある(刑法 73 条以下)。

3 不正競争防止法 17 条 4 項の要件が存在する場合には,行為

者を5年以下の自由刑または罰金刑に処することができる。この刑の加重事由につき，第2次経済犯防止法は，従来の規定である特別加重構成要件（Qualifikationstatbestand）から，特に重大な事案についての規準事例（Regelbeispielen）に変更した。したがって，法律は，例えば刑法243条の場合と同様，特定されない重大な事例と規準事例との間に区別を設けた。すなわち，規準事例は，特別加重の構成要件的特徴ではなく，刑罰量定規準であり[84]，この規準事例の特殊性は，次の2点に存する。第1点は，規準事例の特徴の存在は，特に重大な事案の存在についての徴憑であるにすぎず，裁判官は，当該行為と行為者の全般的評価に基づき，次の如き場合には，規準事例の特徴が存在するにも拘らず，その徴憑的効果を否定することができる。すなわち，当該行為の違法性および責任性の程度が，当該犯行態様に通常生ずる事例の平均値と本質的に異なるところがない場合である[85]。他方，規準事例の特徴が充足されていない場合にも，裁判官は，特に重大な事案の存在を認定することができる。例えば，事案の事情が，規準事例と類似する場合である。また，特に重大な事案の存在は，違法性および責任性による当該行為の重大性の程度が，規準事例に掲記された事例に匹敵する場合には，特に重大な事案に該当する[86]。不正競争防止法17条4項は，次の2つの規準事例を規定している。

（a）伝達に際して，行為者が，当該秘密が外国において利用せられるであろうことを，認識していること。不正競争防止法17条1項の構成要件または旧不正競争防止法1または3の2項2号の構成要件を充足する行為者は，その伝達に際して，当該秘密が外国において利用せられるであろうことを認識していることを要件とする。利用（Verwertung）の概念については，Ⅶ2(a)参照。すなわち，行為者は，その行為に際し，当該秘密が外国において何らかの方法で

経済的に使用されるであろうことを，認識しているか，または，その具体的危険が存在することを意識していることを要する。当該秘密が現実に利用されるに到ったか否かは，重要ではない。同様にまた，ドイツ国籍を有する者または外国人が，当該秘密を利用するか否かも，重要ではない。

(b) 行為者自身が外国において当該秘密を使用する場合。この規準事例においては，不正競争防止法17条1項または2項2号による行為の行為者は，当該秘密を行為者自身が外国において利用することを要する。この場合，当該秘密は，現実に利用されることを要し，利用の意図のみでは足りない。上述の選択的構成要件においては，主として同法17条2項に規定する行為者すなわち企業外の第三者または退職従業者のみが，これに該当することになる。

(c) 「外国」なる概念について。不正競争防止法17条4項2文は，外国人宛の秘密漏洩または外国における秘密漏洩を，国内の秘密漏洩に比し，特に重大な事案として把握しているが故に，同条項は，国境を越えて行われる秘密侵害を不利に差別することになる。このことは，1993年以降のヨーロッパ共同体の域内市場の理念に背反することになる。何故なれば，1993年1月1日以降ヨーロッパ経済共同体条約8aにより，ヨーロッパ共同体域内市場は，域内国境なき地域を実現し，かつ，商品・人・職務および資本の自由または交流を保証しているからである。したがって，1993年以降は，同条項の規準事例は，ヨーロッパ共同体——外国人間の行為，または，ヨーロッパ共同体——外国間の行為についてのみ，その意味を有することになる。

X 結　　語

秘密の担い手の秘密保持の利益を保護する不正競争防止法17条

9 ドイツにおける企業秘密の刑法的保護

は，民事法上の法的保護を排除せず，また，その保護を制限することもない。不正競争防止法17条は，民法823条2項の意味における保護法規である[87]。さらに，刑罰法規の侵害は，公序良俗に抵触することになり，不正競争防止法1条または民法826条に基づく請求権が発生する。さらに，営業権への侵害の観点から，民法823条による保護が，考慮の対象となる。他人の工場秘密または営業秘密の権限なき使用は，それが不正競争防止法17条により可罰的でない場合にも，特別の事情が存在する場合には，当該秘密の入手に異議がなかった場合においても，許容されない場合が存在する。従業者は，特定の営業秘密または工場秘密を，労働関係の終了後も秘密に取り扱い，かつ，第三者に伝達しない契約上の義務を，企業主に負担している場合が存在する。特定の秘密に制限された守秘条項により，従業者の正当な利益は，競業禁止の場合における如く，制約せられることはない。したがって，事後契約による守秘義務は，その暫定期間の補償を要することなく，法的に有効である。また，特別の守秘契約が存在しない場合においても，従業者は，事情により，その忠実義務（Treuepflicht）に基づき，工場秘密または営業秘密を労働関係の終了後も守秘すべき義務が存在する場合がある。その守秘義務違反は，相応の民事法上の効果が生ずることになる。

---

(1) 同規定は，企業秘密保護に関する模範規定として，歴史的意義を有するので，左にその原文を引用する。

„Tout directeur, commis, ouvrier de fabrique, qui aura communiquè ou tenté de communiquer, à des étrangers ou à des Français résidant en pays étrangers des secrets de la fabrique où il est employé sera puni d'll un emprisonnement de deux à cinq ans et d'll une amende de cinq cent mile à vingt mille francs.

Si ces secrets ont été communiqués à des Francais résidant en

France, la peine sera d'll un emprisonnement de trois mois à deux ans et d'll une amende de seize francs à deux cents francs.

le maximum de la peine prononcée sera nécessairement appliqué, s'il s'agit de secrets des fabriques d'armes et munitions de guerre appartenant a l'Etat."
(2) 同規定の原文は，左のとおりである。

§ 9

„Mit Geldstrafe bis zu dreitausend Mark oder mit Gefangnis bis zu einem Jahr wird bestraft, wer als Angestellter, Arbeiter oder Lehrling eines Geschäftsbetriebes Geschäfts- oder Betriebsgeheimnisse, die ihm vermöge des Dienstverhältnisses anvertraut oder sonst zugänglich geworden sind, während der Geltungsdauer des Dienstverhältnisses unbefugt an andere zu Zwecken des Wettbewerbs oder in der Absicht, dem Inhaber des Geschäftsbetriebes Schaden zuzufügen, mitteilt.

Gleiche Strafe trifft denjenigen, welcher Geschäfts- oder Betriebsgehemnisse, deren Kenntnis er durch eine der in Absatz 1 bezeichneten Mitteilungen oder durch eine gegen das Gesetz oder die guten Sitten verstoßende eigene Handlung erlangt hat, zu Zwecken des Wettbewerds unbefugt verwertet oder an andere mitteilt.

Zuwiderhandlungen verpflichten außerdem zum Ersatze des entstandenen Schadens. Mehrere Verpflichtete haften als Gesamtschuldner.

§ 10

Wor zum Zwecke des Wettbewerbes es unternimmt, einen anderen zu einer unbefugten Mitteilung der im §9 Abs. 1 bezeichneten Art zu bestimmen, wird mit Geldstrafe bis zu zweitausend Mark oder mit Gefängnis bis zu neun Monaten bestraft."
(3) ドイツ不正競争防止法 17 条（秘密漏洩）
(1) 企業の従業者・労務従業者または見習が，雇傭関係に基づき同人等に委ねられ，または，入手されるに到った営業秘密または工場

秘密を，その雇傭期間中に，競業の目的または私利のために，または，第三者を利するために，または，企業主に損害を加える意図を以て，何人かに，権限なくして伝達した者は，3年以下の自由刑または罰金刑に処せられる。

(2) 競業の目的または私利のために，または，第三者を利するために，または，企業主に損害を加える意図を以て，

1　営業秘密または工場秘密を，
　(a) 技術的手段を使用することにより，
　(b) 秘密の具現化された複製物を作成することにより，
　(c) 秘密が化体されている物を奪取することにより，

権限なくして取得または確保した者，または

2　第1項に掲記の伝達により入手した営業秘密または工場秘密，または，本項1号による自己または他人の行為により入手した営業秘密または工場秘密，または，権限なくして取得または確保された営業秘密または工場秘密を，権限なくして利用し，または，何人かに伝達した者は，前項と同様の刑に処せられる。

(3) 未遂行為は，罰せられる。

(4) 特に重大な事案においては，刑罰は，5年以下の自由刑または罰金刑に処せられる。特に重大な事案は，原則として，行為者が，その伝達に際し，当該秘密が外国において利用せられるであろうことを認識し，または，行為者自身が当該秘密を外国において利用する場合に，存在する。

(4) ドイツ不正競争防止法18条（文書等の海賊行為）

　営業取引において委託された技術上の文書または処方，特に図面・試作品・型板・型紙・調理書等を，競争の目的または自己のため，権限なくして使用または他人に伝達した者は，2年以下の自由刑または罰金刑に処せられる。

(5) BGH GRUR 1955, 424, 425 ; RGJW 1936, 2081 ; 1938, 3050 ; OLG Stuttgart wistra 1990, 277

(6) RGSt. 25, 45, 48 ; v. Gamm, Wettbewerbsrecht 5. Aufl., 50, Kap. Rdn. 14

X 結　語

(7) BGHSt. 6, 292, 293
(8) RGZ 149, 329, 332
(9) RGZ 149, 329, 33 ; RGJW 1929, 3087, 3088
(10) BGH NJW 1969, 463, 464 = GRUR 1969, 341, 343
(11) RGZ 149, 329, 333 ; BGH GRUR 1977, 539, 540
(12) BGH GRUR 1955, 424, 426
(13) RGZ 149, 329, 334 ; BGH GRUR 1955, 424, 425
(14) RGSt. 31, 90, 91 ; RGZ 65, 333, 335 ; RG GRUR 1936, 573, 575
(15) BGH GRUR 1955, 424, 425
(16) RGSt. 38, 108, 110
(17) RGSt. 39, 321, 323 ; RG GRUR 1936, 573, 576
(18) RGSt. 33, 62, 63
(19) RGSt. 35, 136
(20) OLG Hamm WRP 1959, 182
(21) RG MuW 1914, 364
(22) RGSt. 57, 12 ; RG GRUR 1936, 573
(23) RGZ 149, 329, 334
(24) OLG Hamm WRP 1959, 546
(25) BGH GRUR 1955, 424, 425 ; GRUR 1963, 367 ; WRP 1985, 204
(26) BGHZ 16, 172
(27) BGHSt. 13, 333
(28) BGH NJW 1960, 1999, 2000
(29) BGH GRUR 1966, 152, 154
(30) BGH NJW 1977, 1062
(31) Baumbach / Hefermehl, UWG 16 Aufl., §17 Rdn. 10
(32) Baumbach / Hefermehl, aaO, §17 Rdn. 10
(33) Baumbach / Hefermehl, aaO, §17 Rdn. 10
(34) RGSt. 33, 354, 356
(35) RGSt. 32, 217 ; Schramm, Betriebsspionage und Geheimnisverrat, 1930, S. 26
(36) RGSt. 33, 6, 8

9 ドイツにおける企業秘密の刑法的保護

(37) OLG Hamm WRP 1959, 182
(38) RGSt. 51, 185, 189
(39) RG JW 36, 2081
(40) RG GRUR 1936, 577
(41) RG HRR 38, 500
(42) BGH GRUR 1971, 159, 160
(43) RGZ 65, 333
(44) RG GRUR 1937, 579 ; RG JW 1938, 118 ; 1939, 45
(45) BGHZ 38, 391, 395 ; BGH NJW 1955, 463＝GRUR 1955, 402, 405
(46) RGZ 66, 333, 337 ; RG JW 1938, 118
(47) RGZ 166, 193 ; BGH NJW 1955, 463＝GRUR 1955, 402, 405
(48) BGH NJW 1955, 463＝GRUR 1955, 402, 404 ; RGSt. 75, 75, 82
(49) BGHSt. 7, 265 ; 9, 347 ; 13, 138
(50) BGHZ 3, 277 ; 14, 171 ; 19, 303 ; BGH GRUR 1953, 294 ; 1967, 509ff. ; 1968, 95ff.
(51) BGHZ 3, 276 ; 14, 171 ; BGH GRUR 1968, 95ff.
(52) RGSt. 51, 184ff.
(53) RGSt. 47, 129
(54) RGSt. 51, 185, 192
(55) RGSt. 32, 27, 28
(56) RGSt. 41, 225
(57) RGSt. 9, 166 ; 16, 96 ; BGHSt. 11, 96
(58) RGSt. 51, 184, 194
(59) RGSt. 29, 426, 429
(60) RGSt. 29, 426 ; RGZ 92, 132
(61) RGZ 92, 136
(62) BGHSt. 26, 203 ; 30, 364 ; 31, 12 ; 36, 250
(63) BGHSt. 26, 163 ; BGH NStZ 1989, 473
(64) BGHSt. 28, 203
(65) LG Stuttgart NJW 1991, 441 ; Bay ObLG NJW 1991, 438
(66) RGSt. 63, 205, 207

[本文中の引用条文]

⑹⁷ RG MuW 1909 / 10, 96
⑹⁸ RGSt. 40, 408
⑹⁹ RG MuW 1937, 426
⑺⁰ RG JW 1930, 1740
⑺¹ RGSt. 63, 205, 207
⑺² RGSt. 33, 62, 66 ; 57, 12
⑺³ RG GA 56, 221
⑺⁴ RG GA 56, 221
⑺⁵ RGSt. 30, 251
⑺⁶ RGSt. 38, 108, 110 ; RG JW 1927, 2378
⑺⁷ BGHSt. 13, 333, 336 ; BGH GRUR 1966, 152, 154 ; RGZ 144, 41, 52
⑺⁸ RGSt. 39, 80, 86
⑺⁹ RGSt. 51, 184, 190
⑻⁰ RG MuW 1915, 81
⑻¹ RG JW 1915, 51, 52
⑻² RG MuW 1914, 114
⑻³ OLG Stuttgart MDR 1982, 252
⑻⁴ BGHSt. 23, 254, 256 ; 26, 104, 105
⑻⁵ BGHSt. 20, 121, 125 ; 23, 254, 257
⑻⁶ BGHSt. 29, 319, 322
⑻⁷ BGH GRUR 1966, 152

※〔原文中の前記(5)ないし(87)の脚注については,裁判所判決のみを摘示し,引用文献はすべて,省略した。〕

[本文中の引用条文]

■ドイツ刑法 ─────────────────────────

第5条 ドイツ刑法は,行為地法には関係なく,外国で行われた次の行為に適用される。

7 本法の場所的適用領域内にある企業,そこに所在地をもつ事業又は外国に所在地をもつが,本法の場所的適用領域内に所在地をもつ事業に依存し,それとコンツェルンを作つている事業の企業秘密又は業務上の秘密を侵害するとき

9 ドイツにおける企業秘密の刑法的保護

(重罪と軽罪)

第12条① 重罪とは,その最下限において,1年又はそれ以上の自由刑の定められている違法な行為をいう。

② 軽罪とは,その最下限において,それよりも短い自由刑又は罰金が定められている違法な行為をいう。

③ 総則の規定により,又は特に重い事態,比較的重くない事態又はそれと類似の一般的に規定された事態において規定された加重又は軽減は,この区別については顧慮されない。

(行為事情に対する錯誤)

第16条① 行為の遂行に当たり,法律上の構成要件に属する事情を知らなかつた者は,故意に行為したものではない。過失の犯行を理由とする可罰性は,そのままとする。

② 行為の遂行に当たり,軽い法律の構成要件を実現する事情を誤認した者は,軽い法律によつてのみ故意の犯行を理由として処罰することが出来る。

(禁止の錯誤)

第17条 行為の遂行に当たり,不法をなす認識を欠く場合において,犯人がこの錯誤を回避しえなかつたときは責任なく行為したものである。犯人が錯誤を回避しえたときは,その刑は,第49条第1項に従って軽減することが出来る。

(概念規定)

第22条 その行為についての表象に従つて,構成要件の実現を直接に開始した者は,犯罪行為をしようとして未遂に終つたものである。

(正犯)

第25条① 犯罪行為を自から又は第三者によつて遂行する者は,正犯として罰する。

② 数人が共同して犯罪行為を遂行するときは,その各人を正犯として罰する(共同正犯)。

(教唆犯)

第26条 他人をしてその者の故意で遂行された違法な行為を行うことを故意に決意させた者は,教唆犯とし,正犯と等しく罰する。

[本文中の引用条文]

(従犯)
第27条① 他人をしてその者の故意で遂行された違法な行為を犯すのを故意に幇助した者は，従犯として罰する。
② 従犯に対する刑は，正犯に対する刑に従う。刑は第49条第1項により軽減する。

(特別な一身上の要素)
第28条① 正犯の可罰性を基礎づける特別な一身上の要素(第14条第1項)が，共犯(教唆犯又は幇助犯)にないときは，その刑は第49条第1項によつて軽減する。
② 特別な一身上の要素が刑を加重し，軽減し，又は阻却する旨を法律が規定しているときは，この法規は，その要素の存在している関与者(正犯者又は共犯者)にのみ適用される。

(正当化する緊急避難)
第34条 生命，身体，自由，名誉，財産，又はその他の法益に対する他の方法をもつてしては回避することの出来ない現在の危難の中で，自己又は他人をその危難から避けるため，行為を行つた者は，対立する利益，殊に当該法益とそれをおびやかしている危険の程度とを考量し，保護された利益が侵害された利益をはるかに超えているときは，違法に行為をしたものとはならない。ただし，その行為が，危難を回避するために適切な手段である場合に限る。

(自由刑に併科した罰金刑)
第41条 行為者が行為により利欲を得又は得ようと試みたときは，行為者の一身上又は経済上の関係を考慮しても必要なときは，自由刑と並んで，定められていない罰金又は選択的にしか定められていない罰金を科する。

(追徴の要件)
第73条① 違法な行為が犯され，正犯者又は共犯者がその行為に対して，又はその行為によつて財産的利益を得たときは，裁判所は，この追徴を命ずる。被害者に行為から請求権が生じ，その履行が行為から得られた財産的利益を除去し又はそれを減殺する場合は，その限りでない。

9 ドイツにおける企業秘密の刑法的保護

② 追徴の命令は,引き出された利得に及ぶ。その命令は,正犯者又は共犯者が獲得された物件の譲渡により又はその物件の破壊,損壊,又は没収の代価として,若しくは獲得せられた権利に基づいて取得した物件にも及ぶことができる。

③ 正犯者又は共犯者が他人のために行為し,そしてそれによつてその他人が財産的利益を得たときは,第1項,第2項による追徴の命令は,その者に向けられる。

④ 物件の追徴は,その行為により又はその他行為の事情を知りつつ財産的利益を得た第三者にその物件が属し又は帰属する場合にも,命じられる。

(時効期間)

第78条① 時効は,行為の処罰と処分の命令(第11条第1項第8号)を排除する。

② 第220条 a (民族謀殺)及び第211条(謀殺)による重罪は,時効にかからない。

③ 訴訟が時効にかかるときは,時効期間は以下の各号に規定されたものとする。

 1 無期の自由刑が定められている行為にあつては,30年

 2 長期において10年を越える自由刑が定められている行為にあつては,20年

 3 長期において5年を越える10年以下の自由刑が定められている行為にあつては,10年

 4 長期において1年を越える5年以下の自由刑が定められている行為にあつては,5年

 5 その他の行為にあつては,3年

④ 総則の規定により,又は特に重い事態,比較的重くない事態につき規定された加重又は軽減を顧慮することなく,時効は,行為がその構成要件を実現した法律の法定刑に従つて決める。

　　(本条は,1979年7月16日の第16次刑法一部改正法律により,一部改正された)

(反逆的な探知・国家機密の探索)

[本文中の引用条文]

第96条① 国家機密を漏泄するために（第94条），これを入手した者は，1年以上10年以下の自由刑に処する。
② ある官署により又はその求めにより秘密にされている国家機密を漏示するために（第95条），これを入手した者は，6月以上5年以下の自由刑に処する。この罪の未遂犯は，これを罰する。
（本条中，1969年6月25日の第1次刑法改正法律及び1974年3月2日の刑法典施行法により一部改正）

（諜報機関の秘密情報員活動）
第99条① 次の者は，その行為について第94条，第96条第1項，又は，第94条，第96条第1項が併せて適用されるときの第97条a若しくは第97条bにおいて刑が定められていない場合には，5年以下の自由刑又は罰金に処する。
　1　外国の勢力の諜報機関のために，ドイツ連邦共和国に対して，事実，物件若しくは知識の通報若しくは提供に向けられた諜報活動を行なつた者，又は，
　2　外国の勢力の諜報機関に対し若しくはその仲介者に対し，そのような活動の用意がある旨表明した者。
② 特に重い事態においては，その刑は1年以上10年以下の自由刑とする。行為者がある官署により若しくはその求めにより秘密とされている事実，物件又は知識を通知し又は提供し，かつ行為者が，
　1　そのような秘密の保持について特に義務を負う責任のある地位を乱用し，又は，
　2　その行為により，ドイツ連邦共和国に対して重大な不利益を及ぼす危険を生ぜしめた
ときには，原則として，特に重い事態が存する。
③ 第98条第2項の規定は，これを準用する。

第138条① 次の各号に掲げる犯罪行為の計画又は実行について，その実行又は結果をまだ防止することができる時期に，信頼すべき聞き込みを得ながら，官庁又はその犯罪の被害を受けるおそれのある者に対し適時に通告することを怠つた者は，5年以下の自由刑又は罰金に処する。

9　ドイツにおける企業秘密の刑法的保護

1　侵略戦争の予備（第80条），
2　第81条から第83条第1項の場合における内乱，
3　第94条から第96条，第97条 a，若しくは第100条の場合における反逆若しくは対外的安全に対する危害行為，
4　第146条，第151条若しくは第152条の場合における通貨若しくは有価証券偽造，
5　第181条第2号の場合における人身売買，
6　謀殺，故殺若しくは民族謀殺（第211条，第212条，第220条 a），
7　第234条，第234条 a，第239条 a 若しくは第239条 b の場合における個人の自由に対する犯罪行為，
8　強盗若しくは強盗的恐喝（第249条から第251条，第255条），又は，
9　第306条から第308条，第310条 b 第1項から第3項，第311条第1項から第3項，第311条 a 第1項から第3項，第311条 b，第312条，第313条，第315条第3項，第315条 b 第3項，第316条 a，第316条 c 若しくは第319条の場合における公共危険罪。

② 第129条 a による犯罪行為の計画又は実行について，その実行をまだ防止することができる時期に信頼すべき聞き込みを得ながら，遅滞なく官庁に通告することを怠つた者の処罰も前項と同じである。
③ 違法行為の計画又は実行につき信頼すべき聞き込みを得たにもかかわらず，軽率に通告を怠つた者は，1年以下の自由刑又は罰金に処する。

（本条は，1953年8月4日の第3次刑法一部改正法律により新設，1968年6月25日の第8次刑法一部改正法律，1971年12月16日の第12次刑法一部改正法律，1973年11月23日の第4次刑法改正法律，1974年3月2日の刑法典施行法，1976年8月18日の刑法，刑事訴訟法，裁判所構成法等の一部改正法律及び1980年3月28日の第18次刑法一部改正法律により一部改正）

（信書の秘密の侵害）
第202条① 権限がないのに，
1　封緘された信書若しくはその他の封緘された文書であつて，自

[本文中の引用条文]

己にその内容を知らせることが予定されていないものを開封した者は，又は，

2　封緘を開被することなく，技術的手段を用いて，右のような文書の内容についての知識を得た者は，

その行為が第354条において刑を定められていないときは，1年以下の自由刑又は罰金に処する。

② 権限がないのに，自己に知らせることが予定されておらず，かつ閉じられた容器によりその内容を知らせることに対して特に保護されている文書の内容について，その容器を開いて，知識を得た者の処罰も前項と同じである。

③ 思想の伝達のために用いられるその他の手段並びに図画は，第1項及び第2項の意味における文書と同等とする。

（1974年3月2日の刑法典施行法により，旧第299条を改正のうえ本条に変更）

（データの探知）

第202条 a

① 未知にして不当な接近に対し特に防備されているデータを，権限なくして，自己または他人に入手せしめた者は，3年以下の自由刑または罰金刑に処せられる。

② 1項の意味におけるデータとは，電子式・磁気式または直接的には知覚され得ない状態で入力貯蔵され，または，伝達されるものをいう。

（個人の秘密の侵害）

第203条① 他人の秘密，特に個人の生活領域に属する秘密又は経営上若しくは商売上の秘密であつて，

1　医師，歯科医，獣医，薬剤士，又は，その職業を行ない若しくはその職名を称するために国家の規制する教習を必要とするその他の治療の職業に属する者，

2　国家により承認された学問上の修了試験を経た職業的な心理学者，

3　弁護士，介理士，公証人，法律により規制された手続における

247

9 ドイツにおける企業秘密の刑法的保護

弁護人，経済審査人，公認の帳簿審査人，税理士，税務代理人，又は経済審査人団体，帳簿審査人団体若しくは税理士団体の機関若しくは構成員，

4 官庁又は公法上の団体，施設若しくは財団により承認された相談所における結婚相談員，教育相談員又は青少年相談員，及び中毒問題に対する相談員，

4a 第218条b第2項第1号による公認の相談所の構成員又は受任者，

5 国家的に承認されたソーシャルワーカー又は社会教育家，あるいは，

6 疾病保険，災害保険若しくは生命保険の事業に属する者，又は私的な医師の診察料精算所に属する者

としての自己に打ち明けられ，又はその他知るところとなつた秘密を，権限がないのに，漏示した者は，1年以下の自由刑又は罰金に処する。

② 他人の秘密，特に個人の生活領域に属する秘密又は経営上若しくは商売上の秘密であつて，

1 公務の担当者，

2 公的服務につき特に義務を負う者，

3 職員代表法（Personalvertretungsrecht）に従つて任務若しくは権限を有する者，

4 連邦若しくは州の立法機関のために活動する調査委員会，その他の委員会若しくは諮問機関の構成員であつて，みずからはその立法機関の構成員でない者，若しくはそのような委員会若しくは諮問機関の補助員，又は，

5 公に任ぜられた鑑定人であつて，その任務の良心的な遂行を法律に基づき形式的に義務づけられた者

としての自己に打ち明けられ，又はその他知るところとなつた秘密を，権限がないのに，漏示した者の処罰も前項と同じである。公の行政の任務のために把握された，他人の人的又は物的諸関係についての個々のデータは，第1段の意味における秘密と同等とする。第

[本文中の引用条文]

1段は，右の個々のデータが公の行政の任務のために他の官庁又はその他の官署に知らされ，かつ法律がこれを禁じていないときは，これを適用しない。
③ 職業的に勤務する，第1項に掲げた者の助手，及び同項に掲げた者のところでその職業の準備のために勤務する者は，第1項に掲げた者と同等とする。さらに，秘密を守る義務を負う者の死後においては，死亡した者から又はその者の遺品から秘密を知り得た者も，第1項及び前段に掲げた者と同等とする。
④ 第1項から第3項の規定は，行為者が他人の秘密を，その者の死後に権限なく漏示したときにも，これを適用する。
⑤ 行為者が対価を得て，又は自己若しくは他人に利益を得させ若しくは他人に損害を与える目的で，行為したときは，その刑は2年以下の自由刑又は罰金とする。

　(1974年3月2日の刑法典施行法により，旧300条を改正のうえ本条に変更，本条第1項第4号aは，1974年6月18日の第5次刑法改正法律により追加，1974年8月15日の刑法典施行法改正法律により第2項を一部改正，1976年5月18日の第15次刑法一部改正法律により一部改正)

(他人の秘密の利用)
第204条① 他人の秘密であつて，特に第203条によりその秘密の保持を義務づけられている経営上又は商売上の秘密を，権限がないのに，利用した者は，2年以下の自由刑又は罰金に処する。
② 第203条第4項の規定は，これを準用する。
　(本条は，1974年3月2日の刑法典施行法により追加)

(窃盗の特に重い場合)
第243条① 特に重い事態においては，窃盗は3月以上10年以下の自由刑に処する。次の場合には，原則として，特に重い事態が存する。行為者が，
　1　その行為を実行するために，建物，住居，仕事場若しくは営業所，若しくはその他の閉鎖された場所に侵入し，忍び込み，合鍵若しくはその他の正規に錠を開くのに予定されていない器具を使用し

9　ドイツにおける企業秘密の刑法的保護

て押し入り，又は右の場所にひそみ隠れていたとき，

2　閉じられた容器又はその他の安全装置により奪取に対して特に保護されている物を窃取したとき，

3　職業的に窃取したとき，

4　教会，又は礼拝に用いられるその他の建物若しくは場所から，神に対する礼拝のために捧げられ又は宗教上の崇敬のために用いる物を窃取したとき，

5　学問的，芸術的，歴史的意義を有する物又は技術的発展にとつて意義のある物であつて，一般人の出入りできる収集所にある物又は公に展示された物を窃取したとき，

6　他人の保護のない状態，災害又は公共の危険を利用して窃取したとき。

② 　行為が些細な価値の物に関するときは，特に重い事態は存しない。

（本条第1項は，1969年6月25日の第1次刑法改正法律により改正，第2項は，1974年3月2日の刑法典施行法により追加）

（第202条aを除き，法務資料439号昭和57年1月「ドイツ刑法典」より引用）

■ドイツ刑事訴訟法 ─────────────────────
第52条（人的事由に基づく証言拒絶権） ①　次に掲げる者は，証言を拒むことができる。

1．被疑者又は被告人の婚約者

2．被疑者又は被告人の配偶者。婚姻が終了したときも同じである。

3．被疑者又は被告人の直系血族，直系姻族，3親等内の傍系血族又は2親等内の傍系姻族である者，又はあった者

② 　未成年者が判断力の未成熟のゆえに，又は未成年者若しくは後見を受けている者が精神病若しくは精神の障害のゆえに，証言拒絶権の意味について十分な観念を有しないときは，この者に証言する用意があり，かつその法定代理人が尋問に同意する場合に限り，これを尋問することができる。法定代理人自身が被疑者又は被告人であるときは，証言拒絶権の行使について決定することはできない。こ

[本文中の引用条文]

のことは，法定代理権が親2人に属している場合，被疑者又は被告人でない親についても同じである。
③ 証言拒絶権を有する者に対しては，前項により証言拒絶権の行使を決定する権限のある代理人の場合を含めて，尋問に先立ちその権利について教示しなければならない。これらの者は，証言拒絶権を放棄した場合であっても，尋問中にその放棄を撤回することができる。

第53条（業務上の秘密に基づく証言拒絶権）① 次に掲げる者も，証言を拒むことができる。

1．宗教の職にある者。宗教の職にある者として信頼の下に告白を受け，又は知り得た事項に限る。

2．被疑者又は被告人の弁護人。弁護人として信頼の下に告知を受け，又は知り得た事項に限る。

3．弁護士，弁理士，公証人，公認会計士（Wirtschaftsprüfer），宣誓した帳簿監査人（vereidigte Buchprüfer），税理士，税務代理人，医師，歯科医師，心理精神療法士，児童・少年精神療法士（Kinder und Jugendlichen psychotherapeut），薬剤師及び助産婦。これらの職にある者として信頼の下に告知を受け，又は知り得た事項に限る。

3a．妊娠葛藤法第3条及び第8条による公認相談所の会員又は委託を受けた者。これらの資格において信頼の下に告知を受け，又は知り得た事項に限る。

3b．官庁又は公法上の社団，施設若しくは財団が認可し又は設立した相談所の薬物依存問題相談員。この資格において信頼の下に告知を受け，又は知り得た事項に限る。

4．連邦議会，州議会又はその第2院の議員。これらの機関の議員としての資格において信頼の下に事実の告知を受け，又は告知した場合の相手方の身元及びその事実に限る。

5．定期刊行物又は放送の準備，制作又は頒布に職業として関与し，又は関与したことのある者。原稿又は資料の執筆者，投稿者又は情報提供者の身元，これらの者の活動に関する情報で，その原稿，資料及び情報が編集部門にかかわるものである場合に限る。

② 前項第２号から第３号ｂまでに掲げる者は，黙秘義務を免除されたときは，証言を拒むことができない。

第53条ａ（業務補助者の証言拒絶権） ① 前条第１項第１号から第４号までに掲げる者の補助者又は見習いのため業務上の活動に参加した者は，業務者と同じく証言を拒むことができる。これらの者の証言拒絶権の行使については，前条第１項第１号から第４号までに掲げる者が決定する。ただし，その決定が近接した時間内に得られないときは，この限りでない。

② 黙秘義務の免除に関する規定（第53条第２項）は，前項の者にも適用する。

第54条（公務上の秘密と証人尋問） ① 裁判官，官吏その他公務に従事する者を公務上の黙秘義務にかかわる事情に関して尋問すること及び証言について承認を受けることについては，公務員法の定めるところによる＊。

② 連邦議会若しくは州議会の議員，連邦政府若しくは州政府の閣員又は連邦議会若しくは州議会における政党会派（Fraktion）の職員については，それぞれに対する特別の規定を適用する。

③ 連邦大統領は，証言をすることによって連邦又は州の利益を害するおそれがあるときは，これを拒むことができる。

④ 前３項の規定は，そこに掲げられた者が既に公務を離れ，政党の職員であることをやめ，又は議員の任期を終了した場合であっても，公務若しくは職務に従事中又は議員の任期中に生じた事実又はその間に知り得た事実に関するものであるときは，これを適用する。

  ＊ 連邦公務員については，連邦公務員法第61条及び第62条，州公務員については，公務員大綱法（Beamtenrechtsrahmengesetz）第39条。

第55条（応答拒絶権） ① 証人は，自己又は第52条第１項の親族が犯罪又は秩序違反行為を理由として訴追を受けるおそれのある質問に答えることを拒否することができる。

② 証人には，前項の応答拒絶権について教示しなければならない。

第76条（鑑定拒絶権） ① 鑑定人は，証人の証言拒絶権が認められる

のと同一の事由によって，鑑定を拒絶することができる。鑑定人は，それ以外の事由によっても，鑑定の義務を免れることができる。
② 　裁判官，官吏，その他公務に従事する者を鑑定人として尋問することについては，公務員法の定めるところによる。連邦政府又は州政府の閣員については，これらの者に関する特別の規定の定めるところによる。

第172条（起訴強制手続） ① 　請求をした者が被害者であるときは，前条の通知を受けた時から2週間以内に，上級の検察官に対して抗告をすることができる。検察官に対する抗告の申立てにより，前記の期間は，遵守される。この期間は，前条第2文の教示がなかったときは，進行しない。
② 　上級の検察官が抗告を棄却したときは，申立人は，その告知を受けた時から1月以内に，裁判所の裁判を求めることができる。この請求ができる旨及びその方式については，申立人に教示するものとし，この教示がなかったときは，前記の期間は，進行しない。被害者が私人起訴の方法で訴追することができる犯罪のみに関する事件，又は検察官が第153条第1項，第153条a第1項第1文，第7文若しくは第153条b第1項の規定により公訴を提起しなかった事件については，本項の請求はすることができない。第153条cから第154条第1項まで，第154条b及び第154条cの場合も同じである。

第244条第3項（証拠調べ） ③ 　証拠調べの請求は，その証拠の取調べが不適法なものであるときは，これを却下する。その他の場合は，証拠の取調べが公知の事実に関するため不必要であるとき，証明しようとする事実が裁判にとって意義を有しないとき，若しくは既に証明されているとき，証拠方法が完全に不適当なもの若しくは入手不能のものであるとき，請求が手続の遅延を目的としているとき，又は被告人の責任の軽減のために証明されるべき重要な主張につき，主張された事実を真実として取り扱うことができるときに限り，証拠調べの請求を却下することができる。

第264条（判決の対象） ① 　判決の対象は，公訴によって特定された行為であって，公判の結果明らかになったものである。

② 裁判所は，公判開始決定の基礎となった行為の評価には，拘束されない。

第265条（法的見解等の変更） ① 裁判所は，公判開始が認められた起訴における罰条と異なる罰条で被告人を有罪とするときは，あらかじめ被告人に対し，法的見解の変更について特に告知し，防御の機会を与えなければならない。

② 可罰性を加重し，又は改善保安処分を基礎づけるものとして刑法が特に規定している諸事由が公判中に初めて明らかになったときも，前項と同じである。

③ 公判開始が認められた起訴における罰条よりも被告人にとって重い罰条の適用を許す新たな事実又は前項に定めたものに当たる新たな事実に対し，被告人がこれを争い，かつ防御の準備が十分でないと主張したときは，その申立てにより公判を延期するものとする。

④ 前項の場合のほか，事実関係の変化により，訴追又は弁護の十分な準備のため相当であると認めるときは，裁判所は，申立てにより又は職権で，公判を延期しなければならない。

第374条（私人起訴を許す罪） ① 次に掲げる罪については，被害者は，あらかじめ検察官に訴追を求めることなく，私人起訴の方法で訴追を行うことができる。

1．住居侵入罪（刑法第123条）

2．侮辱罪（刑法第185条から第189条まで）。ただし，侮辱の対象が刑法第194条の定める政治団体である場合を除く。

3．信書秘密侵害罪（刑法第202条）

4．傷害罪（刑法第223条及び第229条）

5．脅迫罪（刑法第241条）

5a．商取引における収賄又は贈賄（刑法第229条）

6．器物損壊罪（刑法第303条）

7．不正競争防止法第4条，第6条c，第15条，第17条，第18条及び第20条に定める罪

8．特許法第142条第1項，実用新案法第25条第1項，半導体保護法第10条第1項，品種保護法第39条第1項，商標法第143条第1

[本文中の引用条文]

項，第1項a及び第144条第1項，第2項，意匠法第14条第1項，著作権法第106条から第108条まで並びに美術品及び写真の著作権に関する法律第33条に定める罪

(法務省大臣官房司法法制部編集『ドイツ刑事訴訟法典』法曹会より引用)

■ドイツ民法

第611条（契約上の義務）

雇傭契約により，労務の提供を約した者は，その約した労務を給付し，相手方は，合意した報酬を与える義務を有する。

雇傭契約の対象は，各種の労務であることができる。

第823条（損害賠償義務）

(1) 故意または過失により，他人の生命・身体・健康・自由・所有権またはその他の権利を，違法に侵害した者は，当該他人に対し，これにより生じた損害を賠償する義務を負担する。

(2) 他人の保護を目的とする法規に違反した者も，前項と同一の義務を負担する。法規の内容により，右違反が無過失の場合にも成立する場合には，損害賠償義務は，有責の事案についてのみ発生する。

第826条（故意による公序良俗違反の加害行為）

公序良俗に違反する方法で，他人に故意に損害を与えた者は，当該他人に対し，その損害を賠償する義務を負担する。

■ドイツ商法

第333条（守秘義務違背）

(1) 年度決算書またはコンツェルン決算書の監査に際し，決算監査人または決算監査人の従業者としての資格において知り得た，資本会社，子企業（第290条第1項，第2項），共同経営企業（第310条）または関連企業（第311条）の秘密，とくに経営または営業上の秘密を権限なくして漏洩した者は，1年以下の禁固または罰金刑に処する。

(2) 行為者が報酬を得て行動し，または自己もしくは第三者に利益

9 ドイツにおける企業秘密の刑法的保護

をもたらす目的もしくは第三者に損害を与える目的をもって行動したときは、2年以下の禁固または罰金刑に処する。第1項に掲げる秘密、とくに第1項の前提のもとで知り得た経営または営業上の秘密を権限なくして換価した者も同じ。

(3) 本行為は資本会社の告訴に基づいてのみ訴追される。

(『現代ドイツ商法典』森山書店発行より引用)

■ドイツ株式法 ─────────────────────
第404条　秘密保持義務の違反
(1) 会社の秘密、特に経営または営業の秘密であって、
　1．取締役会または監査役会の構成員としてまたは清算人として、
　2．検査役または検査役の補助者として
の資格において自己に知らされたものを、権限なしに洩した者は、1年に至るまでの禁錮および罰金をもって、またはこれらの刑罰のいずれか一をもって処罰される。

(2) 行為者が、対価をえて、または自己もしくは他人を利得せしめる目的で、または他人を害する目的で、行為するときは、その刑罰は2年に至るまでの禁錮である。これと併せて、罰金を宣告されることができる。第1項に指定された種類の秘密、特に経営または営業の秘密であって、第1項の前提要件のもとに自己に知らされたものを、権限なしに利用した者は、同様に処罰される。

(3) その行為は会社の告訴によってのみ訴追される。告訴は取下げられることができる。取締役会の構成員または清算人がその行為を犯したときは監査役会が、監査役会の構成員がその行為を犯したときは取締役会または清算人が、告訴権を有する。

(『西独株式法』昭和44年慶応義塾大学法学研究会刊より引用)

■ドイツ民事訴訟法 ─────────────────────
第383条〔人的理由からする証言拒絶〕
① 以下の者は証言を拒むことができる。
　1　当事者の一方の婚約者

[本文中の引用条文]

 2　当事者の一方の配偶者，婚姻が解消した場合を含む
 3　当事者の一方と直系の親族又は姻族である者又はあつた者
 4　司牧職の行使にあたり告白せられたものに関して牧師
 5　定期刊行物（periodische Druckwerken），放送の準備，製作（Herstellung），販売（Verbreitung）に職業として（berufsmäßig）関与し，又は関与した者について，論文（Beiträgen），資料（Unterlagen）の執筆者（Verfasser），投書者（Einsender），情報提供者（Gewährmann），並びにそれらの者の活動との関係でそれらの者になされた通報に関して。ただし，論文，資料，通報が編集上取り上げられたものにかぎる。
 6　その秘密保持が，その性質上又は法規により要請されているため，黙秘義務が認められている事実に関して，その官職，身分，職業上事実を信頼してうちあけられる者
② 第1号乃至第3号に掲げた者は，尋問前に証言拒絶権がある旨教示されなければならない。
③ 第4号乃至第6号に掲げた者の尋問は，たとえ証言が拒まれなかつたときでも，黙秘義務違反をしなければ証言はなされえない旨が明らかである事実に及んではならない。

第384条〔実質的理由からする証言拒絶〕
 以上の場合証言を拒むことができる。
 1　その答弁が証人又は証人と第383条第1号乃至第3号に掲げた関係にある者に直接の財産上の損害を及ぼすと認められる尋問
 2　その答弁が，証人若しくは証人の第383条第1号乃至第3号に掲げた親族の不名誉に帰するか，又は犯罪行為若しくは秩序違反（Ordnungswidrigkeit）による訴追を招くおそれがある尋問
 3　証人が，技術上又は営業上の秘密を開示することなしには答弁できないと認められる尋問

第408条〔鑑定拒絶権（Gutachtenverweigerungsrecht）〕
① 証人が証言を拒絶することができるのと同一の原因により鑑定人も鑑定を拒絶することができる。裁判所は別の理由からも鑑定人に鑑定をなす義務を免除することができる。

9 ドイツにおける企業秘密の刑法的保護

② 裁判官,公務員,又はその他公務に従事する者を鑑定人として尋問するについて,公務員法上の特別規定が適用される。連邦政府又は州政府の大臣は,それらにつき適用される特別規定の適用をうける。
③ 裁判所の裁判に関与した者を,裁判の対象をなした問題について鑑定人として尋問してはならない。

(法務大臣官房司法法制調査部編『ドイツ民事訴訟法典』法曹会より引用)

■ドイツ裁判所構成法 ─────────────────
第74c条（経済犯裁判部の管轄権）
(1) 次の各号に掲げる犯行に対しては,第74条第1項の規定により,第1審の裁判所として,及び第74条第3項の規定により,参審裁判所の判決に対し,控訴である法的手段に関する審理,及び裁判に対し,地方裁判所が管轄権を有する限り,経済犯裁判部として刑事大法廷が管轄権を有する。

1 特許法,実用新書法,半導体保護法,植物の品種保護法,商標法,意匠法,著作権法,不正競争に対する法律,株式法,一定の企業とコンツェルンの計算法,有限会社法,商法典,ヨーロッパ経済利益結社に関するヨーロッパ経済共同体施行法,及び協同組合法

第172条（公開制排除理由）
裁判所は,次の各号に該当する場合には,審理,又はその一部に対し,公開制を排除することができる。

1 国の安全,公けの秩序,又は礼儀を脅かすことを配慮すべき場合
2 訴訟当事者,又は証人の個人的生活分野による事情,又は業務上,事業上,発明上,若しくは租税上の重要な秘密な公的討議により圧倒的に保護に価いする利益を侵害するであろうことが問題になる場合
3 証人,又は鑑定人による権限を有しない公開には処罰が伴うことを示した上での私的秘密が討議される内容
4 60歳以下の者が尋問される場合

(税法学517号掲載の中川一郎訳「裁判所構成法」より引用)

10 ドイツにおけるドメイン名の法的実務
―― カール・ハインツ・フェツァー著『標章法
（第3版）』2001年コンメンタールより ――

本稿は，頭書に記載のコンスタンツ大学正教授カール・ハインツ・フェツァー博士（Dr. o. Prof. Karl-Heinz Fezer）著「標章法（Markenrecht）」第3版2001年コンメンタール第3条収載のドメイン名に関する部分（246-275頁）を，2002年7月16日付（JABO／as）出版社Verlag C. H. Beckの同意を得て，翻訳したものである。

　右コンメンタールは，Beck'sche Kurz-Kommentareとして著名なバウムバッハ・ヘファーメール（Baumbach／Hefermehl）『商標法（Warenzeichenrecht）第12版』1985年最終版を基礎として刊行されたものであり，後者が全1484頁であるのに対し，全2,960頁の大部のものとなっている。

　本コンメンタール第1版（1996年）には，ドメイン名に関する記述は存在せず，第2版（1999年）において「インターネット上における表示権」なる表題で，225-241頁がドメイン名に関する記述に割かれていたが，第3版においては，第2版の記述を全面的に書き改め，詳細な記述となっている。その細目は次の通りである。

目　次

Ⅰ　インターネット・ドメインの一般的問題点
Ⅱ　インターネット上におけるドメイン名のシステム
　1　ドメイン名の概念
　2　ドメイン名の法的性質
　3　ドメイン名の付与手続
Ⅲ　標識としてのドメイン名
　1　ドメイン名の技術的アドレス機能
　2　権利取得および権利侵害に際してのドメイン名の表示法上の同一性確認機能
　3　名称的機能についての下級審裁判所の判例
　4　電話番号・電報アドレス・テレックス記号に関する判例
Ⅳ　ドメイン名の出願・登録・接続および使用による表示取得
　1　登録標章の取得（ドイツ標章法4条1号）
　　(a)　基本原則
　　(b)　標章法上の標章としての登録要件を具備するドメイン名
　2　使用標章の取得（ドイツ標章法4条2号）
　　(a)　仮想上の商品関連
　　(b)　使用標章としての商品標章
　　(c)　使用標章としての役務標章
　3　営業表示の取得（ドイツ標章法5条1項）
　　(a)　企業表示の取得（ドイツ標章法5条2項）
　　(b)　作品題名権の取得（ドイツ標章法5条3項）
　4　名称権の取得（ドイツ民法12条）
Ⅴ　ドメイン名による権利保持に適合した標識使用
Ⅵ　インターネットにおける表示抵触
　1　ドメイン名と表示権との抵触
　　(a)　第三者の表示権との関連におけるドメイン名の表示法上の同一性確認機能
　　(b)　表示抵触の類型
　　(c)　公的通信手段としてのインターネット上での表示権侵害
　2　ドメイン名による表示権侵害の請求権行使の相手方
　3　インターネットにおける営業的取引
　4　表示的使用（kennzeichenmäßige Benutzung）
　5　名称的使用（Namensmäßige Benutzung）
　6　インターネット交流の予備的行為
　　(a)　現存表示権の抵触領域における行為の推定

(b) インターネット参入の予備的行為による表示権侵害についての判例
  7 抵触構成要件
  (a) オンラインおよびオフラインでの表示法上の判断の統一性
  (b) インターネットの位置づけ
  (c) 標識の同一性および類似性の対象としてのセカンド・レベル・ドメイン
  8 権利侵害としてのインターネット技術
  (a) リンク・ハイパーリンクおよびディープリンク
  (b) フレイム（Frames）
  (c) メタタグ（Metatags）
Ⅶ ドメイン名としての総称（一般）的標識
 1 表示法上の許容性
 2 競業法上の許容性
  (a) 基礎原則
  (b) 例 外
 3 判 例
  (a) 下級審裁判所の判例
  (b) ドイツ連邦裁判所「共同住宅センター（Mitwohnzentrale）」基本判決
Ⅷ Vanity 呼出番号
Ⅸ 封鎖ドメイン（Sperrdomains）
Ⅹ ドメイン名の差し押え
Ⅺ ドメイン名の移転請求
 1 法的基礎理論
 2 下級審裁判所の判例
Ⅻ 裁判外の争訟仲裁手続
 1 ドメイン名付与手続における抵触解決
 2 WIPO の仲裁裁判所手続
  (a) 概 要
  (b) 判決実務
ⅩⅢ 標章国際私法におけるインターネット使用行為
ⅩⅣ ドイツ裁判所の管轄
ⅩⅤ DENIC の責任
ⅩⅥ インターネット・ドメインについての判例およびプラクシス
 1 ドメイン名による表示権の侵害
 2 ドメイン名による名称権の侵害
 3 インターネットアドレスとして構成された語句標章の登録性

I インターネット・ドメインの一般的問題点

　情報化社会の現状は，法律家にとり，マルチメディア法・テレコムニケーション法・インターネット法またはオンライン法等の標語により特徴づけられる現象として把握することができる。インターネット（Interconnected network）は，情報技術の中心的媒介手段として，あらゆる年齢層の公的ならびに私的生活面での教育および職業の機構ならびに人間の日常的生活様式をも支配するに至っている。したがって，インターネットは，法律学および法プラクシスにおける全体的法秩序ならびに法分野についての緊要の解決課題を提供する。すなわち，商業上の手段として利用される大衆媒体として，内容的には情報の多様性（Informationssicherheit）に関し，また，空間的には情報の世界的規模での伝達（global village）に関し，殆んど無際限の広がりを有するインターネットは，標章法の分野においても，インターネット・ドメインと，標章・営業表示ならびに地理的原産地表示（ドイツ標章法1条1号ないし3号）等のあらゆる種類の国内的・国際的標識権との間の標識抵触関係を惹起する。この場合，論ぜられるべき知的財産法上のテーマにおいて，現行法秩序の伝統的法的構成を無視して，現行のオフライン法（ein Recht offline）と一線を画して新たに固有のオンライン法（ein originäres Recht online）として独自の法構成を創出し，同時に法組織の2つの社会的次元を構築する危険が存在するということである。すなわち，オンライン法とオフライン法とは相互に相背反し，矛盾のない一元的法体系を斎らし得ないのではないかとする危惧は，EU電子商取引指令（e-commerce-Richtlinie）3条1項に規定する本源（源泉）国主義（Herkunftslandprinzip）のヨーロッパ共同体法上の法制化によっても裏付けられる（ABl.17.7.2000 EG Nr. L 178；この点については，

Staudinger / Fezer, Internationales Wirtschaftsrecht, 2000, Rn 661ff., Rn. 325ff. 参照；抵触法上の本源（源泉）国主義については，Fezer / Koos, IPRax 2000, 349 参照）。その結果として，ヨーロッパ域内市場における広告法を，一方においては伝統的な商取引と，他方においては電子的商取引の二路線化または二分割化に繋がることにもなる。上述の課題の克服に際しては，私法上ならびに公法上の現行法上の法原理と制度上の法整備，また，国内法および国際法の体系的法整備，ならびに，憲法に則った法適用が，合法的な問題解決の準則であり，また，保証でもある。伝統的な工業所有権法および著作権法ならびに特に標識法に近接して，限定された法領域として，インターネット上での標識保護を司るドメイン法が存在する。ドメイン名の登録に関する国際的ルールについての法規は，独立のドメイン法を構成するが，工業所有権法における独自のドメイン法的法分野を必要とするものではない（この点に関しては，Fezer, WRP 2000, 669 参照）。すなわち，ドメイン名を標識法における標識として統合すること，ならびに，知的財産法の法制度を適用することが肝要である。ドメイン法を標識法に法体系的に統合することは，インターネット・メデアの新類型性およびマルチメディア社会の新たな予測およびその新たな危険を否定するものではない。標識法一般と同様，ドメイン法もまた，ヨーロッパ共通民事法（gemeineuropäischen Zivilrecht）の背景の下に，知的財産法に共通する一般的基礎（zivilistische Grundlagen）への配慮が要求される。インターネットにおけるドメイン名の標章法および競業法上の問題は，現行の標章法および不正競争防止法の法制度により，解決さるべきである。すなわち，標章法上の問題点は，本質的には，ドメイン名の出願・登録・接続・使用において，如何なる要件の下に，標章法上の標章権取得構成要件の充足および標章権侵害に該当するか，という点である。

Ⅱ　インターネット上におけるドメイン名のシステム

1　ドメイン名の概念

インターネット・アドレス (IP-Adresse) は，インターネット・プロトコール・ナンバー (Internet-Protocoll-Nummern, IP-Nummern) と，ドメイン名 (Domainnamen) に区別せられる。IPナンバー（数列）は，コンピュータを特定する。数字を用いたアドレスの限られた受容数の理由により，ドメイン名は，アルファベット文字番号方式の宛名 (uniform resource locator) として付与される。アルファベット文字番号方式の符号（文字数字符号）としてのドメイン名は，最小限3個，最大限63個の符号から構成される。ドメイン名の構成要素としては，数字・大文字小文字の区別に関係なく，ラテン文字によるアルファベットおよびハイフン（冒頭および末尾は不可）が許容される。但し，ウムラウト（変母音）・特別の符号および空位は許されない。ドメイン名は，少なくとも，符号構成部分として1個の文字を包含していなければならない。許されない符号構成部分としては，他のトップ・レベル・ドメインおよびドイツ Kfz-Kennzeichen（原動機つき車輌標識）である。

インターネットアドレスであるドメイン名は，ドット (.) によって相互に分離（ドメインレベル）されている複数のレベルから構成されている。すなわち，「トップ・レベル・ドメイン」・「セカンド・レベル・ドメイン」・「サブドメイン」およびホスト名に分類せられる。ドメイン名システムの最高順位レベルとしてのトップ・レベル・ドメインは，一般トップ・レベル・ドメイン (generic — g TLD) と国別符号トップ・レベル・ドメイン (country code — cc TLD) に分類せられる。その他の区別としては，全世界の何人もがドメイン名として登録し得る開放トップ・レベル・ドメインと，その登録が特

10 ドイツにおけるドメイン名の法的実務

定の組織および施設に留保され特定の登録要件に拘束される制限的トップ・レベル・ドメインとが存在する。属トップ・レベル・ドメインとして，特定の技術的サービスについての .arpa（現在使用されていない）・商業上の提供者および私的インターネット利用者のための .com・カナダおよびアメリカの大学およびその他の教育施設のための .edu・アメリカ合衆国の国家施設のための .gov・情報提供者のための .info・国際的国家間組織のための .int・アメリカ軍のための .mil・ネットワーク経営者のための .net・非営利的組織のための .org 等が存在する。また，.net および .org は，開放されたトップ・レベル・ドメインとして，全世界のインターネット利用者の何人にもその使用が開放されている。上記以外の属トップ・レベル・ドメインとして，ICANN (Internet Corporation for Assigned Names and Numbers) によって決議され，2001 年に導入されることになっている航空のための .aero・商業のための .biz・同業組合組織のための .coop・博物館および美術館のための .museum・私人のための .name・特定の職業グループのための .pro 等がある。さらに，ドイツでは，フランクフルト・アム・マインにあるドイツネットワーク情報センター（DENIC）の如き，各国のドメイン付与組織を示す，ドイツについては .de，フランスについては .fr の如く，国際的国別標識としてのトップ・レベル・ドメイン (country code Top-Level-Domain, cc TLD) がある。また，ヨーロッパ委員会は，国別トップ・レベル・ドメイン .eu の導入を計画している。インターネットへのドメイン名の入力に際しては，トップ・レベル・ドメインに属するデータバンクをもつコンピュータが，IP ナンバーを探索する。その担当部署は，ネームサーバーとしての役割をもつドメイン付与担当部署である。ドメイン名は，そのドメイン名を持つ者に対し，グローバル・ビレッジ（地球村）としてのインター

Ⅱ インターネット上におけるドメイン名のシステム

ネットにおいて，全世界的規模での同時的存在を可能にする。

　種々のトップ・レベル・ドメインの下位に，個々の法主体についてのインターネット・アドレスとして，セカンド・レベル・ドメインが，ドメイン名付与機関により付与される。アルファベット文字番号方式の符号に適用される付与条件の範囲内で，セカンド・レベル・ドメインは，自由に構成し選択することができる。セカンド・レベル・ドメインとしてのアルファベット文字番号方式の符号は，具体的な符号構成において1回限り付与せられる。その結果，インターネット・アドレスとしてのセカンド・レベル・ドメインの独占化が生ずる。セカンド・レベル・ドメインの付与は，付与条件の遵守に依存するが故に，一方において，アルファベット文字番号方式の符号として，その符号において些細な相違があるにすぎない類似する多様の並存インターネット・アドレスが生ずることになる。この符号の類似性は，セカンド・レベル・ドメインの技術的アドレス機能には影響を与えないが，セカンド・レベル・ドメインのアルファベット文字番号方式の符号についての表示権取得に際し，権利抵触の原因となる。すなわちセカンド・レベル・ドメインの付与は，国内的および国際的表示権の存立とは無関係になされるが故に，他方において，セカンド・レベル・ドメインは，必然的に表示権の保護範囲に抵触し，また，侵害することになる。インターネットの商業化・検索機（検索エンジン）の使用およびコンピュータのネット化等の結果，アルファベット文字番号方式の符号としての魅力および再認識効果のために，特に，名称・企業表示・標章および総称（一般）名等がインターネット・アドレスに選択せられることになるが故に，最終的には表示抵触の危険は更に増大することになる。異なったトップ・レベル・ドメイン間では，同一のセカンド・レベル・ドメインの並行登録が可能である（coca-cola.com / coca-cola.de）。

セカンド・レベル・ドメインの付与については，先順位の原則が適用される（first come, first served）。

ドメイン名付与機関によって管理されるセカンド・レベル・ドメインの下位に，サブドメインの付加によるインターネット・アドレス（サード・レベル・ドメイン）が，他の符号構成部分として判別し得る如く構成される。サブドメインは，セカンド・レベル・ドメインの前に置かれ，セカンド・レベル・ドメインとはドット（.）で分離される。サブドメインの付与は，中央の登録を必要とする。

2　ドメイン名の法的性質

インターネットにおける技術的宛名としてのドメイン名の法的性質は，ドメイン名のアルファベット文字番号方式の符号に表示権が存在するか否かに関係なく，確定されなければならない。ドメイン名についての表示の権利取得は，表示（名称・標章・企業表示・作品題名・原産地表示）について適用される法規による権利取得構成要件の存在，および，具体的構成要件事実の充足を前提とする。ドメイン名の法的性質は，ドメイン名のアルファベット文字番号方式の符号に表示権が存在するか否かに関係なく確定せられる。ドメイン名自体は，権利者の独立の財産対象である。すなわち，ドメイン名自体は，標章法の意味における表示権でもなく，また，ドイツ民法12条の意味における名称権でもないが，その法的性質を考察すれば，ドメイン名は，独自の（sui generis）権利であり，ドイツ民法823条1項の意味における「その他の権利（sonstiges Recht）」に該当する。知的財産権について適用される所謂権利認定制限（Numerus Clausus）の法的命題は，主観的権利の法的展開状況に照し，ドメイン名を，ドイツ民法823条1項の意味における不法行為法上のその他の財産権と，認定することに矛盾しない（不法行為法におけ

Ⅱ インターネット上におけるドメイン名のシステム

る主観的権利については，Fezer, Teilhabe und Verantwortung —— Die personale Funktionsweise des subjektiven Privatrechts, S 453 ff. 参照)。ドメイン名の自由譲渡性は，本質的に電話番号の割当とは区別せられ，財産的価値としての取引可能なドメイン名には，市場が存在する。主観的財産権の1つとしてのドメイン名の法的性質は，その法的状況をインターネット取引でのその使用とは無関係に，ドメイン名の出願・登録および接続に対応して，その法的状況が決定づけられる。

3 ドメイン名の付与手続

1998年2月末までの時点においては，インターネット・アドレスの付与については，当時なお7つの属トップ・レベル・ドメインの下で，アメリカ合衆国ではNSF（国立科学基金）の依頼によりInter NIC（インターネット情報センター）を経営するアメリカのNSI（ネットワーク解決株式会社）が，その権限を独占していた。この独占による一般の不満のため，1998年3月以降，市場を監督するIANA（インターネット割り当て番号機関）およびCORE（登録評議会）の勧告により，全世界の多数の登録機関が，これに従事することになった。ジュネーブにあるWIPO（世界知的財産機構）は，ドメイン名と表示権との抵触規定の制定を委託され，インターネット・ドメイン名についてのWIPO仲介裁判所手続が導入せられた。ドイツでは，フランクフルト・アム・マインに所在するDENIC（ドイツ・ネットワーク情報センター）が，カルルスルーエ大学のコンピュータ・センターの技術的操作と連繋して，トップ・レベル・ドメイン.deの下位のセカンド・レベル・ドメインの付与および登録を管掌している。1996年4月30日以降は，ドメイン名の登録申請は，DENICに直接なすことはできず，IV-DENIC（DENICの活動保障のための

利益団体）の構成員である地域のインターネット・サービス提供機関において行われることになり，出願については，1回限りの登録費用と年間料金が徴収される。フランクフルト地方裁判所の法的見解によれば，登録機関においては，市場支配的企業が問題にされるとしている（LG Frankfurt WRP 1999, 336, 367 — ambiente.de）。

III 標識としてのドメイン名

1 ドメイン名の技術的アドレス機能

インターネットにおける技術的アドレスとして用いられるドメイン名は，IP番号を介して，接続コンピュータを表示するアドレス機能を有する。すなわち，電話番号が通話先を特定するのと同様，ドメイン名は，アルファベット文字番号方式の符号として，接続先のコンピュータを特定する。換言すれば，ドメイン名は，コンピュータを符号化することである。ドメイン名の技術的アドレス機能の結果，ドメイン名自体は，3種類の表示，すなわち，標章（ドイツ標章法1条1号）・営業表示（同法1条2号）・地理的原産地表示（同法1条3号）の何れにも該当しないということである。ドメイン名の技術的アドレス機能は，標章法の法的意味における標章の標章的機能およびドイツ民法12条の法的意味における氏名の如き名称の名称的機能とは区別されなければならない。インターネットにおいて技術的アドレスとして用いられるドメイン名としての符号は，勿論，表示として，したがって，標章として，企業表示の如き営業標識として，または，作品の題名として，また，地理的原産地表示として，あるいは，氏名の如き名称として，それぞれ使用されることがある。上述の如き場合には，インターネット・アドレスとして用られる機能を超えて，ドメイン名に法的表示機能が生ずることになる。しかし，かような表示的機能または名称的機能は，ドメイン

III 標識としてのドメイン名

名として，したがって技術的宛先として，アルファベット文字番号方式の符号を使用したことに起因するものではない。ドメイン名の表示的機能は，ドメイン名が個人の氏名・会社名・都市名から構成されている場合の如く，選択されたドメイン名の態様および表現内容に基づいて生ずるのである。また，ドメイン名の表示的機能は，ドメイン名がインターネットの検索機（検索エンジン）を表示する場合の如く，ドメイン名とホームページおよびウェブサイトの内容との事実的関連から生ずる場合もある。この場合の法的問題は，如何なる要件が存在すれば，ドメイン名に技術的アドレス機能を超えた表示法上の同一性確認機能（Kennzeichenrechtliche Identifizierungsfunktion）が生ずるか，という点である。ドメイン名に一般的に表示機能または名称的機能を否定するのと同様，ドメイン名に一般的に表示的機能または名称的機能を肯定することも正当ではない。それ故，表示法上の意味において，ドメイン名の二重機能を云々することは，法的観点からするも何ら得るところがない。何故なれば，個々の事案における具体的事情により，ドメイン名に，表示的機能または名称的機能が生ずる場合にのみ，上述の如き二重機能，または，技術的インターネット宛名として，および，法的意味における表示または名称として，ドメイン名の多重的機能が存在することになる。

2 権利取得および権利侵害に際してのドメイン名の表示法上の同一性確認機能

ドメイン名自体の技術的アドレス機能は，表示法上の観点からは法的に何らの意味も有しないが故に，表示法の適用に際しては，ドメイン名の表示機能の具体的確認が必要となる。標識としてのドメイン名の表示法上の同一性確認機能の存在の確定に際しては，二重

の法的観点が問題となる。すなわち先ず，ドメイン名の表示的機能および名称的機能が，標識の権利取得構成要件において法的に重要である一方，標識の権利侵害構成要件においても法的に重要となる。アルファベット文字番号方式のドメイン名の表示的機能が，当該標識の権利取得の基礎を構成すると同時に，他方において，ドメイン名の表示的機能が，標識抵触法の観点において標識の権利侵害を理由づける法的問題点を構成することにもなる。したがって，ドメイン名としてのアルファベット文字番号方式の符号についての表示権としての権利取得と，ドメイン名としてのアルファベット文字番号方式の符号における他人の標識の権利侵害とは，区別されなければならない。換言すれば，ドメイン名の出願・登録・接続および使用に基づいて生ずる標識法上の権利取得構成要件と，標識法上の権利侵害とは，区別されなければならない。さらにまた，ドメイン名の表示的機能についてのその他の区別，すなわち，ドメイン名についての如何なる種類の権利取得または権利侵害か，すなわち，標章として・企業表示として・作品の題名として・地理的原産地表示として，または，名称としての権利取得または権利侵害かについての区別が必要とされることになる。

3　名称的機能についての下級審裁判所の判例

アルファベット文字番号方式の符号により表示されたコンピュータの同一性確認のための技術的アドレスとしてのドメイン名は，下級審裁判所の判例において，部分的にではあるが，その標識法上の性格が否定されている（LG Köln GRUR 1997, 377 — huerth.de；LG Köln NJW-RR 1998, 976 — pulheim.de；BB 1997, 1121 — kerpen.de)。しかし，インターネット上でのアドレスの構成に，標章・営業表示または名称が用いられる場合には，少なくともセカンド・レベル・

ドメインは，表示的機能を生ずることになる（LG Lüneburg GRUR 1997, 470 ── celle.de ; LG Frankfurt CR 1997, 287 ── das.de ; LG Braunschweig CR 1998, 364 ── deta.com）。上述したところは，商号自体が識別力を有し，かつ，通常の商号の構成部分に比し，その体裁からして，取引流通において当該企業をキャッチフレーズ的に指称するものとして通用するものである限り，商号の構成部分と見做される（BGH GRUR 1997, 468, 469 ── Net Lom ; OLG Düsseldorf WRP 1999, 343, 345 ── ufa.dc）。上述の如き事案における表示保護の必要性は，特に，ドメイン名の符号の本質的な構成部分が標章または企業表示から構成せられている場合には，当該ドメイン名を，インターネットに接続されたコンピュータの同一性確認のサインとしてのみではなく，当該ドメイン名の表示者本人の同一性確認のサインとして，当該流通業界が理解する点に求められる。右の如き流通業界の期待が裏切られる場合には，他人の標識の使用は，当該標識の帰属性の混乱および同一性の誤認に導くことになる。

4 電話番号・電報アドレス・テレックス記号に関する判例

ドメイン名としてのアルファベット文字番号による符号の表示法上の同一性確認機能の確定については，インターネット・アドレスとしてのドメイン名に附随する通信的・商業的・経済的機能を看過しないことを前提として，電報アドレスおよび電話番号ならびにテレックス記号の保護についてのドイツ連邦裁判所の判例が参考となる。すなわち，ドイツ連邦裁判所は，従来の遠距離通信手段のアドレス符号について，営業識別表示の意味における営業表示の要件（標章法5条2項2文）が認められ，かつ，当該営業表示に取引通用性が存在することにより表示保護が認められる場合には，名称または商号に該当するものと位置づけた。上記事例は，アメリカ合衆国

において慣用されているニーモニック（mnemonics）電話番号，すなわち，文字および数字併用方式のキーボードにより入力される，数字の組み合せに始まり記憶の容易な文字の組み合せで終わる電話番号に類似している。このニーモニックについては，混同の危険と帰属性の混乱を防止するため，他人の標章または名称を使用することが禁ぜられている。

IV ドメイン名の出願・登録・接続および使用による表示取得

1 登録標章の取得（ドイツ標章法4条1号）

(a) **基本原則**

ドメイン名である文字標識または文字および数字の組み合せ標識を構成するアルファベット文字番号方式の符号につき，当該符号を標章登録簿に標章として登録することにより，標章法4条1号による標章権が取得される。ドメイン名を標章法における標章として登録することにより標章法上の保護が生じることについては，法的に何等の問題もなく，ドメイン名の出願・登録・接続および使用についての何らの表示法上の問題をも生じない。

(b) **標章法上の標章としての登録要件を具備するドメイン名**

標章登録が標章法8条2項1号ないし3号の意味における絶対的登録阻害事由に抵触するが，標章適格を有する標識としてのドメイン名については，当該登録標章権は，取引流通力（Verkehrsdurchsetzung）の取得後（同法8条3項）に初めて取得せられ得ることになる。また，ドメイン名の登録が，標章法8条2項4号ないし9号の意味における絶対的登録阻害事由に抵触する場合には，登録標章権の取得は，排除せられる。他の問題点は，登録標章としての登録が標章法8条2項1号ないし3号の意味における絶対的登録阻害事

Ⅳ ドメイン名の出願・登録・接続および使用による表示取得

由に抵触するドメイン名の法的存立の問題である。ドメイン名付与手続においては，登録標章の出願手続に該当する標章の保護能力についての審査が行われないが故に，必然的に標章としては登録適格を有しない標識がドメイン名として登録される場合が生ずる。標章法8条2項1号ないし9号の絶対的登録阻害事由の規定を，ドメイン名の付与手続に類推適用することは排除せられる。また，ドメイン名に絶対的登録阻害事由が存在すること自体は，標章としての登録不適格なドメイン名の登録の違法性および公序良俗違反を理由づけるものではない。さらにまた，他の問題点は，如何なる条件の下に，ドメイン名としての標識の出願・登録・接続・使用が，不正競争に該当するか，また，如何なる場合に，不正競争防止法3条による誤認混同の記載（irreführende Angabe）に該当するか，さらに，如何なる場合に，誘導効果（Kanalisierungseffekt）が，不正競争防止法1条による妨害的競業行為に該当するか，等である。

2 使用標章の取得（ドイツ標章法4条2号）

(a) 仮想上の商品関連

ドメイン名である文字標識または文字および数字の組み合せ標識を構成するアルファベット文字番号方式の符号につき，当該ドメイン名に関連流通業界内において標章としての取引流通性が生ずる場合には，インターネット上での営業取引におけるドメイン名の使用により，標章法4条2号による使用標章（Benutzungsmarke）が生ずる。インターネット上でのドメイン名の使用に基づくドメイン名についての使用標章取得の要件は，取引流通における特定の商品または役務の表示として，当該ドメイン名を，標章としての態様で，または標章として，客観的・具体的かつ機能的に使用されることである。ドメイン名としてのアルファベット文字番号方式の符号の単

なる使用は,それ自体では標章権を根拠づける標章の使用とはいい得ない。何故ならば,インターネット上での技術的アドレスとしてのドメイン名自体には,ドメイン名所有者の商品または役務との具体的関連が欠如しているからである。

ドメイン名についての使用標章権としての権利取得の法的要件は,具体的な商品関連の存在である。すなわち,ドメイン名とドメイン名所有者の商品または役務との空間的乖離は,関連流通業界内における取引流通性の取得の妨げとはならない。文字標識としてのドメイン名とドメイン名所有者の商品または役務との観念的関連(gedankliche Beziehung)が存在すれば足りる。文字標識の使用においては,インターネット上での観念的商品関連の存在が,法的に重要である。標章法における伝統的な見解は,商品と標章との結合関係に関し,取引流通性の取得に基づく使用標章発生の要件として,商品と標章との具体的・有体的結合関係を必要とした。しかし,最近の新しい見解によれば,商品と標章との間に観念的な結合関係があれば足りるとしているが故に,インターネット上での標章としてのドメイン名の使用についても,仮想的商品関連が問題とせらるべきである。

文字標識としてのドメイン名の標章取得においては,インターネット上での標識の使用は,インターネット外での標識の他の態様での使用と同一の基準により判断されなければならない。また,標章保護を与えている加盟国の標準的な標章法の法基準が適用さるべきである。

(b) **使用標章としての商品標章**

使用標章としての商品標章を取得する場合には,当該ドメイン名は,その技術的アドレス機能を超えて,インターネット内での営業取引における具体的商品について,標章の態様でまたは標章として

使用せられていることが必要である。具体的な商品関連に基づいて，ドメイン名の標章法に則った商品の同一性確認についての適合が存在することにより，ドメイン名が，取引流通において，インターネット市場での商品の同一性確認のための識別標識として理解せられることになる。元来，技術的アドレス機能を有するにすぎないドメイン名は，インターネット・アドレスとして提供された商品のすべてにつき，無条件に標章として使用されるものではない。ドメイン名についての使用標章の取得は，インターネット上での演出において，特定商品の提供としてなされ，ドメイン名が標章として商品の同一性を確認するものである場合に，問題とせられることになる。

(c) **使用標章としての役務標章**

インターネット上でのドメイン名の使用による役務標章としての使用標章の取得については，当該役務がインターネットを通じて直接もたらされる場合には，原則として前述した商品標章としての使用標章の取得と何ら異なるところはない。その例示として，インターネット銀行業務が挙げられる。無体の経済的財産としての役務においては，役務の無体的性格の故に，標章を商品に装着する要件が欠如している。しかし，インターネット上で提供される役務が，固有の経済的価値を備え，かつ，その標章との関連が認め得る限り，標識として使用されたドメイン名は役務標章としての適格性を有することになる。その場合，ドメイン名は，その機能として，識別標識として用いられ，かつ，インターネット役務と関連づける観念連想を生じさせるものでなければならない。また，当該役務は，役務標章として使用せられるドメイン名により，インターネットにより接続された顧客層に直接的にもたらされるものでなければならない。ドメイン名所有者の役務についてのドメイン名の使用が，十分な取引通用性を有するに到った場合には，当該ドメイン名の所有者は，

標章登録簿への文字標識の標章登録を要することなく，ドメイン名として使用されている標識についての実体的標章権を取得することになる。使用標章としてのドメイン名の取引通用性に基づく標章権取得は，特に表示法上の優先権について意味が生じ，また，インターネット上で仮想的にのみ存在する企業の使用標章の取得についてもその意味を生ずる。

3 営業表示の取得（ドイツ標章法5条1項）

ドメイン名についてのドイツ標章法5条1項の意味における営業表示の権利取得は，実務上重要な意味を有する。営業表示は，企業表示（Unternehmenskennzeichen）と作品題名（Werktitel）に分類せられる。

(a) **企業表示の取得**（ドイツ標章法5条2項）

営業表示としての企業表示は，一方において標章法5条2項1文の意味における特別の営業表示または企業表示(besondere Geschäfts- oder Unternehmensbezeichnungen) と，他方において同条2項2文による営業標識およびその他の営業識別標識とに，区別されなければならない。この区別は，ドメイン名の文字標識についての営業表示の権利取得において中心的な意味を生ずる。すなわち，前者である特別の営業表示または企業表示ならびに同法5条2項1文の意味における名称権または商号権についての表示権は，企業表示としての標識の使用開始のみにより生ずるのに対し，後者の同法5条2項2文の意味における単なる営業標識またはその他の営業識別標識の権利取得については，使用開始のみでは不十分であり，その権利取得は，当該標識が，関連流通業界内において取引流通性を有していることが要求せられる。

ドメイン名として使用されているアルファベット文字番号方式に

IV ドメイン名の出願・登録・接続および使用による表示取得

ついての企業表示の取得構成要件を確定するためには，一方において，ドメイン名の同法5条2項1文の企業表示への法的該当性が，また，他方において，ドメイン名の同法5条2項2文の標識への法的該当性が，それぞれ問題とされる。何故なれば，一方では表示権取得の構成要件は，企業表示としての使用の着手のみを要求しているのに対し，他方では標識としての取引通用性の取得を前提としているからである。単なる営業標識である特別の営業表示または企業表示とその他の営業識別標識との法的区別は，以前からその限界づけが困難な問題であった。前述の2種類の営業表示を限界づける基準は，その名称的機能に存在する（BGHZ 4, 167 ── DUZ；8, 387 ── Fernsprechnummer；11, 214 ── KfA；BGH GRUR 1954, 70 ── Rohrbogen；1959, 45 ── Deutsche Illustrierte）。標識は，企業の名称として取引流通において通用されていなければならない。この名称的機能は，商号の如き標識においては原始的に生じ，また，その他の営業標識においては，関与流通業界内で当該企業を指称するものとしての取引流通性の取得を前提とする。上述の意味における取引流通性は端的に表現すれば，商取引において企業の名称と理解されていることを意味する。この場合，ドメイン名の一般的な表示機能は，当該ドメイン名に同条2項1文の意味における右の如き名称的機能を容認するには不十分である。ドメイン名は，名称・商号および企業の特別営業表示とともに，同法5条2項2文の意味における営業標識またはその他の営業識別標識として標章保護が与えられる企業の他の追加的識別手段でもある。上述したところは，企業標識としてのドメイン名の標章保護は，取引通用の取得を前提とする。しかし，ドメイン名が，原始的名称機能を有する商号的名称の文字標識から構成されている場合には，事情を異にする。その場合，ドメイン名は，企業自体の同一性確認のための企業表示として使用せられ，ま

た，名称的使用がなされることを必要とするが，商品にドメイン名を付することは必要ではない（BGH GRUR 1995, 825, 826 —— Torres）。標章法15条2項による表示保護を受けるためには，ドメイン名は，営業表示として，関連流通業界内において取引流通性を取得しなければならない。技術的に必要とされる付記記号である http://www. または de を有しないドメイン名と類似のテレックス番号につき，ドイツ連邦裁判所は，テレックス番号は，営業表示として保護能力を有し得る旨，明示的に判示した（BGHZ 8, 387, 389 —— Fernsprechnummer）。

(b) **作品題名権の取得**（ドイツ標章法5条3項）

ドメイン名の文字標識および文字・数字の組み合せ標識には，標章法5条3項による作品題名保護が与えられる。作品題名とは，印刷物・映画作品・楽曲・舞台作品またはその他の類似の作品の名称または特別の表示である。ドメイン名についての作品題名保護の要件は，ドメイン名が，題名として当該作品を表示していることである。本来の表示法上の作品概念は，知的産物の存在・その流通性およびその表示可能性を要件とする。作品題名の保護は，作品の題名としてのドメイン名の使用の着手により生じ，題名表示についての取引流通性の存在を必要としない。

ドメイン名についての作品題名保護の成立は，当該ドメイン名が，標識法上の作品をその題名として示しているか否かが重要である。一例として，「Hotwired」なるインターネット・アドレスで呼び出されるインターネット雑誌について，ドメイン名「Hotwired」が，当該雑誌の対応するウェブサイトへの経路を明示し，かつ，その背後の作品であるインターネット雑誌を表示している如き態様であるとする。標識法上の作品としてのインターネット作品が，これを表示するドメイン名と上述の如き態様で結び付けられている場合には，

Ⅳ ドメイン名の出願・登録・接続および使用による表示取得

当該ドメイン名に，取引流通性の存在を必要とすることなく，営業表示として標章法5条3項および15条による作品題名保護を認めることが正当化せられる。取引流通性の存在を必要としないドメイン名についての作品題名保護の成立の他の一例は，「Yahoo」の如き検索機（検索エンジン）の名称である。インターネット上での仮想ショッピングセンターのドメイン名も，作品題名保護の対象とされ得る。また，作品題名保護は，インターネット百科辞典・仮想博物館またはインターネット上でのインフォメーション・サービスについてのドメイン名についても生ずる。

　しかし，他方，ドメイン名についての作品題名保護は，安易に容認さるべきではない。文献において表明されている次の如き見解には，強く抗議せらるべきである。「識別力を有するドメイン名については，実務上の大多数の事案においては，作品題名保護が考慮の対象となるが故に，大多数の事案においては，ドメイン名が，標章法5条2項1文の意味における特別の営業表示および企業表示に該当するか，または，同法5条2項2文の意味におけるその他の営業標識またはその他の営業識別標識に該当するか，の判断を省略することができる（Hackbarth, OLG Hamburg CR 1999, 184ff. ── emergency. de についての註解；Omsels, GRUR 1997, 328, 333；Wiebe, CR 1998, 157, 164 等の見解）」。仮に右の如き法体系上の原点に反する見解が正当であるとするならば，近い将来において，作品題名権をもつ数百万のドメイン名が誕生することになり，表示権はその実務上の意味の大半を喪失することになるであろう。ドメイン名のアルファベット文字番号方式の符号についての表示取得における，上述の作品題名優位の見解は，以下の如き観点に基づくものである。「ドメイン名の下に，個人により構成されたホームページ ── このホームページは，電子的であるが，必ずしも著作権保護を有する作品である必要

はない —— が呼び出され得ると，当該ドメイン名には作品題名の機能が生ずる。ドレスデン高等裁判所"dresden-online"判決（OLG Dresden CR 1999, 102ff —— dresden-online）によれば，ドメイン名についての作品題名保護の成立要件としては，個人により構成されたホームページが呼出し可能の状態にあれば足り，ドメイン名は，作品としてのホームページの題名になる」としている。同見解は，作品題名の概念を誤解するものである。すなわち，ホームページは，取引流通において，表示適格性の特徴を欠如するものである。すなわち，ドメイン名は，ホームページに関しては，入路を示す宛名（Zugangsadresse）にすぎず，標識法上の名称ではない。

4　名称権の取得（ドイツ民法12条）

ドメイン名の文字標識については，インターネット上での使用に基づき，ドイツ民法12条の意味における名称保護が取得され得る。多数の下級審裁判所の判決において，ドメイン名にドイツ民法12条の意味における一般的な名称機能を認めている（LG Ansbach NJW 1997, 2688 —— ansbach.de；LG Lüneburg GRUR 1997, 47 —— celle.de；KG NJW 1997, 3321 —— concert-concept.de ／ concert-concept.com；LG Frankfurt CR 1997, 287 —— das.de；ドメイン名 kerpen.de, pulheim.de, huerth.de について Köln 地裁のそれぞれ異なった判決は，表示権部ではなく，同地裁・名称権部により，なされている。BB 1997, 112 —— Kerpen.de；同旨 LG Köln NJW-RR 1998, 976 —— pulheim.de, GRUR 1997, 377 —— huerth.de）。一部の文献では，無条件に通説に追随して，ドメイン名には一般的に名称機能が存在する，としている。上述の如き考察方法は，法解釈学的ならびに法体系的観点において不正確である。ドメイン名の文字標識についてのドイツ民法12条の意味における名称権の取得は，具体的に次の如き観点に基づき判断されな

Ⅳ ドメイン名の出願・登録・接続および使用による表示取得

ければならない。すなわち,当該ドメイン名には当初から原始的な名称的機能が備わっていたか否か,または,当該ドメイン名の名称的機能は,ドメイン名について法律上の意味における名称としての取引流通性の取得によって初めて生じたものであるか否かの観点である。この点につき,ドメイン名の文字標識が,個人の姓名である場合,商号の如き企業の名称である場合,または,都市の名称等である場合には,当該ドメイン名に原始的名称機能が存在することになる。以上よりして,ドメイン名として使用された姓名 Wolfgang Joop につき (LG Hamburg MMR 2000, 620 — joop.de),また,ドメイン名として使用された商号 Krupp につき (OLG Hamm CR 1998, 241 — krupp.de ; OLG München GRUR 2000, 519 — rolls-royce),さらに,ドメイン名として使用された都市名 Heidelberg につき (LG Mannheim GRUR 1997, 377 — heidelberg.de ; LG Duisburg MMR 2000, 168ff. — cty),それぞれドイツ民法12条による名称保護が認められている。

しかし,ドメイン名自体に当然,ドイツ民法12条による名称保護を認めることは,正当ではない。ドメイン名についての原始的名称保護と,ドメイン名についての取引流通性に基づく派生的名称保護との限界づけは,ドイツ標章法5条2項1文と2文との限界づけによりなされなければならない。上述の法的見解は,方法論的には,ドイツ標章法5条2項2文の規定をドイツ民法12条の規定に類推適用するものではない。取引流通性取得の要件は,全ての表示法の一部としてのドイツ民法12条の体系的解釈から結論づけられるのであり,そして,それはまた,名称の適用範囲を全ての表示 —— 人格の純然たる同一性確認の範囲を超えて,人と特定の活動または給付との間の何らかの人的関連を示す全ての表示 —— に広範囲に拡張するためにも,要請せられるのである。原始的または派生的名称機

能の限界づけにより，ドメイン名の語句標識にドイツ民法12条による名称保護を適用する場合には，営業表示としてのドメイン名の表示保護は，ドメイン名としてのアルファベット文字番号方式の符号の使用の着手に基づいてのみ生ずるか否かの価値評価を伴う検討が要求されることになる。ドメイン名自体に，一般的にドイツ民法12条による名称保護が認容せられるとする広義の見解は，表示保護の法体系を誤認するものである。

V　ドメイン名による権利保持に適合した標識使用

商品標章をドメイン名として使用することは，そのこと自体は，原則として，ドイツ標章法26条1項の意味における標章の権利保持に適合した使用の要件である機能に即応した使用行為（funktionsgerechte Benutzungshandlungen）には該当しない。何故なれば，ドメイン名としての標章の使用は，就中，技術上の宛名として用いられ，したがって，ドメイン名の宛名機能が優先し，権利保持のための使用の意味における製品の同一性を確認する識別標識としての標章の使用であるためには，他の事情の存在を必要とするからである。ドメイン名が，仮想的具体的製品関連に基づいて，製品の同一性を確認する識別標識として使用されている場合には，インターネットにおけるドメイン名の使用も，営業取引における機能に適合した使用行為として斟酌すべきことになる。しかし，仮想的具体的製品関連を伴う標識法上の識別手段としてのドメイン名の使用であるとしても，通常それのみでは，未だ真摯な使用（ernsthafte Benutzung）についての要件を充足したことにはならない。ドメイン名としての役務標章の使用は，インターネット上で役務が直接呼び出すことができ，当該役務がインターネット利用者に直接提供され，かつ，インターネットを通じて提供された役務とドメイン名として使用され

た役務標章との間に,観念上の結び付きが存在する場合に,標章の機能に適合した使用行為に該当する。すなわち,上述の如き標章の使用は,役務の経済的目的に合致し,取引慣行とされ,かつ,単なる形式的使用でないことが必要とされる。上述の原則は,ドメイン名としての使用に関する営業表示使用の権利保持の要件についても妥当する。

VI インターネットにおける表示抵触

1 ドメイン名と表示権との抵触

(a) 第三者の表示権との関連におけるドメイン名の表示法上の同一性確認機能

インターネット上でのドメイン名としてのアルファベット文字番号方式の符号の使用は,ドメイン名所有者以外の他の権利者に帰属する表示権との抵触関係を生ずる場合がある。アルファベット文字番号方式の符号のドメイン名の所有者に,固有の表示権が帰属する場合には ―― ドメイン名として本来的に表示権が存在する表示が用いられているために,ドメイン名の使用とは無関係である場合にせよ,または,ドメイン名の使用に基づき固有の表示権が取得されるためにドメイン名の使用を条件とする場合にせよ ―― ,表示抵触の一般的な事例に該当し,その場合には,ドメイン名の使用は,一態様での標識使用であり,表示抵触の一般的原則が当然に適用せられることになる。第三者の標識に抵触するアルファベット文字番号方式の符号についてのドメイン名所有者に,当該ドメイン名についての表示権が存在しない場合には,如何なる要件の下に,オンライン上のドメイン名の使用が,オフライン上の表示権侵害に該当するかについて,判断されなければならない。ドメイン名が,ドメイン名所有者の名称・企業表示・作品題名または標章に該当しない場合に

も,ドメイン名の使用が,その技術的宛名機能を超えて,他の権利者の名称・企業表示・作品題名または標章に関し,表示権上の同一性識別機能が存在する場合がある。かような場合に,オンライン上のドメイン名とオフライン上の表示権との間の表示抵触が生ずる。

(b) **表示抵触の類型**

オンライン上のドメイン名とオフライン上の標識間の表示抵触においては,異なった態様での権利侵害的使用行為と異なった類型の被権利侵害表示との区別がなされなければならない。権利侵害的使用行為としては,利得のためにするドメイン名売買の申出・ドメイン名付与機関へのドメイン名の出願・インターネット利用者のためのドメイン名の登録・インターネット利用者のホームページとドメイン名の接続およびインターネット取引におけるドメイン名の使用等が,考察の対象となる。ドメイン名の売買の申出・出願・登録・接続および使用に際しては,表示権侵害の対象として,標章・営業表示・原産地表示・および名称等の侵害が問題となる。すなわちドメイン名の使用は,ドイツ標章法14条による標章権上の請求権,ドイツ標章法15条による企業表示権および作品題名権上の請求権,ドイツ標章法126条以下による原産地表示侵害を理由とする請求権,ドイツ民法12条による名称権上の請求権,ドイツ商法37条2項による商法上の請求権,ドイツ民法823条以下および1004条による不法行為法上の請求権ならびにドイツ不正競争防止法1条および3条による不正競業法上の請求権を,それぞれ根拠づける場合がある。

(c) **公的通信手段としてのインターネット上での表示権侵害**

(aa) **実情に即した位置づけとしてのインターネット**

インターネット上でのドメイン名の使用による表示権侵害の存在は,それぞれの場合に適用される抵触規定の各具体的構成要件に基づいて,判断されなければならない。個々の侵害構成要件の構成要

Ⅵ　インターネットにおける表示抵触

件的特徴は，一般的法則に基づいて充足されなければならない。具体的侵害構成要件の確定に際しては，表示抵触法における公的通信手段としてのインターネットの性質およびその意味が斟酌されなければならない。すなわち，インターネットは，情報の世界的市場として，通信権の保護下におかれており，インターネットを通信の自由の観点から解明することは，特に，以下に引用するドイツ憲法裁判所のBenetton判決の判示により，是認されるところである。すなわち，右判決において，経済的宣伝広告における商業上の表現についての憲法上の保護は，情報伝達手段として，また，民主主義社会として，強調されるところであるとしている (BVerfG GRUR 2001, 170 —— Benetton ; Fezer, NJW 2001, 580)。世界的規模での情報通信手段としてのインターネットの憲法上の保護は，表示権における解釈指針として斟酌されなければならないが，固有のドメイン権としてインターネット上での独自の表示権の創設を正当化するものではない。すなわち，抵触標識間における誤認混同の危険が存在する事案において，ラジオ・テレビおよび新聞雑誌等の広告における表示抵触について，これまで既に実情に即した適正な判断が示されてきた如く，インターネットについても，実情に即したその位置づけが重要である。以上よりして，ドイツ標章法14条2項2号による標章の誤認混同の危険からの保護に関する条項の適用に関し，誤認混同の危険の概念につき，ドメイン法独自の概念を創出し，誤認混同の危険からの保護を標識の同一性のみに限定し，または，ホームページ自体が誤認混同を招く製品であるとして，商品の同一性のみに限定して商品の類似性の確定を放棄することは，その出発点において誤りである (LG Düsseldorf CR 1996, 325 —— epson.de ; LG Hamburg CR 1999, 47, 48 —— eltern.de)。したがって，類似の業務分野について抵触商号の同一性が存在する場合にも，同一のドメイン名の

使用による先順位の企業表示の侵害が成立することになる（OLG Frankfurt / Main WRP 2000, 727 —— ALCON.de）。

(bb) **表示権上の保護制限としての情報通信基本権**

憲法上の情報通信保護は，表示権抵触構成要件の適用に際しての解釈指針である。表示権侵害の確定に際しては —— 不正競争防止法の意味における競業権侵害に関しても，異なるところはない ——，インターネット上における情報市場が憲法上の保護を享け，かつ，情報通信の自由が当該表示権の保護を制限する場合がある点を考慮しなければならない。インターネット上の表示権保護についての上述の如き情報通信上ならびに憲法上の理解は，何故にインターネット上におけるすべての表示権の抵触が制裁を伴う表示権侵害と判断することが正当化され得ないかについて，納得のゆく理由が得られることになるであろう。上述の解釈指針は，表示権者自身がその標識を自己のインターネット・ホームページ内で公表する場合に，表示権者は，インターネット通信の技術的操作のために，例えばリンクによってインターネット上での自己の表示権の使用に同意するものとするとの合意理論（Zustimmungslehre）による擬制に優先して尊重されなければならない，ことを意味する。

2　ドメイン名による表示権侵害の請求権行使の相手方

ドメイン名による表示権侵害の請求権行使の相手方は，表示権侵害行為に責任のある個人である。それは，先ず第1に，ドメイン名を登録のために登録機関に出願し，当該ドメイン名をそのホームページに接続し，当該ドメイン名をインターネット取引において使用するドメイン名の出願者および使用者である。ドメイン名に関心を持つ者に有償取得で提供し，また，その旨のホームページを作るドメイン商人も，請求権行使の相手方である。割当により付与され

VI インターネットにおける表示抵触

たドメイン名が登録機関である DENIC に周知であり，DENIC は，当該ドメイン名の乱用的不法出願を阻止する技術的可能性を有している場合には，原則として登録機関としての DENIC も，請求権行使の相手方である（Kur, in : Loewenheim / Koch〔Hrsg.〕, S.325, 373 ; Bettinger / Freytag, CR 1999, 28, 36 参照）。これに反し，下級審裁判所の判例は，DENIC に実質上の正当性を内容的に審査する義務が欠如しているが故に，DENIC の共同責任を否定する傾向にある（KG NJW 1997, 3321, 3322 — concert-concept.de / concert-concept.com ; LG Manheim CR 1996, 353）。

3 インターネットにおける営業的取引

表示権侵害の構成要件 — ドイツ不正競争防止法の意味における不正競争侵害についても，同様に適用せられる — は，営業取引における行為を前提とする。私的交流（Privatverhehr）は，営業取引を構成しない。ドメイン名としての表示が営業取引外で使用せられる場合には，表示保護は生じない（知識および情報交換のための自動車標章の愛好者・企業の環境データについての情報収集をする環境保護論者・損害賠償請求をする薬物被害者・芸術家の愛好クラブ）。上述の如き私的交流のために，第三者の表示が，ドメイン名として — アルファベット文字番号方式の符号の構成部分として用いられるのが通常である — 用いられる場合には，当該ドメイン名の使用が，必然的に表示権者の営業上の利益に抵触する場合に，情報伝達の公共的媒体としてのインターネットが，私的法律関係の交流（privater Rechtsverkehr）を許容するか否かが問題とされなければならない。営業取引の適用制限の問題は，インターネット取引における表示保護の未解決の側面である。インターネット情報伝達の憲法上の保証は，公共的情報伝達の大衆媒体としてのインターネットに，法的意

味における私法的交流を一般的に剥奪することを禁ずる。しかし，情報斡旋のための技術的宛名としてのドメイン名の選択は，情報伝達についての憲法上の保証と同列には評価され得ない。それ故，営業表示とドメイン名との間の表示抵触は，原則的には私法的交流に該当せず，表示法の観点により判断せらるべきである。インターネット交流におけるドメイン名の使用については，少なくとも営業取引であるとの法律上の推定から出発しなければならない。上述したところは，私的情報伝達の利益のために，ドメイン名の符号構成部分として表示を使用することが，私的利益の効果的な擁護のために必要欠くべからざるものである如き事案においては，上述の推定についての反証を排除するものではない。ドメイン名に接続されたインターネット・サイトに広告が存在する場合には常に，ドメイン名の下での商業的活動が提供され，かつ，営まれているものとされる（LG Hamburg MMR 2000, 436 —— Luckystrike.de）。営業取引における商取引の存在の有無に関係なく，表示権者の陰険な妨害，または，その他の法規に違反する行為に該当する事案においては，不法行為法上の請求権が発生する（ドイツ民法226条，826条，1004条の適用については，OLG Frankfurt / Main WRP 2000, 645 —— weideglueck.de；同823条2項，1004条の適用については，LG Hamburg K&R 2000, 613 —— audi-lamborghini.net 各参照）。言語学データー・バンクの無償提供による公立法科単科大学の試験的プロジェクトによるドメイン名「デジタル図書館（degitalebibliothek.de）」の使用は，営業取引における商取引としてでなく，純然たる学術上の行為と判示され，標章法上および不正競争防止法上の差止請求権が否定せられた（LG Berlin CR 2001, 197 —— digitalebibliothek.de）。

4　表示的使用 (Kennzeichenmäßige Benutzung)

ドメイン法においては，標章的使用または表示的使用は，権利侵害的使用の法的前提条件とはされず，また，表示権の適用範囲はドイツ標章法23条の規定により決定されるとする法的見解は，同法23条の柔軟な適用に存在する利点を裏付けるものである。標章権侵害についての広汎な理解に基づくヨーロッパ共同体裁判所のBMW判決の意味における標章的使用は，商品または役務についての標識の使用の意味において製品の販売目的に向けられ，営業取引における商取引の推定の結果として標章的使用の存在が推認されなければならないことを，意味する。裁判実務において，表示と抵触するドメイン名の所有者が，私的情報伝達についての利益を実質的に主張することなく，如何にして私的交流を口実に言い逃れを試みるかが示されている。したがって，裁判実務において，原則的に，表示的使用の概念を広汎な概念として把握し，表示的使用の存在を前提として処理しているのは正当である。これにより，より体系的な問題設定に判断を加える必要が回避せられることになる（OLG München NJW-RR 1998, 984 — freundin.de, K&R 1998, 363 ; LG Düsseldorf GRUR 1998, 159 — epson.de, DZWir 1997, 374 ; OLG Karlsruhe WRP 1998, 900 — Zwilling.de, WRP 1998, 841）。

5　名称的使用 (Namensmäßige Benutzung)

多数の下級審判決において，インターネット宛名が，名称的機能を有する旨，判示している（LG Ansbach NJW 1997, 2688 — ansbach.de ; LG Lüneburg GRUR 1997, 47 — celle.de ; KG NJW 1997, 3321 — concert-concept.de / concert-concept.com ; LG Frankfurt CR 1997, 287 — das.de）。ドメイン名 herpen.de, Pulheim.de, Huerth.de につき，ケルン地方裁判所の3つの異なった判決が，同裁判所標章部によっ

てではなくて名称権部によってなされた (LG Köln BB 1997, 1121 — kerpen.de；LG Köln NJW-RR 1998, 976 — pulheim.de；LG Köln GRUR 1997, 377 — huerth.de)。マンハイム地方裁判所は，ドメイン名の基本的判決であるハイデルベルグ市 (Stadt Heidelberg) 判決において，情報技術・ソフトウェア開発ならびにその相談を業とするハイデルベルグ市所在の企業による，ドメイン名としてのハイデルベルグ市の名称の不法な使用に対し，ドイツ民法12条による名称保護を認容した (LG Mannheim GRUR 1997, 377 — heidelberg.de；これに批判的な説として，Kur, CR 1996, 590ff.)。同地裁判決は，インターネットにおいて制限的にのみ使用せられる名称枠については何ら言及することなく，ハイデルベルグ市に，heidelberg.de のドメイン名の使用についての優先権を認容した。すなわち，被告は，インターネット宛名を使用することにより，世界的に著名な都市を表示する原告の名称を使用するものであり，特定の個人または施設を明確に他と区別するのが名称の有する典型的な機能である。Heidelberg.de のドメイン名が使用せられることにより，Heidelberg の名称が，不法に名称的な形態で使用せられたことになる。何故ならば，当該ドメイン名の使用者は，当該インターネット宛名を使用することにより，ハイデルベルグ市との関連を期待し，ドメイン名の表示からドメイン名の担手である個人または組織を逆推理することを期待するものである，と判示した。ハイデルベルグなる名前の自然人，または，ハイデルベルグなる名称の無名の場所との利益抵触の事案の解決に関しては，同地裁は何らの見解も示していない。この場合には，インターネットが，その技術的限界に達する領域が問題となる。

　同一名称を有する者の権利の抵触につき，ハム高等裁判所は，ドメイン名 krupp.de に関する事案において，次の如く判示した

Ⅵ インターネットにおける表示抵触

(OLG Hamm CR 1998, 241 ── krupp.de)。民事上の家族名である「krupp」およびドイツ商法18条によるその商号化であるにも拘らず，ハム高等裁判所は，被告による krupp.de なるドメイン名の選択を違法であると判示した。すなわち，会社を代表するキャッチフレーズとしても用いられる krupp なる名称の有する顕著な取引流通性 (Verkehrsgeltung) は，原告会社に対し，混同の危険に対する保護を保証することを要求するのみならず，稀薄化の危険に対する保護を保障することをも要求するものであるとし，その名称の識別力の維持および時期的優先順位の原則 (Prioritätsgrundsatz) をも斟酌して，ドメイン名としての著名な会社名の同一態様での使用は，正当化せられないとした。そして結論として，同名の時期的後順位の被告には，些細な付加による異なるドメイン名を採用することを示唆した。上述の判決に引続いて，シュトットガルト高等裁判所は，ドメイン名の名称的機能を認容した。すなわち，最初に登録がなされたドメイン名所有者の正当な利益を斟酌して，その他通常の社名の構成部分と比較して，特定の企業を標語的に表示し得るに十分な識別力ある社名については，独立の名称保護を主張し得る旨，判示した (OLG Stuttgart WRP 1998, 800 ── steiff.com；後順位の標章に対する名称保護については，OLG Hamburg CR 1999, 184 ── emergency.de 参照)。

6 インターネット交流の予備的行為
(a) 現存表示権の抵触領域における行為の推定

インターネット取引におけるドメイン名の固有の使用の前段階には，ドメイン名がその宛先として使用されるホームページの態様が，未だ不確定である如き種々の態様の予備的行為が存在する。大多数の文献においては，かような予備的行為は，当該ドメイン名は未だ

10 ドイツにおけるドメイン名の法的実務

営業取引において使用されていないとの理由で，標章法および不正競争防止法の適用範囲から除外されるとし（Graefe, MA 1996, 100, 102 ; Ubber, WRP 1997, 497, 504 ; Bücking, NJW 1997, 1896 ; Poeck, in : Schwarz〔Hrsg.〕Recht im Internet, 4-2.2, S. 10 ff.），または，特定の条件が存在する場合にのみ，標章法および不正競争防止法が適用されるとしている（ドメイン名の予約に際しての使用意思の推定——Nordemann, NJW 1997, 1893 : 第三者に対する実施許諾または譲渡の目的を以てするドメイン名の出願——Kur, CR 1996, 591 ; Biermann, WRP 1999, 998）。個々の事案に即して，次の点が確定されなければならない。対価を伴うドメイン名の提供・登録機関へのドメイン名の出願・登録機関によるドメイン名の登録およびドメイン名所有者のホームページと当該ドメイン名の接続等に際し，関与者の事実上の関係に照し，大多数の事案においては，当該ドメイン名が，営業取引において使用されるものであるか否か，また，如何なる商品または役務に使用されるものであるか否かは，不明である場合が多いであろう。さらに，ドイツ標章法14条の意味における製品の類似性および同法15条の意味における営業部門の近似性についての判断は，上述の如きインターネット交流におけるドメイン名の使用の予備的段階においては，不可能に近いという点を考慮すれば，上述の予備的段階において抵触構成要件を適用することは，一層困難となるであろう。インターネット参入についての不断の調査および権利侵害の発生までの待機等は，表示権者に期待され得ないが故に，表示権の危殆が憂慮されるところである。インターネット参入の予備的行為は，営業上の利益が保護さるべき個人的領域の空間では行われない。したがって，効果的な表示保護，したがって，インターネット交流のすべての関与者の利益のためには，ある表示に抵触するドメイン名は，将来当該表示の保護範囲において使用されるであろうとの反証

VI インターネットにおける表示抵触

可能な推定を前提としなければならない。したがって，表示権を侵害する危険が存在しないことを証拠により主張して，右推定に反論するのは，抵触の危険を理由づけるドメイン名を提供し・出願し・登録し，または接続する者の責任である（Kur, in：Loewenheim ／ Koch, Praxis des Online-Rechts. S. 344 f.）。

(b) **インターネット参入の予備的行為による表示権侵害についての判例**

ドイツ下級審裁判所の判例は，インターネットにおける抵触ドメイン名の使用による表示権侵害に対し，その差止請求を広汎に容認し，これにより，ドメイン名の保有の時点において表示権侵害を認めている（ドメイン名を使用する意思の存在につき，OLG Stuttgart NJW-RR 1998, 1341 —— steiff.com；KG NJW 1997, 3321 —— concert-concept.de ／ concert-concept.com；LG Düsseldorf GRUR 1998, 159 —— epson.de；OLG Karlsruhe WRP 1998, 900 —— zwilling.de；販売妨害意図を以てする接続 —— OLG Dresden MMR 1999, 624；第三者に対するドメイン名の提供の意図を以てする登録 —— LG Lüneburg MMR 1999, 624 —— profas.de；ドメイン名の接続による権利保護の必要の認定 —— LG Braunschweig CR 1998, 364 —— deta.com）。ミュンヘン高等裁判所の法的見解によれば，如何なる商品・役務ないし営業部門について当該ドメイン名が使用されるかが不明である限り，保有されているのみで未だ使用されていないドメイン名に対する表示権侵害に基づく差止請求は認められないとしている（OLG München MarkenR 2000, 428 —— TEAMBUS；ÖOGH MarkenR 2001, 253 —— cyta.at）。1997年以降，トップ・レベル・ドメイン .de でのドメイン名の単なる保有は，接続なくしては不可能とされるに到ったため，表示権侵害の事案は，特にトップ・レベル・ドメイン .com. について存在することになる。

295

7 抵触構成要件

(a) オンラインおよびオフラインでの表示法上の判断の統一性

　表示権の抵触構成要件は，一般的規定に基づいて適用されなければならない。このことは，標章の同一性保護・誤認混同保護・周知性保護（ドイツ標章法14条2項1号ないし3号）および営業表示としての企業標識および作品題名（同法15条2項3項）についての上述の各保護について，また，単純（同法127条1項）および特別（同法127条2項）の原産地表示および特別の名声をもつ原産地表示（同法127条3項）についての表示保護ならびにドイツ民法12条による名称の不当使用等について妥当する。ドメイン名についての独自の表示保護の充実は，法理論的ならびに法体系的初期段階において，その機会を逸した。オンラインおよびオフラインにおける表示保護は，統一的な法原理により定められなければならない。このことは，標章の類似性・企業表示ならびに作品題名（営業表示）・原産地表示および名称（標識の類似）・商品および役務の類似性（生産物の類似性）・誤認混同の危険・表示の悪用ならびにその稀釈化および業務部門の近似性・保護に値する名称利益の侵害・表示の原始的および派生的識別力および同一名称権の基本原則等の如き表示権侵害構成要件の法律上の要件について妥当する。

(b) インターネットの位置づけ

　ドメイン名の使用に関し，表示権の具体的侵害構成要件の確定に際しては，公的情報伝達手段としてのインターネットの態様およびその意味が，表示抵触法において考慮されなければならない。インターネットの事実に即した位置づけは，表示法上の観点から重要であり，その場合，独自のドメイン法としてインターネット上におけるオリジナルな表示権として構成する必要は存在しない。したがって，ドイツ標章法14条2項2号による標章の誤認混同保護の範囲

Ⅵ　インターネットにおける表示抵触

内で，誤認混同の危険についてのドメイン法上の概念を創出し，誤認混同保護を標識の同一性の場合にのみ与えるのは誤りである（Hoeren, Rechtsfragen des Internets, S.22 f.）。また，トップ・レベル・ドメイン内の封鎖的効果の存在を理由に，標識間の軽微な差違の場合にも，ドメイン名と表示との間の誤認混同の危険の存在が否定されるとすることは正当ではない（その傾向があるものとして，Kur, in : Loewenheim / Koch, Praxis des Online-Rechts, S.348）。表示法上の利益状態は，オンラインとオフラインでは，異なるところはない。何故なれば，本来技術的宛名として用いられるドメイン名は，表示法上の同一性確認機能を備えるべく構築されたものであるからである。標章法の混同保護の不当な縮少は，混同の危険は提供された製品に直面して現実のものとなるにも拘らず，ドメイン名と標識との混同の危険は，基本的にはネットへのドメイン名の入力の局面に関する問題であるとする見解でもある（ミュンヘン第1区地方裁判所——deutsches theater.de 判決 NJW-CoR 1998, 111 に同調する Kur, in : Loewenheim / Koch, Praxis des Online-Rechts S.348）。また，ホームページ自体が混同を惹起する製品であるとの理由で，製品の類似性の確定を放棄する見解も，同様に誤りである（LG Düsseldorf CR 1996, 325——epson.de ; LG München I CR 1997, 540——freudin.de）。表示法上の混同の危険は，ウェブサイトの具体的内容に依拠して確定されるべきではない（不適切な見解として，Wilmer, CR 1997, 562, 565）。営業表示の周知性保護が適用され得ない場合に，営業部門の近似性の範囲内に限り，同一のドメイン名の使用に基づく先順位の企業表示の侵害が成立する（同旨，OLG Frakfurt / Main WRP 2000, 772——ALCON.de）。ドメイン名と語句標章との混同の危険の確定に際して，標章の類似性の判断についての音響（称呼）・字面の構成（外観）・意味（観念）のもつ各作用の意味が問題とせられる場合に，イン

ターネットでのドメイン名として語句標識の使用の態様が，法律上重要であるか否か，また，如何なる程度において法律上重要であるかは，別個に検討すべき問題である。ドイツ標章法14条2項3号・同法15条3項および同法127条3項による表示の周知性保護を，目標アドレスとしてのドメイン名の使用に周知性保護を否定し，ドメイン名のキャッチフレーズ的強調の場合にのみ，その保護が与えられるとする如く，その周知性保護を弱めることは正当ではない（Bettinger, GRUR Int. 402, 412f.; Obber, WRP 1997, 497, 506）。他方，表示権者保護は，営業取引において第三者の名称または宛名の正当な使用を許容するドイツ標章法23条1号の保護制限規定により制限される。さらに，潜在的抵触を緩和する同一名命名権が適用せられる。

(c) **標識の同一性および類似性の対象としてのセカンド・レベル・ドメイン**

ドメイン名の表示との同一性および類似性は，トップ・レベル・ドメインとは無関係に，セカンド・レベル・ドメインに基づいて判断せられる。属トップ・レベル・ドメインの機能は，表示法上，原則として重要ではない（Nordemann, NJW 1997, 891, 895; Kort, DB 2001, 249, 253 Apel / Groß-Ruse, WRP 2000, 816, 817；異説として，Joller, MarkenR 2000, 341, 345）。但し，トップ・レベル・ドメインの標識が，セカンド・レベル・ドメインの標識構成部分として使用せられている場合は別である（OLG München MMR 2000, 100 ―― buecherde.com）。

8 権利侵害としてのインターネット技術

インターネットは，雑誌・パンフレット等の印刷メディア・ラジオ・テレビ等と同様，広告の手段でもある。殆んどの場合，クリッ

Ⅵ　インターネットにおける表示抵触

クで広告サイトが開示されるセンサー域である所謂ハイパーリンクの方式の広告アイコン（バナー）によって操作される。保護表示の使用につき，表示法上，他のメディアとの差違が存在しない場合においても，公共的情報伝達手段としてのインターネットのもつ意味が斟酌せられなければならない。

(a) リンク・ハイパーリンクおよびディープリンク

(aa) 表示法上の許容性の基本原則

インターネットは，無尽蔵の情報源であるのみならず，殆んど境界を有しない商業市場広場である。インターネット広告において標章が使用せられる場合には，当該広告権は，表示権の一般的保護制限に服することになる（ドイツ標章法23条）。広告権の制限外において，第三者によるインターネットでの当該標章の使用に対して，表示権者に発生する表示権侵害に基づく標章法上の請求権の射程範囲が決定されなければならない。保護標章を使用して製品が提供される広告サイトに導くハイパーリンクの誘導によるホームページでの標章権侵害を，原則的に容認することは，問題があるように思われる。かような相互参照（cross referencing）は，ハイパーリンクによる標章の指名による他の企業の広告サイトへの指示を意味する。上述の如き場合に，一般的に標章権侵害を容認することは，その限りでは軽微な侵害可能性が存在するに過ぎないにも拘らず，あまりにも広汎なインターネット文化遂行の不当な制限となるであろう。したがって，保護標章を付した製品が提供されるウェブサイトに導くリンクス自体は，原則的に許容されるとの観点が前提とされなければならない。標章権の制限としての広告権は，インターネットへの参入によるネット化を拒否する標章権者の意思とは無関係に存在する。ハイパーリンクはそれ自体，標章権者の合意がなければ標章権侵害を構成するとの法的見解は，インターネットにおける情報伝

達の自由を保証している憲法の保護に矛盾することになる。相互参照（cross referencing）の標章法上の許容性を理由づけるために、その呼出のためにハイパーリンクが用いられるインターネット・アドレスの使用につき、暗黙の合意（Konkludente Zustimmung）の擬制は必要ではない（Hoeren, WRP 1997, 993, 995）。

　上述の原則よりすれば、仮想ショッピングセンター（Virtual mall）の事案については、標章権侵害は存在しない。すなわち、仮想ショッピングセンターの事案として、ハイパーリンクの一定の基準に従って、製品または情報の種々の提供者を集合させた仮想の市場広場、例えば地域の種々の提供者の編成、または、インターネット上での無料の商品見本および賭けゲームの提供者等が、これに該当する（オンライン賭けゲームの競業保護については、Koos, WRP 2001, 106 参照）。その限りにおいて、ドイツ上級審裁判所の一般的人格権について展開された基本原則に対応した意見表明の市場（Markt der Meinungen）の意味における、リンク交流（Verlinkung）の合法性が前提とされなければならない（BGH NJW 1996, 1131, 1132）。上述の基本原則に基づき、あるテーマについての他人の態度表明の収集が、意見上の立場についての記録の編成の単なる部分であるにすぎない場合には、権利侵害が否定されることになる。上述の基本原則をインターネット上でのハイパーリンク収集の事案へ適用すれば、サイトへのリンクは、当該サイトが、単に消費者のための情報目的のために編成された収集の部分である限り、不法行為に該当しないことになる（ハンブルグ地方裁判所 1998 年 5 月 12 日判決も同旨。312 O 85/98 —— Haftung für Links）。

　(bb)　**表示法上許容されないリンク**

　リンクによって行われる他人の表示のネット接続は、インターネットにおける通常の情報伝達プロセスを超える如き、表示権者に

損害を加えるネット接続の作用が発生する場合には,不正競争法上のみならず,表示法上も許容されないものと判断せられる。リンクの表示法上の不許容は,リンクの作動により自己の経済的利益の獲得が追求されるという点のみによっては理由づけられ得ない。しかし,リンクの結果として,表示権者の提供に損害を与える結果が生じる場合には,表示権侵害が成立する。前述の如き競業妨害は,例えば,表示権者のウェブサイトを迂回してネット接続がなされるディープリンクの結果として,表示権者の情報が省略せられたり,インターネット参入に資金を支出した表示権者の広告が回避せられたり,不当な比較広告がなされたり,自己の提供を有利にするためにタイトルとしてネット接続をしたり,ネット接続された提供を表示悪用に用いたり,ないしは,表示の稀釈化が斎らされたり,または,ネット接続が,製作された事実的関連に基づいて,差別的結果を生ずる如き場合等が,上述の競業妨害に該当する(不正競争防止法上の判断については,Wiebe, WRP 1999, 734参照)。ブラウンシュバイク地方裁判所は,他人の特色ある標識構成部分を含むハイパーリンクの設定を,標章権侵害に該当すると判示した(対応リンクを第三者の取引上の提供に設定し,それにより,第三者の競業を間接的に促進することになる共同妨害者としての責任を有する専門単科大学の責任につき,同裁判所 MMR 2001, 187-FTPX-Explorer)。ディープリンクは,直接的成果の借用(unmittelbare Leistungs übernahme)として,ドイツ不正競争防止法1条により,競業違反に該当する場合がある(OLG Celle WRP 1999, 865)。

(b) **フレイム**(Frames)

フレイミングは,自己のホームページに他人のインターネット内容を一本化することである。フレイムの表示法上ならびに競業法上の評価は,フレイム自体は表示権侵害に該当しない場合であっても,

それによって生ずる情報低下のため，原則として，リンクより厳しい基本原則に基づき，行われる。フレイミングの表示法上の許容性の適用領域は，ドイツ標章法23条により確定されなければならない。フレイムスは，表示権者のインターネット画面が改竄(カイザン)される場合，自己のインターネット画面のタイトルとして使用せられる場合，または，当該表示が改竄され誤認に導く意味関連において用いられる場合には，表示権侵害に該当する。

(c) **メタタグ**（Metatags）

メタタグとは，インターネットサイトの同一性を確認するための不可視の符号であって，検索機（検索エンジン）により認識せられる。メタタグにおける他人の表示の使用は，原則として，表示権侵害に該当する（異説として，Kur, CR 2000, 448 参照）。インターネットにおけるメタタグ中の表示使用は，不可視の状態でなされるという事実は，表示法上の観点からは重要ではない。何故なれば，表示法上の同一性確認機能が，これにより利用されているからである。下級審裁判所の判例において，メタタグが表示権侵害に該当すると判示しているのは正当である（メタタグに関する責任につき，LG Hamburg MMR 2000, 46 ; OLG München WRP 2000, 775 —— Hanseatic)。メタタグとしての使用は，小売商人の場合の如く，一般的広告権の一部である場合，または，付属部品小売商の場合の如く，ドイツ標章法23条による表示保護の限界外である場合には 表示法上許容せられる（LG Frankfurt MMR 2000, 493 —— DiaProg)。デンマークの裁判所であるコペンハーゲン高等裁判所は，次の如き事案を，標章法上許容されないと判示した。Melitta なる語句の入力により，当該ウェブサイトが検索機（検索エンジン）により見出されることを確保するために，インターネットにおいてウェブサイトの看者には直接には不可視のサブテキストに，その検索基準として保護標章

Melittaを使用することにより，その予防措置を講じた事案である（Oestre Landsret Kopenhagen GRUR Int 1999, 879 —— Melitta）。

Ⅶ　ドメイン名としての総称（一般）的標識

1　表示法上の許容性

総称（一般）的標識は，ドメイン名として，表示法上許容される（アメリカ法との比較法的観点からの論文として，Wendlandt WRP 2001, 629参照）。したがって，ドイツ標章法8条2項とは異なって，識別力を有しない標章（同項1号），記述的記載（同項2号），属概念（同項3号）等は，ドメイン名として登録され得る。ドイツ標章法の絶対的登録阻害事由の類推適用は，事柄の性質上許されない。フランクフルト高等裁判所は，自由留保を必要とする概念がドメイン名として使用された事案について，ドイツ標章法8条2項の類推適用を否定した。その理由とするところは，ドメイン名の登録手続においては，国の審査官庁および監督官庁が欠如している点，および，インターネット・アドレスにおいては，単に全く同一の名称のみを排除するのみで，誤認混同の虞れのある標章を標章保護から排除する登録手続とは，異なった登録手続を採用している点を指摘している（OLG Frankfurt GRUR 1997, 481 —— wirtschaft-online.de）。

2　競業法上の許容性

(a)　基礎原則

識別力を有しないか，全く記述的であるか，自由留保を必要とするか，または，一般的な言語慣用となっているか，または，取引慣用となっているか等の如き総称（一般）的標識を，ドメイン名として選択することは，かような総称（一般）的ドメイン名が，競業における顧客の流れを誘導する作用を有する場合においても，競業違

反を構成しない（本書第2版以降主張されてきたこの法的見解は，ドイツ連邦裁判所の基本判決である Mitwohnzentrale 判決において採用されるに到った）。上述の如き誘導効果（Kanalisierungseffekt）は，特に，ドメイン名として属概念を使用する場合に現われる。誘導効果は，現行の出願規定から生ずる。登録規則および使用規則の明文の規定による規範化がなければ，ドメイン名として総称（一般）的標識を使用することにより，法律違反による不正な競業的優位を得ることはない。ドメイン名として総称（一般）的標識を登録することは，当該ドメイン名自体に客観的に誤った記載を包含しているとか，誤解を招く独占的地位を暗示するものでない限り，ドイツ不正競争防止法1条および3条の意味における欺罔・誤認混同には該当しない。

(b) 例　　外

ドメイン名としての総称（一般）的標識の提供・出願・登録・接続および使用は，良俗違反性または誤認混同を理由づける如き事情が存在する場合には，ドイツ不正競争防止法1条により良俗違反を，また，同法3条により誤認混同の惹起に該当する。保護に係る職業表示または職域の使用は，当該ドメイン名の使用が，職業グループの代表であるかの如き，または，当該職域での顕著な独占的地位を有するかの如き，適切でない印象を生ぜしめる場合には，競業違反行為を構成する。競業違反性は，総称（一般）的標識の封鎖効果の意図的使用の場合にも生ずる。

3　判　　例

(a) 下級審裁判所の判例

ドメイン名としての総称（一般）概念の使用は，多くの下級審裁判所の判例の事案となっている（Bonse／Geiseler-Bonse, WRP 2001,

Ⅶ　ドメイン名としての総称（一般）的標識

737 参照)。フランクフルト高等裁判所は，仮処分手続において，本案手続における使用者の慣行の解明の必要性を指摘した (OLG Frankfurt / Main GRUR 1997, 481 — wirtschaft-online.de)。ハンブルグ高等裁判所は，ドメイン名としての「共同住宅センター (Mitwohnzentrale)」なる業務部門表示の使用を，顧客の流れを誘導することになるとの理由で，競業違反であると判断した。すなわち，インターネット利用者として共同居住施設について関心をもつ者に，競争者を排除する最も単純な方法が提供され，さらに，これにより他の競業的提供を探す必要のない大半の消費者の便利性が，悪用されることになるからである (OLG Hamburg MMR 2000, 40 — Mitwohnzentrale)。右判示とは異なって，ハンブルグ高等裁判所 (Hans) は，「操業開始 (startup.de)」なるドメイン名を，如何なる常識のある平均的消費者も，このインターネット宛名で即座に，完全なサービスの提供を得るとは期待しない程度の，一般的には評価され得ない属概念であると判示した (Hans OLG Hamburg WRP 2001, 717 — startup.de)。ハンブルグ地方裁判所は，ドメイン名としての「最後の瞬間 (lastminute)」なる表示の使用について，顧客の流れを奪うことによる競業の一般的な良俗違反の妨害を認め得ないとした (LG Hamburg MMR 2000, 763 — lastminute.com ; OLG Braunschweig MMR 2000, 610 — stahlguss.de)。ケルン地方裁判所は，「競売カレンダー (versteigerungskalender.de)」および「強制競売 (zwangsversteigerungen.de)」の使用を，競業違反と判示した。その理由として，不動産強制競売に関する参加情報を得るために，大多数のインターネット利用者は，ドメイン名検索機（検索エンジン）を使用しないで，上述の如き属表示をインプットするからであるとしている (LG Köln MMR 2001, 55 — versteigerungskalender.de, zwangsversteigerungen.de)。ドメイン名「弁護士 (rechtsanwaelte.de)」の使用が，

305

ドイツ不正競争防止法1条の意味における不公正な市場妨害であると判示した。その理由として、右の如きドメイン名の所有者は、当該属表示である「弁護士」によりインターネット上で検索した依頼者にそのサービスを提供する機会を、他の競業者である弁護士から奪うことになるからであるとした（同ドメイン名は、同時に、ドイツ連邦弁護士法43条bにも違反することになる。何故なれば、当該ドメイン名の選択により、許されざる独占的地位を意味する広告を行うことになるからであるとしている。ミュンヘン第1区地方裁判所判決。Mitt 2001, 140 — rechtsanwaelte. de）。ハム高等裁判所の法的見解によれば、インターネット利用者は、セカンド・レベル・ドメインとして、「サウナ（sauna）」なる属概念の使用に際しては、その他の追加操作なしに当該業務分野に関する何等かの情報提供を期待しているが、当該市場の重要な提供者についての概要を期待していないとし、何れにしても、その程度の誤認の惹起では競業法上の関連性が欠如していると判示した（OLG Hamm WRP 2001, 740 — sauna.de）。ドメイン名「時間ぎめ労働（Zeitarbeit.de）」は、インターネットにおけるドメイン名として純然たる属概念を使用することは原則として許容されるが故に、許容されると判示した（LG Köln NJW-RR 2001, 549 — zeitarbeit.de；LG München I MMR 2001, 185 — autovermietung.com）。

(b) ドイツ連邦裁判所「共同住宅センター（Mitwohnzentrale）」基本判決

「共同住宅センター」基本判決において、ドイツ連邦裁判所は、業務部門表示および属表示を、インターネットにおいてドメイン名として使用することを、競業法上許容されるものとする原則を、その基本的見解としている（BGH, 2001年5月17日判決, I ZR 216/99 — Mitwohnzentrale）。この判決により、「顧客の流れの誘導（Kanal-

Ⅶ ドメイン名としての総称（一般）的標識

isierung von Kündenströmen)」は，競業違反を理由づける事情ではないとされた。同判決によれば，顧客にその購入意思決定の変更を強要するために，競業者とその顧客の間に介入した場合にのみ，当該顧客を奪うことは不正である。ドメイン名として属概念を使用するのみでは，不公正な方法で既に競業者の得意である顧客に影響を及ぼすことにはならず，単に提供的利益が利用されているに過ぎない。また，属概念についての自由開放の必要性にも，抵触することはない。何故なれば，インターネット宛名であるドメイン名は，標章とは異なり，排他的独占権を有しないからである。また，ドメイン名としての属概念の使用においては，インターネット利用者に影響を与えるものは，当初より存在しない。検索機（検索エンジン）の使用を面倒であると感じ，インターネットとしての属概念に直接インプットする消費者は，一般にかような検索方法の短所，特に，インプットされた結果の偶然性について熟知しているのが通常である。平均的に情報に通じ思慮分別のあるインターネット利用者は，ドメイン名としての属概念の使用により，偏見にとらわれた客観的ではない態様で影響を受けることはない，と判示した。ドメイン名としての属概念の使用の競業法上の許容性の原則に基づいて，ドイツ連邦裁判所は，競業法の限界が存在する次の2つの事例を説示している。ドメイン名としての属表示を特定のトップ・レベル・ドメインの下で使用することが，同時に，当該属概念の他の記述態様を封鎖する場合，または，他のトップ・レベル・ドメインでの同一の属概念の使用が封鎖される場合には，権利濫用行為に該当する。防護標章の場合と同様，かような防護ドメインは，違法である。競業法上の誤認誘導禁止が，ドメイン名としての属概念使用の一般的限界を構成する。ドイツ連邦裁判所は，ハンブルグ高等裁判所に対し，次の如き具体的事案について，ドイツ不正競争防止法3条による誤

307

認誘導的広告の構成要件を検討するよう命じた。すなわち,「共同住宅センター (mitwohnzentrale.de)」なるドメイン名の使用が, 就中, 25 のドイツ住宅センターを組織統合している連合組織によりなされていた。他方,「住宅会社 (home-company.de)」なるドメイン名を使用し, かつ, 40 の共同住宅センターが所属する競業関係に立つ連合組織は, ドメイン名 mitwohnzentrale.de に付記を要求した。ハンブルク高等裁判所は, 消費者が, ドメイン名 mitwohnzentrale.de により, 次の点について誤認に陥るか否かを判断しなければならないことになる。すなわち, 消費者の右ドメイン名についての印象が, 唯一の共同住宅センターそのもののみであるのか, または, 共同住宅センターの標準的な連合組織であるのかという点である。その印象が, 真実でない唯一性の表現と理解される場合には, 当該ドメイン名の所有者である連合組織のホームページに, 共同住宅センターをもつ他の連合組織が存在する旨を指摘することが要求され得ることになる。

Ⅷ Vanity 呼出番号

1998 年 1 月 1 日以降, ドイツ国立郵便および電話通信規制局 (Reg TP) は, アメリカ合衆国において長年にわたり使用されている Vanity 呼出番号を採用することになった (Jonas / Schmitz, GRUR 2000, 183 ; Demmel / Skrobotz, MMR 1999, 74 参照)。Vanity 呼出番号は, 電話番号において, 表示をアルファベット文字番号方式に転換することを可能にする。このことは, 表示法上の抵触構成要件が, 第三者による Vanity 呼出番号としての表示の使用に対し, 表示権者を保護することの必要性を生ぜしめる。その法的態様は, 表示権を侵害する形態でのドメイン名の使用に比せられる。すなわち, Vanity 呼出番号は, インターネット宛名としてのドメイン名と同

様，ドイツ標章法23条1号の意味における宛名ではない。シュトゥトガルト高等裁判所は，Vanity 呼出番号として，「0800 弁護士(0800-rechtsanwalt)」の標識の弁護士広告を禁止した（OLG Stuttgart MMR 2000, 164 ── 0800-rechtsanwalt）。また，アーヘン地方裁判所は，個々の文字についての数字の明瞭な配列が欠如しているとの理由により，Vanity 呼出番号の使用による名称および標章権の侵害を否定した（LG Aachen MMR 2001, 178）。ケルン行政裁判所は，Vanity 呼出番号は，標章法上の識別力が欠如しているとの理由により，ドメイン名の標章法上の保護を Vanity 呼出番号に類推適用することを否定した（VG Köln MMR 2001, 190）。

IX 封鎖ドメイン（Sperrdomains）

インターネットにおけるドメイン名の提供・出願・登録・接続および使用は，妨害的競業行為としての悪意の標章出願に適用せられる法原則により，封鎖ドメインとしてドイツ不正競争防止法1条に基づき競業違反行為に該当する場合がある。妨害的競業行為は，ドメイン名の事後的放棄と引替に経済的利益を得るために，当該ドメイン名を他人に対して封鎖し，他人が当該ドメイン名を使用することを妨げる意図が存在する場合に成立する（OLG Nürnberg CR 2001, 54 ; OLG München Mitt 2000, 512 ── TEAMBUS.de ; 良俗に反する行為としての封鎖目的については，1997年6月9日のシュトゥトガルト地方裁判所決定，KfH O 82/97 ── hepp.de ; 1997年1月9日のミュンヘン第1区地方裁判所の決定，4HKO 14792/96 ── dsf.de, eurosport.de, sportschau.de ; 2001年5月17日のドイツ連邦裁判所判決，I ZR 216/99 ── Mitwohnzentrale）。業務部門表示の登録は，希望者に有償でドメイン名の取得を仲介する目的を以て，その反対給付として，業務顧客についての情報および広告のためのインターネット・スペース

を提供することなく，ドメイン名所有者が，単にドメイン名の封鎖効果のみを利用する場合には，競業違反に該当する（4000のドメイン名のドメイン・グラビングについて，2001年5月10日のフランクフルト高等裁判所判決 —— 6 U 72/00 —— weltonline.de）。オーストリー不正競争防止法によれば，先行表示の所有者としての競業者ではないにも拘らず，表示権者の市場参入を妨害し，かつ，当該ドメイン名の後日のドメイン名義譲渡により金銭的利得を得る目的で，ドメイン名の登録をなす者は，オーストリー不正競争防止法1条の意味における良俗に違反する行為と判断せられる（ÖOGH GRUR Int. 2000, 373 —— jusline II）。

X ドメイン名の差し押え

それ自体，技術的宛名にすぎず，表示権としては評価されないドメイン名は，それにも拘らず，独立の譲渡可能な財産対象であり，ドイツ民法823条1項の意味におけるその他財産権に該当する。それ故，ドメイン名の差し押え可能性が肯定されなければならない（この点については，Viefhues, MMR 2000, 286 ; Welzel, MMR 2001, 131 ; Schreibauer / Mulch, WRP 2001, 481, 483 ; Hoffmann NJW 2001, Beilage zu Heft 14, S 5, 25 ; 否定説 Hanloser, CR 2001, 456）。強制執行処分の対象としてのドメイン名は，強制執行の対象としての標章権について適用される規定により判断せられる。登録ドメイン名の差し押えは，ドイツ民事訴訟法857条により，一定の金額の支払を求める執行力ある債務名義に基づいて行われる。Gladbeck区裁判所は，エッセン地方裁判所の抗告手続において確認された差押決定を告知した（AG Gladbeck, 1999年7月14日決定。13 M 56/99 ; LG Essen GRUR 2000, 453 ; LG Düsseldorf CR 2001, 468）。同決定によれば，ドメイン名は，買い・売り・競売に付し・譲渡し・差し押え等がなさ

X ドメイン名の差し押え

れ得るライセンスと比較し得る如き独自の (sui generis) 法制度であるとしている。個々の事案における特定の限られた範囲においてドイツ民事訴訟法857条によるドメイン名の差し押えが許容されるか否か，また，如何なる態様でドメイン名を使用することが許されるか等について，裁判所がその判断を留保している場合にも，ミュンヘン第1区地方裁判所の法的見解によるも，ドメイン名の差し押えは，ドイツ民事訴訟法857条により行われるのであり，ドイツ民事訴訟法829条以下による債権差し押えの規定によるものではないとしている。他方，ミュンヘン第1区地方裁判所は，債務者の個人名に該当するドメイン名の差し押え可能性を，ドイツ民法12条による名称権を侵害するものとして否定した（これについて批判的なものとして，Hoffmann, NJW 2001, Beilage zu Heft 14, S5, 25 f.）。ミュンヘン第1区地方裁判所は，DENIC によるドメイン名の付与システムについての目下の構成は，差し押えに馴染まないものであるが故に，ドメイン名の差し押えは許容され得ないものと見做した (LG München I MMR 2001, 321 —— ftp-explorer CR, 2001, 343)。同裁判所は，右の点につき，「標章権および特許権の如き差し押え可能な保護権に比べ，ドメイン名の差し押えの可能性は，その明文の規定が存在せず，また，標章および特許登録手続におけるが如き，ドメイン名の付与を事前にチェックし，権利の独立性を生ぜしめる審査手続が存在しない」と判示している。差し押えの許容性は，独立の財産権としてのドメイン名の法的性質から生ずる。ドメイン名の差し押えを容認しない場合には，独立の財産権としてのドメイン名の強制執行法上の他の迂回的手段が用いられることになる。その場合，考慮せられるのは，ドイツ民事訴訟法857条829条による強制執行債務者としてのドメイン名所有者のDENICに対する接続請求権を差し押えることである（AG Langenfeld / Rhid, CR 2001, 477）。

XI　ドメイン名の移転請求

1　法的基礎理論

　ドメイン名が表示権を侵害している場合の表示権者の利益は，ドメイン名所有者によるドメイン名付与機関に対する当該ドメイン名の放棄または返還の意思表示（Hoffmann, NJW 2001, Beilage zu Heft 14, S.5, 23）のみでは，常に十分に達せられたとはいい得ない。この表示権者の利益は，当該表示権者に当該ドメイン名の移転請求（Übertragungsanspruch）を容認する場合に，最もよく達成せられることになる。右の点は，DENICで行われる所謂異議登録（Dispute-Eintrags；以前は，Wait-Eintrag）の方途とは無関係に妥当する。表示権侵害を理由とするドメイン名移転請求は，返還請求の要件が存在する場合に，容認せられる。移転請求は，一般的には，容認も否定もされ得ない。ドイツ民法687条2項に基づく返還請求は，ドメイン名の出願が，表示権者に対し，不当な利己的営利行為（angemaßte Eigengeschäftsführung）に該当する場合に成立する（不当表示──Kennzeichenanmaßung）。不当行為に基づく移転請求は，ドメイン名の出願者に，取得せんとする案件が他人に帰属するとの認識（取得案件の他人帰属性の認識──Fremdgeschäftsführungsbewusstsein）が存在する場合に，悪意の標章出願（ドイツ標章法50条1項4号）と同様の事例において，問題となる。すなわち，表示法上の損害賠償請求の効果としての不法行為上の移転請求（deliktischer Übertragungsanspruch）は，故意または過失による表示権侵害において問題とされる。ドメイン名出願者の責任なくして存在する不当利得法上の移転請求は，ドメイン名の登録が表示権の配分指定内容への侵害を構成する場合に容認せられる（不当利得返還請求──Eingriffskondiktion）。同一のドメイン名の登録が，排他的独占権の1つ

として表示権の内容に属するか否かは，規範目的よりする具体的表示権の内容決定が要求せられる。一方において，標章に対応する財産対象としてのドメイン名が，標章権自体の保護内容に属するとする観点から出発すべきではないが，しかし，他方，財産対象としてのドメイン名は特定の表示権の保護内容に属し，したがって，その不当利得法上の配分指定内容に属するという観点も排除され得ない。このことは，例えば，都市名・公共の施設・周知の公共機関・連盟・財団法人等において認められる。また，周知の企業表示にも，上述の保護内容が認められるべきである。周知標章および周知の作品題名には，事実上の市場関係が重要である。ドイツ特許法8条2文（発明権の返還請求権）・ドイツ標章法17条1項（違法な代理人標章）またはドイツ民法894条（土地台帳訂正請求）等の類推適用により，移転請求を理由づける見解は，納得され得ない。

2　下級審裁判所の判例

　下級審裁判所の判例は，ドメイン名の移転請求の容認に関し，不統一な様相を示している。ハム高等裁判所は，移転請求を否定し差止請求のみを容認している (OLG Hamm NJW-RR 1998, 909 — krupp.de)。フランクフルト・マイン高等裁判所も，名称侵害について移転請求を否定している (OLG Frankfurt GRUR-RR 2001, 5 — mediafacts.de ; OLG Frankfurt / Main MMR 2001, 158)。マンハイム地方裁判所は，サブドメイン (Subdomain) の返還請求を否定した。何故なれば，サブドメインは，公的登録手続の方途において付与されないからであるとした (Second-Level-Domain については未判断，マイハイム地方裁判所 MMR 2000, 47 — nautilus)。ミュンヘン高等裁判所は，顕著な取引通用を有する会社のキャッチフレーズの名称権の侵害について，その移転請求を肯定した（ドイツ特許法8条2

文・ドイツ民法894条の類推適用, OLG München WRP 1999, 955, 960 ── shell.de；LG München I CR 2001, 131 ── champagner.de；OLG München GRUR 2000, 519 ── rolls-royce.de)。ドメイン・グラビイング (Domain-Grabbing)について, ハンブルグ地方裁判所は, 移転請求を容認したが (LG Hamburg K&R 2000, 613 ── audi-lamborghini.net, audi-lamborghini.org), その他については, 表示権侵害につき移転請求を否定した (LG Hamburg MMR 2000, 620 ── joop.de；LG Hamburg K&R 2000, 613 ── marine.de；OLG Hamburg MMR 2001, 196 ── derrick.de)。ケルン地方裁判所は, Lazarus 社に対し, ドメイン名 zivildienst.de の移転についてのドイツ連邦共和国の請求を肯定した (LG Köln NJW-RR 1999, 629 ── zivildienst.de)。ベルリン地方裁判所は, 使用の差止のみならず, ドメイン名 deutschland.de の返還を求めるドイツ連邦共和国の請求を肯定した (LG Berlin CR 2000, 700 ── deutschland.de)。ニュールンベルグ高等裁判所は, DENIC に対し, その名称を含むドメイン名の返還を, ドイツ民事訴訟法894条に基づく執行的意思表示を求める申立としてではなく, 相手方に対し登録取消がなされるに適した措置を講ずることを強制する目的を追求する除去請求として宣言すべき旨, 名称保有者の要求につき判示している (OLG Nürnberg CR 2001, 54)。

XII 裁判外の争訟仲裁手続

1 ドメイン名付与手続における抵触解決

DENIC によるドメイン名の付与に関する指針によれば, IV-DENIC のドイツ機構は, 抵触事案の場合には, ドメイン名の付与を拒絶する権限を有するとされている。更に, アメリカ合衆国の Inter NIC の付与指針は, アメリカ合衆国または外国の登録標章の権利者が, 当該登録標章と同一のドメイン名の使用に対抗し得る一

種の異議手続を包含している。

その審査手続は，標章法の規定する異議手続とは異なって，指定商品または指定役務，または，誤認混同の可能性等については顧慮せず，ドメイン名登録の形式上の地位についてのみ行われる。すなわち，登録標章権者が，ドメイン名付与部に，当該ドメイン名申請に対し標章登録の優先権を証明した場合には，登録標章権者は，DENIC に異議登録（Dispute-Eintrag；以前は，Wait-Eintrag）をなすことができる。この場合，表示抵触についての裁判上の解決がなされるまで，長くとも異議登録後1年の期間，現在のドメイン名所有者は，当該ドメイン名を第三者に移転することができないことになる。従来のドメイン名所有者が当該ドメイン名を返還した場合には，当該ドメイン名は，自動的に異議登録の受益者に帰属することになる。標章または営業表示と抵触ドメイン名とが，単に類似しているにすぎない場合には，上述の広範囲のドメイン付与法上の保護システムによるも救済することはできず，標章権者は，裁判上の判決に頼らざるを得ないことになる。

2 WIPO の仲裁裁判所手続
(a) 概　　要

ICANN の統一ドメイン名紛争解決方針（Uniform Domain Name Dispute Resolution Policy = UDRP）は，ドメイン名紛争の裁判外処理手続の法的枠組を作成し，その骨子とするところは，国際的紛争事案において，ドメイン名の乱用的登録に対抗する措置を，標章権者に可能とする効果的な紛争解決制度を構築することに在る。そのため，ドメイン名の所有者は，ドメイン名登録の時点においてUDRP による手続に参加することが義務づけられる。WIPO 調停および仲裁センター（Mediation and Arbitration Center）は，1999

年12月1日,ICANNにより信任された紛争解決機関として,その活動を開始した。UDRPに基づくWIPOの仲裁裁判所手続の適用領域は,トップ・レベル・ドメイン「.com」「.net」および「.org」,ならびに,サイバースクワッティング(cybersquatting)・サイバーピイラシィー(cyberpyracy)の如きドメイン名の乱用的登録に基づく標章権者によるドメイン名紛争案件に限定せられる。

(b) **判 決 実 務**

UDRPに基づき言渡された判決の大半は,ドメイン名の乱用的登録の明白な事案に関するものであり,その判決の約4分の3について当該ドメイン名が標章権者に移転されたが故に,パネル判決は,標章権者を優遇するとの不当な印象を生じた(Rosenthal, sic! 2000, 421)。パネル諸判決は,実体法上,不統一である(「インターネット・ドメイン名についてのWIPOの仲裁裁判所手続」56頁以下掲載の標章・属概念およびAmmann都市名についての報告参照;Bettinger, CR 2000, 234;Bettinger, WRP 2000, 1109;Renck, MMR 2000, 586;WIPO Arbitration and Mediation Center WRP 2001, 308 —— telekom.com;2001, 313 —— dw.com 参照)。

XIII 標章国際私法におけるインターネット使用行為

地球規模でのメディアとしてのインターネットにおいて,表示(標識)の国境を超えた典型的使用が,ある国内における呼出により,必然的に他の国内における保護表示との抵触を生ずる。したがって,インターネットにおける治外的行為は,理論的に当該国内の表示権を侵害する可能性を有することになる。しかし,原則的には,知的財産法上の属地主義の原則に基づき,標章権侵害の領域は,ドイツ標章法の適用範囲に制限せられることになる(Staudinger / Fezer, Internationales Wirtschaftsrecht, 2000, Rn. 670 ff.)。ドイツ標章

XIII 標章国際私法におけるインターネット使用行為

法4条1号による標章の登録により取得された形式上の標章保護は，地域的には，ドイツ連邦共和国の領土に制限せられる。また，使用により発生する実体的標章権，すなわち，取引通用（ドイツ標章法4条2号）または顕著な周知性（ドイツ標章法4条3号）を発生原因とする標章権については，その標章保護は，取得された取引通用または顕著性の及ぶ領土に及ぶことになる。その他の表示・営業標識（ドイツ標章法1条2号）および原産地表示（ドイツ標章法1条3号）に関しては，その保護範囲は，特にその地域での知名度から生ずる。さらに，表示抵触の関与者間の空間的関連も問題になる。インターネットの国境を超えたメディアは，その地球規模的性格に基づき，表示権の高い抵触可能性を秘めている。その抵触は，多方面において，屢々外国との関連において現われることがある。例えば，国内関連での外国標章権の侵害，ならびに，国外での影響を伴う国内での使用行為，または，結果発生地主義の原則（Auswirkungsprinzip）に基づき，抵触法上の重要な外国での競業の国内市場への影響を惹起する国外使用行為等が問題となる。経済の国際化ならびに国境を超えた情報伝達技術は，上述の如き事案において，表示権の有効な保護のためには，従来の厳格な属地主義の原則（Territorialitätsprinzip）の克服を要求することになる（Staudinger / Fezer, Internationales Wirtschaftsrecht, 2000, Rn 723）。その限りにおいて，国際私法上の結果発生地主義の原則が，属地主義の原則から生ずる保護国主義を補充するものとして斟酌されなければならない（前掲書 Rn 730 ff.）。したがって，当該インターネット・サーバーが何れの国にいるかということは，特に重要ではなく，むしろ実体的判断原則により当該標識使用による国内での結果が生じたか否かが問題とされることになる（2001年3月30日のインターネットにおける標識に関する標章およびその他の知的財産権保護についてのWIPOの標章

権・意匠および原産地表示常任委員会の共同推奨による提案 2 条——Doknment SCT/6/7 Prov.1 ; Kur, WRP 2000, 935, 937 参照)。

XIV ドイツ裁判所の管轄

　土地管轄を有する裁判所は，国際管轄をも有し，外国関連の構成要件についての判断をなす権限を有する。インターネットにおけるドメイン争訟については，他のすべてのマスメディアにおける場合と同様，民事訴訟法の一般原則に基づき，土地管轄が存在する（GRUR 1998, 159 掲載の Düsseldorf 地裁 epson.de 判決）。ドイツ裁判所は，国内における国際裁判籍が根拠づけられる限り，外国において行われた表示権侵害を，知的財産抵触法上の原則に基づいて探索された外国法に準拠して判決をなすことができる。ドイツ標章法 140 条に基づき，表示争訟事件については表示裁判所が（Aachen 地裁，1997 年 9 月 19 日決定），また，ドイツ標章法 125 条 e に基づき，共同体標章争訟事件については共同体標章裁判所が，それぞれ管轄権を有する。表示侵害については，ドイツ民事訴訟法 32 条に基づく行為地の特別裁判籍が，競合裁判籍として，その裁判管轄権を有する。標章侵害訴訟手続についてもまた，判例により，不正競争行為抵触法の競争的利益抵触（wettbewerbliche Interessenkollision）の概念が行為地として斟酌せられ，競業者の競業的利益が遭遇する地点が行為地と見做されることになる（詳しくは，Staudinger／Fezer 前掲書 Rn 781ff.）。すなわち，その限界づけは，競業的利益衝突が，規準に従って（bestimmungsgemäß）生ずる場所について行われることになる。その合規準性は，特に，流布される情報の言語・免責条項（Disclaimer）の使用または製品紹介（Produktpräsentation）の特定の態様の如き，主観的および内容的基準に基づいて確定される。専ら技術的理由により意識的にドイツ市場を対象とはしない，外国

のインターネット・サイトによるドイツ表示権の毀損は，ドイツ裁判所の刑事裁判籍を根拠づけるには不十分である。但し，抵触法上の結果発生主義（Auswirkungsprinzip）の適用による通説とは異なって，標章抵触法上の結合点として明らかに看取し得る程度の顕著な（Spürbarkeitsgesichtspunkte）ドイツ市場域への無視し得ない影響が存在し，かつ，抵触法上の解決のための国際管轄に関する並行規定が適用され得る場合には，部分的に上述とは異なった判断がなされることになる。

XV DENICの責任

ドメイン名 ambiente.de の基本原則に関する判決において，ドイツ連邦裁判所は，第三者の表示権侵害に対するドメイン名の登録についての DENIC の一般的責任を否定し（2001年5月17日連邦裁判所 ambiente.de 判決——I ZR 251/99；OLG Dresden WRP 2001, 706——Kurt-Biedenkopf.de），次の如く判示した。ドメイン名の登録に際し，登録さるべき表示につき第三者の権利が存在するか否かを審査すべき義務は，DENIC には原則として存在しない。DENIC が，問題とされる優先権を指摘された場合においても，登録異議がなされたドメイン名の所有者に対し，何人が当該表示についての優先権を有するかを釈明すべき旨を一般的に指示し得るにすぎない。但し，DENIC が直ちに確認され得る如き明白な権利抵触が存在する場合には，右の原則は妥当しない。すなわち，右の如き場合には，異議の対象とされた登録は，直ちに抹消されなければならないことになる。上述の如き明白な権利抵触が存在しない場合には，確定判決またはドメイン登録者との合意により第三者の優先的地位が確定した場合に限り，DENIC は，当該登録を抹消すべきことになる。

XVI インターネット・ドメインについての判例およびプラクシス

1 ドメイン名による表示権の侵害

(a) ドメイン名による標章の侵害

(i) 標章「黄色ページ（Gelbe Seiten）」に対し，インターネット業界リストについての「青色ページ（Blauen Seiten）は，標章権侵害であると判示された（OLG Frankfurt GRUR 1997, 52 — Blauen Seiten）

(ii) ドメイン不法入手者（Domain-Grabber）に付与された「epson.de」（LG Düsseldorf GRUR 1998, 159 — epson.de）

(iii) ドメイン取引業者に付与された「deta.com」（LG Braunschweig CR 1998, 364 — deta.com）

(iv) 標章「Arvis」の標章権者に属しないホームページへのハイパーリンクとしての「Arvis」（LG Mannheim CR 1998, 306 — Arvis）

(v) コンピュータソフトウェアーおよび所謂「D-...」-Reihe の販売会社に対し，公的ラジオ放送局についての「d-radio.de」（LG Köln CR 1998, 362 — d-radio.de）

(vi) 雑誌名「両親（Eltern）」に対し，両親をテーマとするインターネット・サービスについての「eltern.de」（LG Hamburg K&R 1998, 365 — eltern.de）

(vii) 標章「Brockhaus」に対し，情報および出版業の相談およびサービス提供についての「brockhaus.de」（LG Mannheim K&R 1998, 558 — brockhaus.de）

(viii) 標章「Technomed」に対し，電子医療機器の販売業についての「technomed.de」（LG Berlin K&-R 1998, 557 — technomed.de）

XVI インターネット・ドメインについての判例およびプラクシス

(ix) 標章法14条2項3号の意味における周知標章の侵害に該当する「derrick.de」(OLG Hamburg MMR 2001, 196 — derrick.de)

(b) ドメイン名による営業表示の侵害

(aa) 企業表示の侵害

(i) 「bally-wulf.de」は，企業表示の侵害と判示された（LG Berlin. 1996. 12. 5決定 16 O 602/96 — bally-wulf.de)

(ii) ドメイン不法入手者の「epson.de」(LG Düsseldorf GRUR 1998, 159 — epson.de)

(iii) 「deta.com」(LG Braunschweig CR 1998, 364 — deta.com)

(iv) 企業表示としての保護を享けている商号の権利者によって開設されたものではないホームページへのハイパーリング「Arwis」(LG Mannheim CR 1998, 306 — Arwis)

(v) 情報技術商号についての「lit.de」(LG Frankfurt NJW-RR 1998, 974 — lit.de)

(vi) ソフトウェアー開発者についてのナイトクラブ表示としての「deutsches-theater.de」(LG München I NJW-CoR 1998, 111 — deutsches-theater.de)

(vii) インターネット取扱店についての「ufa.de」(LG Düsseldorf NJW-CoR 1998, 310 — ufa.de)

(viii) 広告代理店についての「hellweg.de」(LG Bochum, 1997. 11. 27判決, O 152/97-hellweg.de)

(ix) ドメイン不法入手者についての paulaner.de (LG München I CR 1998, 434 — paulander.de)

(x) 商号「buecher.de AG」の権利侵害に該当する「buecherde.com」(OLG München GRUR 2000, 518 — buecherde.com)

(xi) Rolls Royce なる周知商号名および周知標章の語句構成部分をもつドメイン名の保持 (OLG München GRUR 2000, 519 —

rolls-royce.de）

　(xii)　商号「SAT-SHOP Klinserer GmbH」の営業表示に対し，「sat-shop.de」は，企業表示侵害に該当しないと判示された（LG München I NJW-RR 1998, 978 — sat-shop.de）

　(xiii)　同一の称呼である営業表示者に対し，「detag.de」（LG Bonn NJW-RR 1998, 977 — detag.de）

(bb)　作品題名の侵害

　(i)　同名の雑誌付録に対し，ドメイン名「karriere.de」は，題名権侵害に該当すると判示された（LG Köln AfP 1997, 655 — karriere.de）

　(ii)　「両親（Eltern）」なる雑誌に対し，「eltern.de」（LG Hamburg K&R 1998, 365 — eltern.de）

　(iii)　「女友達（freundin）」なる題名の雑誌を出版する出版社に対し，ドメイン名「freundin.de」は，題名侵害に該当しないと判示された（LG München I NJW-RR 1998, 984 — freundin.de）。同判決に対し，OLG München は，その控訴審判決において，これと異なる判断を示した（OLG München NJW-RR 1998, 984 — freundin.de）

　(iv)　同名の雑誌に対し，「bike.de」（LG Hambuhg MMR 1998, 46 — bike.de）

(c)　ドメイン名による地理的原産地表示の侵害

　地理的原産地表示をドメイン名として登録することは，当該登録が，客観的に保護に値する利益を有さず，したがって，明らかに第三者に負担を生ぜしめる場合には，スイス不正競争防止法によれば，原則として，不公正であると判断せられる。

　(i)　「berneroberland.ch」なるドメイン名は，ベルナー・オーバーランド州における観光ツーリズムの公式提供者または少なくとも半ば公式の提供者の印象を与え，第三者の対するインターネット

XVI インターネット・ドメインについての判例およびプラクシス

サイトを作成する企業のドメイン名として誤認混同に導き、競業違反に該当する（Schweiz. BG GRUR Int. 2000, 944 — berneroberland.ch）

(ii) 広告情報サービスのための「champagner.de」なるドメイン名の使用は、フランスのシャンパン製造業者の声価を毀損すると同時に、フランスシャンパン製造業者に対する良俗違反的妨害に該当すると判示された（LG München I CR 2001, 191 — champagner.de）

(iii) 都市名の保護は、トップ・レベル・ドメインを「.de」とするセカンド・レベル・ドメインとしての当該都市名の使用に優先する権利を包含する（OLG Köln GRUR 2000, 798 — alsdorf.de；OLG Brandenburg MMR 2001, 174 — luckau.de；その名称が顕著な意味を有さず、また、当該ドメイン名が有限会社の業務執行社員の家族名である、比較的小さい地方自治体について、LG Augsburg MMR 2001, 243 — boos.de）

(d) ドメイン名における誤認混同保護・自由開放の必要性および識別力

(aa) ドメイン名における誤認混同の危険

(i) インターネット業界リストについての「黄色ページ」と「青色ページ」は、誤認混同の危険が存在すると判断された（OLG Frankfurt GRUR 1997, 52 — Die Blauen Seiten）

(ii) 「bally-wulf.de」と企業表示としての「Bally-Wulf」（LG Berlin, 1996.12.5 決定, 16 O 602/96 — bally-wulf.de）

(iii) 「epson.de」と「Epson ドイツ有限会社」（LG Düsseldorf GRUR 1998, 159-epson.de）

(iv) 「lit.de」と商号短縮としての「L.I.T.」（LG Frankfurt NJW-RR 1998, 974 — lit.de）

(v) 「deta.com」と「Deta 蓄電池製造有限会社」（LG Braunschweig CR 1998, 364 deta.com）

323

10 ドイツにおけるドメイン名の法的実務

(vi) 「detag.de」と同一称呼の営業表示を有する企業名（LG Bonn NJW-RR 1998, 977 — detag.de）

(vii) 「hellweg.de」と建築市場の「Hellweg」（LG Bochum, 1997. 11. 27 判決，14 O 152/97 — hellweg.de）

(viii) 地域的関連性が欠如している事案であるが，「steiff.de」と「steiff. com」（OLG Stuttgart K&R 1998, 263 — steiff.com）

(ix) 雑誌の題名「両親（Eltern）」と「eltern.de」（LG Hamburg K&R 1998, 365 — eltern.de）

(x) 商品および役務の同一性の場合における「Intershop」と「intershopping.com」

［以下の事例は，誤認混同の危険が存在しないとされた事例である］

（ⅰ）パートナー仲介のための「女友達（freundin.de）」と雑誌出版社の「女友達（freundin）」は，相互の商品ないし役務の類似性を欠如するが故に，誤認混同の危険が存在しないと判断された（LG München I NJW-RR 1998, 984 — freundin.de，これに対し，ミュンヘン高等裁判所は，これと異なった判断を示した）

（ⅱ）雑誌「Bike」と自転車マニアの情報サイト「bike.de」（LG Hamburg MMR 1998, 46 — bike.de）

（ⅲ）インターネット上でのピィツア案内のための「pizza-direkt.de」とピィツア注文サービスのための語句標章「Pizza」（OLG Hamm NJW-RR 1999, 631 — pizza.direkt.de）

（ⅳ）「T-online.de」と「donline-de」，標章の保護範囲は，頭文字に限定せられ，その符号は異なった称呼がなされるからである。（LG Düsseldorf, 1999. 7. 21 判決，34 O 56/99 — T-online.de）

（ⅴ）コンピュータプログラムのための「D-Info, D-Atlas およびその他のD符号」とドメイン名「d-net.de」（LG Köln MMR 1999,

XVI インターネット・ドメインについての判例およびプラクシス

414 — d-net.de)

(bb) ドメイン名における自由開放の必要性

「自転車（Bike）」は，その語句の記述的性格の故に，自由開放の必要性が存在する（freihaltebedürftig）と判断された（LG Hamburg MMR 1998, 46 — bike.de)

(cc) ドメイン名における識別力

(i) 社名略称「D.A.S.」は，識別力を有する，と判示された（LG Frankfurt CR 1997, 287 — das.de)

(ii) 社名構成分「DETA」（LG Braunschweig CR 1998, 364 — deta.com)

(iii) ベルリン映画およびテレビ管理会社のための「UFA」（LG Düsseldorf NJW-CoR 1998, 310 — ufa.de, OLG Düsseldorf WRP 1999, 343 — ufa.de)

(iv) 社名構成部分「Steiff」（OLG Stuttgart K&R 1998, 263 — steiff.com)

(v) 両親のための雑誌について「両親（Eltern）」（LG Hamburg K&R 1998, 365 — eltern.de)

［以下の事例は，識別力が存在しないとされた事例である］

(i) 遠距離通信施設販売会社のための社名構成部分である「sat-shop」は，識別力を有しないと判示せられた（LG München I NJW-RR 1998, 978 — sat-shop.de)

(ii) 出版社グループの経済情報サービスにための「経済オンライン（wirtschaft-online.de）」（OLG Frankfurt GRUR 1997, 481 — wirtshaft-online.de)

2 ドメイン名による名称権の侵害

(1) 「heidelberg.de」は，ハイデルベルグ市の名称権侵害に

325

10 ドイツにおけるドメイン名の法的実務

該当すると判示せられた（LG Mannheim GRUR 1997, 377 — heidelberg.de）

(ii) 名称および標章表示権につき，「loveparade.de」（LG Köln, 1996. 12. 5 決定，81 O 141/96 — loveparade.de）

(iii) 法学データバンクを業とする企業につき，「juris.de」（LG München I NJW-RR 1998, 973 — juris.de）

(iv) ブラウンシュバイグ市につき，「braunschweig.de」（LG Braunschweig NJW 1997, 2687 — braunschweig.de）

(v) セル市につき，「celle.de」（LG Lüneburg GRUR 1997, 470 — cell.de）

(vi) Deutscher Automobil Schutz（ドイツ自動車保護）につき，「das.de」（LG Frankfurt CR 1997, 287 — das.de）

(vii) アンスバッハ市つき，「ansbach.de」（LG Ansbach NJW 1997, 2688 — ansbch.de）

(viii) 保護商号表示につき，「concert-concept.de/concert-concept.com」（KG Berlin NJW 1997, 3321 — concert-concept.de/concert-ooncept. com）

(ix) 会社名の本質的部分につき，「epson.de」（LG Düsseldorf GRUR 1998, 159 — epson.de）

(x) 短縮商号の権利者につき，「lit.de」（LG Frankfurt NJW-RR 1998, 974 — lit.de）

(xi) ミュンヘンのドイツ劇場につき，「deutshes-theater.de」（LG München I NJW-CoR 1998, 111 — deutsches-theater.de）

(xii) 企業表示の権利者につき，「ufa.de」（LG Düsseldorf NJW-CoR 1998, 310 — ufa.de）

(xiii) 顕著な取引通用をもつ企業の社名標語につき「krupp.de」（OLG Hamm CR 1998, 241 — krupp.de）

XVI　インターネット・ドメインについての判例およびプラクシス

　(xiv)　アメリカ合衆国のファンクラブの設立につき，「steiff.com」(OLG Stuttgart K&R 1998, 263 — steiff.com)

［以下の事例は，名称権侵害に該当しないとされた事例である］

　(i)　ケルペン市につき，「kerpen.de」は，名称権侵害に該当しない，と判示された（LG Köln BB 1997, 1121 — kerpen.de)

　(ii)　プルハイム市につき，「pulheim.de」(LG Köln NJW-RR 1998, 976 — pulheim.de)

　(iii)　ヒュルト市につき，「huerth.de」(LG Köln GRUR 1997, 377 — huerth.de)

　(iv)　人工衛星および遠距離通信施設販売会社の社名構成部分の識別力の欠如に該当する「sat-shop.de」(LG München I NJW-RR 1998, 984 — sat-shop.de)

　(v)　同名雑誌出版社につき，「freundin.de」(LG München I NJW-RR 1998, 984 — freundin.de)

　(vi)　保護に値する利益を有する名称の保有者につき，「detag.de」(LG Bonn NJW-RR 1998, 977 — detag.de)

3　インターネットアドレスとして構成された語句標章の登録性

インターネットアドレスとして構成された語句標章の登録性は，一般原則により判断されなければならない。

〔本文中の引用条文〕

■ドイツ標章法 ─────────────────────

(保護標章およびその他の保護表示)

第1条 本法律より，次に掲記のものが保護せられる。
1 標　章
2 営業表示
3 原産地表示

(標章保護の発生)

第4条 標章保護は，次の各号に該当する場合に発生する。
1 当該標章を，標章として特許庁によりなされる登録簿への登録
2 当該標識が，関連取引業界内において標章としての取引流通性を有することを要件として，当該標識を営業取引において使用する場合
3 知的財産の保護に関するパリ同盟条約6条の意味における周知標章に該当する場合

(営業表示)

第5条 ① 企業標識および作品題名は，企業表示として，保護される。
② 企業標識とは，営業取引において，名称・商号または営業または企業の特別の表示として使用せられる標識をいう。また，営業の特別の表示とは，関連取引業界内において営業の表示とみなされる営業標識および第三者の営業から当該営業を識別するために用いられるその他の標識を意味する。
③ 作品題名とは，印刷物・映画作品・楽曲・舞台作品またはその他の類似の作品の名称または特別の表示をいう。

(絶対的登録阻害事由)

第8条 ① 具象化されていない標識は，3条の意味における標章としての保護標章の登録を受けることができない。
② 以下に掲記する標章は，登録することができない。
1 商品または役務について，全く識別力を有しない標章
2 流通において専ら，商品の種類・品質・数量・用途・価値・地理的出所・製造の時期または役務の提供，または，商品または役

［本文中の引用条文］

務のその他の特徴を表示するために用いられる標識または語句から構成されている標章
3 専ら，一般的言語用法または信頼に値する恒常的取引慣行において，商品または役務を表示するために慣例とされている標識または語句から構成されている標章
4 一般消費者をして，特に，商品または役務の種類・品質または地理的出所について，誤認せしめる標章
5 公の秩序または善良の風俗に違反する標章
6 国家の紋章・国旗またはその他の国章，または，国内の地域または市町村組合またはその他の地方自治体を含む標章
7 ドイツ連邦法務省の官報における告示により，標章としての登録が排除されている当局の検査標識または保証標識を含む標章
8 ドイツ連邦法務省の官報における告示により，標章としての登録が排除されている国際的国家間組織の紋章・旗またはその他の標識・印章または表示を含む標章
9 上記以外のその他の規定により，公共の利益のために明らかにその使用が禁止されている標章
③ 本条2項1号ないし3号の規定は，当該標章が，登録決定の時点以前において，登録出願がなされた商品または役務についての使用の結果，関連流通業界において取引流通力を取得した場合には，適用せられない。

（標章権者の独占的排他権・差止請求・損害賠償請求）
第14条 ① 4条に基づく標章保護の取得は，標章の所有者の対し，独占的排他権を保証する。
② 標章権者の同意なくして，業務取引において，以下に掲記の行為をなすことは禁ぜられる。
 1 当該標章の指定商品または指定役務と同一の商品または役務につき，標章と同一の標識を使用する行為
 2 標章を標識との同一性または類似性の故に，および，標章および標識が付された商品または役務の同一性または類似性の故に，一般公衆にとり，標識が標章と観念的に関連づけられる危険をも

329

含めて，誤認混同の危険が存在する場合に，当該標識を使用する行為

3　国内における周知標章につき，第三者による標識の使用が，当該周知標章の識別力または価値評価を，正当な理由なくして不公正な態様で使用し，または，毀損する場合には，当該周知標章の指定商品または役務と類似しない商品または役務につき，当該周知標章と同一または類似の標識を使用する行為

(営業表示権者の排他的独占権・差止請求権・損害賠償請求権)

第15条　①　営業表示としての保護を取得した場合には，当該権利者に，排他的独占権が与えられる。

②　何人も，営業表示または類似の標識を，営業取引において，当該保護営業表示と混同を惹起する如き態様で使用することは，禁ぜられる。

③　営業表示が国内において周知の営業表示である場合には，その標識の使用が，当該営業表示の識別力または価値評価を，正当な理由なくして不正に，利用または損なう場合には，2項の意味における混同の危険が存在しない場合においても，当該営業表示または類似の標識を営業取引において使用することは，禁ぜられる。

④　営業表示または類似の標識を，2項または3項の規定に違反して使用する者は，当該営業表示者により，その差止請求をなすことができる。

⑤　侵害行為を故意または過失により行う者は，営業表示権者に対し，当該侵害行為により生じた損害を賠償すべき義務が生ずる。

⑥　14条7項の規定は，本条に準用される。

(代理人または代行者に対する請求権)

第17条1項　標章が，11条の規定に違反して，標章所有者の同意なくして，同人の代理人または代行者のために出願または登録せられた場合には，標章所有者は，当該代理人または代行者から，標章の出願または登録に係る権利の移転を請求する権利を有する。

(名称および記述的表示の使用)

第23条1号　標章権者または営業表示権者は，第三者に対し，営業取

[本文中の引用条文]

引において、その名称または住所の使用を禁ずる権利を有しない。
(標章の使用)
第26条1項 登録標章に基く権利行使または登録の維持存続が、当該標章の使用を条件とされている場合には、当該登録標章の指定商品または指定役務につき、その不使用につき正当な理由が存在しない限り、当該登録標章が、国内において、眞正な意図を有する使用がなされていなければならない。

(絶対的登録阻害事由に基づく無効)
第50条1項4号 ① 以下の場合に該当する場合には、標章の登録は、申立に基づき無効の事由により、抹消せられる。
　4　出願者が、出願に際し悪意（bösgläubig）を有していた場合

■ドイツ不正競争防止法
第1条 業務取引において、競業の目的で、公序良欲に違反する行為をなした者は、差止および損害賠償の請求がなされ得る。

第3条 営業取引において、競業の目的で、営業上の関係、特に、個々の商品または営業上の給付または提供行為全般の性質・出所・製造方法または価額査定について、また、価格表・商品の購入方法または購入のチャンス・値札付け・販売動機または販売目的・在庫品の数量等について、誤認を生ぜしめる記載をなした者は、当該記載の差止を請求せられ得る。上述の広告と類似の記載も、一文の意味における営業上の関係についての記載と見做される。

■ドイツ特許法
(発明者権に基づく返還請求)
第8条 発明につき権限を有しない者によって出願された眞正の権利者、または、違法な冒認による被害者は、特許付与を求める請求権を自己に移転すべき旨を要求することができる。当該特許出願に基いて特許権がすでに付与されている場合には、右同人は、特許権者から当該特許の移転を要求することができる。（以下省略）

10 ドイツにおけるドメイン名の法的実務

■ドイツ民法 ─────────────────────
（名称権）
第12条　名称の使用についての権利が，権利者により第三者に対し異議が主張される場合，または，第三者が不法に同一の名称を使用することにより，権利者の利益が侵害される場合には，権利者は，第三者に対し，その侵害の除去を請求することができる。侵害の虞れが存在する場合には，その差止の訴えを提起することができる。

（害意行為の禁止）
第226条　権利の行使が，他人に損害を加える目的のみのためになされる場合には，当該権利行使は許容されない。

（誤認による事務管理・不眞正事務管理）
第687条2項　他人の事務を処理する者が，当該事務を処理する権限を有しないことを認識しているにも拘わらず，これを自己の事務として処理した場合には，事務の主体である本人は，民法677条・678条・681条・682条に基づき生ずる請求権を主張することができる。本人が右請求権を主張した場合には，当該事務を処理した者に対し，民法684条一文による義務を負担しなければならない。

（損害賠償義務）
第823条　故意または過失により，他人の生命・身体・健康・自由・財産またはその他の権利を，違法に侵害した者は，他人に対し，これにより生じた損害を賠償しなければならない。

　他人の保護を目的とする法律に違反した者も，同一の責任を負担しなければならない。当該法律の内容により，その違反が無過失についても適用される場合には，損害賠償義務は，過失の存在する場合にのみ発生する。

（良俗に反する故意的加害行為）
第826条　善良な風俗に反する態様により，故意に他人に損害を加えた者は，当該他人に損害賠償義務を負担する。

（不動産登記簿の訂正）
第894条　不動産登記簿の内容が，不動産物件・その権利上の権利または第892条第1項に掲げたる処分の制限に関し，その権利状態と

[本文中の引用条文]

一致しないときは，当該権利が登記せられず，または，不正に登記せられた者，または，存在せざる制限物権または制限の登記により侵害せられた者は，不動産登記簿を訂正するため，その訂正につき利害関係を有する者の同意を求むることができる。

(排除請求および差止請求)
第1004条　所有権が，占有の侵奪または返還の拒否以外の態様で侵害せられた場合には，権利者は，侵害者に対し，その侵害の除去を請求することができる。引続き侵害の虞れが存在する場合には，権利者は，その差止を請求することができる。

　前項の請求権は，所有者が侵害を甘受すべき義務が存在する場合には，排除せられる。

■ドイツ商法

(許されない商号使用)
第37条2項　他人が権限なくして商号を使用することにより，自己の権利を侵害せられた者は，当該他人に対し，当該商号の使用の差止を要求することができる。その他の規定に基づく損害賠償請求権は，影響を受けることなく存続する。

■ドイツ民事訴訟法

第32条　不法行為ニ基ク訴ニ付テハ其ノ行為アリタル地ノ裁判所管轄ヲ有ス。

第829条　金銭債権ヲ差押フベキトキハ裁判所ハ第三債務者ニ対シ債務者ニ支払ヲ為スコトヲ禁止スベシ。裁判所ハ同時ニ債務者ニ対シ債権ノ処分殊ニ其ノ取立ヲ為スベカラザル旨ノ命令ヲ為スベシ。

　債権者ハ第三債務者ニ決定ヲ送達セシムベシ。執達吏ハ送達證書ノ謄本ト共ニ債務者ニ決定ヲ即時ニ送達スベシ，但シ公示送達ヲ必要トスルトキハ此ノ限ニ在ラズ。第三債務者ニ対スル送達ガ書記課ノ直接ノ嘱託ニ基キ郵便ヲ以テ為サレタルトキハ書記課ハ債務者ニ対スル送達ニ付同一ノ配慮ヲ為スベシ。外国ニ於テ債務者ニ対シ為スベキ送達ニ代ヘ其ノ送達ハ郵便ニ付シテ之ヲ為ス。

第857条 不動産ニ対スル強制執行ノ目的物ニ非ザル其ノ他ノ財産権ニ対スル強制執行ニ付テハ以上ノ規定ヲ準用ス。

　第三債務者ナキトキハ差押ハ債務者ニ権利ノ処分ヲ為スベカラザル旨ノ命令ガ送達セラレタル時ヲ以テ為サレタルモノトス。

　特別ノ規定ナキトキハ譲渡シ得ザル権利ハ行使ヲ他人ニ譲渡シ得ル限度ニ於テ之ヲ差押フルコトヲ得。

　行使ヲ他人ニ譲渡シ得ル場合ニ於テ譲渡シ得ザル権利ニ対スル強制執行アルトキハ裁判所ハ特別ノ命令ヲ為スコトヲ得。殊ニ収益権ニ対スル強制執行ノ場合ニ於テハ裁判所ハ管理ヲ命ズルコトヲ得；此ノ場合ニ於テハ差押ハ収益セラルベキ物ヲ管理人ニ交付シテ之ヲ為ス，但シ決定ノ送達ヲ以テ既ニ之ニ先ツ差押アリタルトキハ此ノ限ニ在ラズ。

　権利ノ譲渡ヲ為シ得ルトキハ裁判所ハ此ノ譲渡ヲモ命ズルコトヲ得。

　物上負担，土地債務又ハ定期土地債務ニ対スル強制執行ニ付テハ抵当権アル債権ニ対スル強制執行ニ関スル規定ヲ準用ス。

第894条　債務者ガ意思表示ヲ為スベキ判決ヲ受ケタルトキハ判決ノ確定シタルトキニ直ニ表示ヲ為シタルモノト看做ス。意思表示ガ反対給付ニ依存スルトキハ此ノ効力ハ第726条，第730条ノ規定ニ従ヒテ確定判決ノ執行力アル正本ガ付与セラルルトキニ直ニ生ズ。

　第1項ノ規定ハ婚姻ヲ締結スベキ判決ノ場合ニハ之ヲ適用スズ。

　（神戸大学外国法研究会論『独逸民事訴訟法〔Ⅲ〕』有斐閣より引用）

11 判例批評

(1) 「トラピスチヌの丘」の文字を横書きしてなり指定商品を旧第30類「キャンデー，その他の菓子」とする商標登録が商標法51条1項の規定に該当するとして取り消された事例
(2) 発明の未完成
(3) 出願の分割をなしうる範囲
(4) 疎明に代わる担保の提供
(5) 実用新案登録拒絶審決の共同出願人による取消請求

(1) 「トラピスチヌの丘」の文字を横書きしてなり指定商品を旧第30類「キャンデー，その他の菓子」とする商標登録が商標法51条1項の規定に該当するとして取り消された事例
　　東京高裁平成8年7月18日民6部判決（平7（行ケ）17号，審決取消請求事件棄却（確定），判例時報1580号131頁）
(2) 発明の未完成
　　東京高裁昭和49年9月18日判決（昭和48年（行ケ）第91号特許出願拒絶査定に対する審判の審決取消請求事件）
(3) 出願の分割をなしうる範囲
　　最高裁昭和56年3月13日第2小法廷判決
　　（昭和53年（行ツ）第140号審決取消請求事件）
(4) 疎明に代わる担保の提供
　　大阪地裁昭和44年8月27日決定
　　（昭和44年（ヨ）第2664号実用新案権侵害行為禁止仮処分申請事件）
(5) 実用新案登録拒絶審決の共同出願人による取消請求
　　昭和55年1月18日最高裁第2小法廷判決（昭和52年（行ツ）第28号審決取消請求事件）――上告棄却

11 判例批評

(1)「トラピスチヌの丘」の文字を横書きしてなり指定商品を旧第30類「キャンデー，その他の菓子」とする商標登録が商標法51条1項の規定に該当するとして取り消された事例

東京高裁平成8年7月18日民6部判決（平7(行ケ)17号，審決取消請求事件棄却（確定），判例時報1580号131頁）

別紙第3
① 登録第677056号商標

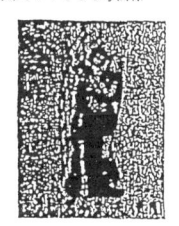

② 引用商標(1)
（登録第841980号商標）

トラピスチヌバター飴

③ 引用商標(2)
（登録第1155483号商標）

トラピスチヌ
TRAPPISTINES

④ 登録第1392002号商標

別紙第1

トラピスチヌの丘

別紙第2
① 使用商標(1)

② 使用商標(2)

③ 使用商標(3)

337

11 判例批評

【事実】 Xは，昭和49年7月4日に登録出願され，昭和52年5月30日に設定登録された第30類「キャンデー，その他の菓子パン」を指定商品とする「トラピスチヌの丘」の文字を横書きしてなる商標（別表1）（以下「本件登録商標」という）の商標権者であり，同登録後昭和53年4月から商品「クッキー」に，前頁の如き形態にて，同商標の使用を開始した。

(1) 前掲図（別紙第2，①）のとおり，クッキーの外装箱表面に，聖女像を強調したトラピスチヌ修道院の図形を背景として，「トラピスチヌの丘」の文字と「クッキー」の文字を，2段に横書きして表示されているもの（「トラピスチヌの丘」の文字部分は，「の丘」の部分が，「トラピスチヌ」の文字に比し約2分の1の大きさで表されている。以下「使用商標(1)」という。）

(2) 前掲図（別紙第2，②）のとおり，外装箱の下側面に，「トラピスチヌの丘クッキー」の文字を，横1列に籠文字風に表示されているもの（そのうち，「の丘」の部分は，他の文字部分に比し，約3分の1の大きさで表されている。以下「使用商標(2)」という。）

(3) 前掲図（別紙第2，③）のとおり，外装箱中の「クッキー」包装袋表面に，「THE HILL OF」，「TRAPPISTINES」および「COOKIES」の各文字を3段に横書きにて表示したもの（「TRAPPISTINES」の部分は，他の文字部分に比し，倍の大きさで表示されている。以下「使用商標(3)」という。）

他方，Yは，昭和27年9月6日に菓子製造の許可を受け，ハンケーキ，バター，チーズ等の製造とともに，クッキー類を製造し，これに「トラピスチヌデセール」の商標を付して販売し，昭和33年10月ごろからバター飴の製造も開始し，当初は「トラピスチヌバターアメ」「TRAPPISTINES BUTTER AME」の商標を付して販売を行い，その後も，「クッキー」，「バター飴」の包装箱等に，

前掲図（別紙第3）「引用商標(1)」（同商標は、「トラピスチヌバター飴」の文字を横書きしてなり、第30類「バター飴」を指定商品として昭和42年8月15日登録出願、昭和44年12月24日商標登録）および前掲図（別紙第3）「引用商標(2)」（同商標は、「トラピスチヌ」の仮名文字と「TRAPPISTINES」の欧文字を上下2段に横書きしてなり、第30類「菓子、パン」を指定商品として、昭和47年9月22日登録出願、昭和50年9月22日商標登録）を付して、それらを現在まで継続して販売している。また、Yの修道院施設「トラピスチヌ修道院」は、昭和52年ないし昭和53年当時、市販の旅行案内書中において、函館市内における観光名所として紹介されており、また、その売店において、Y製造の菓子類が販売されている旨も記載せられ、Y修道院が、函館市内における宗教施設として、観光上、著名なものであることは公知の事実であった。

前述のような状況下において、Yは、Xに対し、昭和61年12月3日、商標法51条1項に基づき、Xがクッキーについて使用している前記商標形態（以下「本件各使用商標」という）は、本件登録商標に類似するもので、かつ、前記Yの販売するクッキーと混同を生ずるとして、本件登録商標の登録取消審判の請求をした。

特許庁は、Yの請求を認容し、平成6年11月7日、本件登録商標の登録を取り消す旨の審決をなした。そこで、Xは、東京高裁に本件審決取消訴訟を提起した。

【判旨】　請求棄却。

1　本件商標と使用商標の類否について

(1)　使用商標(1)および(2)について、「クッキー」の文字部分は、単に商品の普通名称を示したものであり、商標の要部と認められないから、右部分を除いて、本件商標と使用商標(1)および(2)を比較検

11 判例批評

討すると、両者は、いずれも、「トラピスチヌノオカ」という同一の称呼および「トラピスチヌの丘」としての同一の観念を生じるが、外観において、本件商標は、同一の大きさの「トラピスチヌの丘」の8文字を横書きしてなるものであるのに対し、使用商標(1)は、聖女像を右側約3分の1に配したトラピスチヌ修道院の図形を背景として「トラピスチヌの丘」の8文字を横書きしてなり、また、使用商標(2)は、「トラピスチヌの丘」の8文字を横書きしてなるものであるが、いずれも、そのうちの「の丘」の部分が「トラピスチヌ」の文字部分に比べて小さく表示され、「トラピスチヌ」の文字部分が、取引者、需要者の注意を引く構成とされており、使用商標(1)および(2)と本件商標は、その称呼、観念を共通にするものの、外観において異なるから、本件商標と同一の商標と認めることはできず、本件商標に類似する商標というべきである。

(2) 使用商標(3)について、「COOKIES」の文字部分は、商品の普通名称を示すものであり、この部分を除いて、本件商標と使用商標(3)を比較検討すると、この使用商標は、すべて欧文字により構成され、また、英語読みによる「ザヒルオブトラピスチヌ」の称呼が生じるから、その外観および称呼の点において本件商標と異なるが、右使用商標は、本件商標を構成する語句をそのまま英語に訳したものであり、また、わが国における英語教育の普及状況を考慮するならば、この使用商標に接する一般の取引者、需要者においては、それが「トラピスチヌの丘」を意味するものであることを容易に理解し得るものであり、この使用商標と本件商標は、その観念において同一のものであることが明らかであり、そのため、この使用商標も、本件商標の使用に係るものというべきであるとともに、本件商標に類似するものと認めるのが相当である。

2 使用商標の使用による商品の出所の混同について

(1) 前掲【事実】の項に掲記のYの引用商標およびその使用状況を考慮するならば，Yは，クッキー，バター飴等を製造，販売するにあたり，Xが使用商標の使用を開始した昭和53年の約20年以上前から，「トラピスチヌ」「TRAPPISTINES」を要部とする商標を継続して使用してきたものであり，Y修道院の名称，（「トラピスチヌ修道院」ないし「トラピスチヌ」）およびYがクッキー等を製造，販売していること自体も，昭和53年当時において，既に一般に広く知られていたものと認められる。

(2) 他方，Xの使用商標(1)および(2)については，その要部である「トラピスチヌの丘」は，その外観において，「の丘」を小さく表示し，「トラピスチヌ」を殊更目立つ構成としているほか，右使用商標が表示されているX商品「クッキー」の外装箱の蓋の表面には，Y修道院の建物と聖女像を描いた図柄が表示されており，また，その図柄が「トラピスチヌ修道院」を示すものであることは，一般の取引者，需要者においても容易に推測し得るものである。

また，Xの使用商標(3)についても，その構成からみれば，「THE HILL OF」の部分は小さく表示され，そのため「TRAPPISTINES」の部分が注目を引く構成とされていることは，前記使用商標(1)および(2)と同様である。

(3) 以上の事実を合わせ考慮するならば，Xの使用商標を付した商品「クッキー」は，昭和53年におけるその発売の当初から，特に「トラピスチヌ」「TRAPPISTINES」の文字部分の強調により，一般の取引者，需要者に対し，一見，Yにより製造，販売されているものの1つであるかのような誤解を与えかねないものといわざるをえず，Xによる使用商標の使用は，一般の取引者，需要者に対し，Yの販売に係る商品との出所の混同を生じさせるおそれが十分にあるというべきである。

11 判例批評

3 商品の出所の混同に関するXの故意について

(1) 商標法51条1項における商標権者の「故意」とは，商標権者が，指定商品について登録商標に類似する商標等を使用するにあたり，その使用の結果他人の業務に係る商品と混同を生じさせること等を認識していたことをもって足りるものと解される（最高裁昭和56年2月24日判決・最高裁裁判集民事132号175頁参照）。

(2) 弁論の全趣旨によると，Xは，昭和42年，Yと同じ函館市内において，菓子の製造，卸，小売等を目的として設立された会社であり，以来，同市内に本店を置き，上記営業を継続していることが認められる。そのことに，Yが，その所在地において，長年に渡り「トラピスチヌ」および「TRAPPISTINES」を要部とする商標を付して「クッキー」等を製造，販売してきたこと，また，Yにおける上記製造，販売の事実が一般に知られたものであること等を合わせ考慮するならば，Xは，使用商標を使用して「クッキー」の販売を開始した当時において，Yによる上記「トラピスチヌ」および「TRAPPISTINES」の商標を付した商品の販売の事実を当然に知っていたものというべきであり，さらに，Xの使用商標の構成が，前記のとおり，ことさら「トラピスチヌ」または「TRAPPISTINES」を強調したものとされていること等を考慮するならば，Xは，本件商標の指定商品（菓子）の一種である「クッキー」について，使用商標を使用するにあたり，Yの業務に係る商品と混同を生じさせることを当然に認識していたものと認めるのが相当である。したがって，Xは，使用商標を使用するにあたり，Yの業務に係る商品と出所の混同を生じさせることについて故意を有していたものと認められる。

【評釈】 判旨に賛成。

Ⅰ　本事案について問題とされている商標法51条1項については，既に，多数の文献および判例評釈により，種々の側面より論ぜられているので，本稿においては，旧ドイツ商標法における本条項と類似の規定について考察し，同規定を通じて，比較法的観点から，本条項の再検討を試みることとする。

Ⅱ　旧ドイツ商標法11条1項3号

1　旧ドイツ商標法は，商標登録出願時の不登録事由として，同法4条2項4号に，

「(2)　次に掲げる標章の登録は，排除される。

……明らかに事実関係に適合せず，誤認の虞れを生ずる記載を包含する標章」

また，登録抹消事由として，同法11条1項3号に，

「(1)　次の場合には，何人も，商標の抹消を請求することができる。

商標の内容が，事実関係に適合せず，ために，誤認の虞れを生ずることを示す事情が存在する場合」

の各規定を設け，一般消費者に誤認を生ぜしめる商標から有効に保護するため，出願の時点のみならず，爾後に生じる誤認の危険に際しても，その救済を認めている。以下，わが国商標法51条1項に対応する右旧ドイツ商標法11条1項3号につき，概観することとする。

2　本条は，商標の機能である識別機能・出所表示機能・品質保障機能等を喪失した商標を，商標登録簿から除去することにより，一般公衆の利益，特に，消費者および競業者の商標登録簿の記載の純正保持（Reinerhaltung der Zeichenrolle）についての利益を保護するものであり，その公衆訴訟（Popularklage）としての性格上，訴訟要件である抹消請求者（原告）の私的権利保護の利益の存在を必

要としない。また，単なる商品の「出所混同の危険」に対する保護
は，商標法の体系上は，私的利益の保護として構成せられており，
後願により先願権を侵害せられた先出願者は，ドイツ商標法11条
1項1号に規定する「先出願に基いて，同一または類似の商品につ
いての商標が，商標登録簿に登録されている場合には，……当該商
標権者は，（後願の）商標の抹消を請求することができる。」との条
項に基づいてのみ，抹消訴訟を提起し得るのであり，同条項による
抹消訴訟とともに，公衆訴訟である同条同項3号による抹消訴訟は，
認められないとし，かように解しないならば，11条1項1号の条
項は，不必要となるからであるとされる。

3　商品の出所についての単なる混同は，本質的には，未だ一般
公衆の利益を侵害するものとは言い得ず，流通市場において知られ
ていない商標の有する通常の出所表示機能は，本条にいう商標の
「内容」には属しない。商標が，当該商標を付された商品の状態・
品質（Beschaffenheit）または価値（Wert）についての何らかの事柄
を示唆する場合に初めて，当該商標は，「内容」を有することにな
る。当該商標が，如何なる内容を有するかは，取引上の通念によっ
て，定められる。商標が，商品の品質または用途について有利な示
唆をしているが，その示唆が真実ではない場合には，本条の「商標
の内容が，事実関係に適合せず……」不真実であること，に該当す
る。また，語の意味が，商標の内容を不真実なものにする場合があ
るのみならず，その競業的内容も，商標の内容を不真実なものにす
る場合がある。例えば，幻想商標（Phantasiezeichen）は，その商標
自体のみを考察すれば，直接的には別段何らの意味も示していない
が，消費者等を対象とする商品流通市場では，当該幻想商標を付し
た商品に，ある種の価値評価（Wertschätzung）を与える如き，競
業的内容を有する場合がある。したがって，このような場合には，

幻想商標も,「内容的に」不真実である場合がある。この場合, 特定の品質に関する価値評価までも要求されないのであり, 一般的良品質機能 (allgemeine Gütefunktion) を有すれば足り, 商標が, 商品流通市場において, 特定の出所を表示するものとして受取られ, したがって, 当該商標を付した商品は, 価値評価を得るに足る程度に周知になっている場合には, 当該商標は, 一般的良品質機能を有するものとされる。

4 「誤認の虞れ (Täuschungsgefahr)」は, 商標の内容が真実でないことによって生じたものでなければならない。仮に, 商標に不真実が存在していても, 購買者の購買意思に全く影響を与えない場合には,「誤認の虞れ」は存在しない。「誤認の虞れ」の存在には, 当該商標を付した商品に有利に, 購入者の意思決定に影響を与え得る程度の一般的良品質機能を有するのみで足りる。また,「誤認の虞れ」の判断に際しては, 当該商標以外に存在する事情, 例えば, 当該商標が通常使用せられる際に生ずる事情もまた, 考慮されなければならない。

「誤認の虞れ」は, 客観的に存在していれば足り, 当該商標権者が, 不正な意図を有することを必要としない。また, その判断は, 取引上の通念, すなわち, 平均的購買者の観点によって定めなければならない。したがって, ある程度の数の購買者が誤認する可能性があれば, 十分である。

「誤認の虞れ」が存在しなければならない時点は, 最終の口頭弁論の終結時であって, 訴提起の時点ではない。これは, 商標出願についての特許庁の審査において, 登録の時点が基準とされるのに対応するものである。

5 本条の公衆の利益を保護する公衆訴訟としての性格上, 権利濫用の抗弁, 公序良俗違反の抗弁, 失効の抗弁, 契約 (例えば, 当

該商標の使用の認容）に基づく抗弁，実体上の権利に基づく抗弁等は，認められない。

6　前述した旧ドイツ商標法の規定は，1968年1月2日公布にかかるものであるが，1994年10月25日付，右旧商標法の全面的改正がなされた標章法改正法（Markenrechsreformgesetz）は，旧商標法の学説および判例による解釈を明文化し，次の如き規定を設けている。

49条2項2号

「(2)　次の場合には，標章登録は，消滅（Verfalls）により，申立に基づき，抹消せられる。

標章が，指定商品または指定役務について，標章権者による使用またはその許諾による使用の結果，当該商品または役務の種類・品質または地理的出所について，公衆に誤認の虞れを生ぜしめる場合」

55条2項1号

「消滅を理由とする抹消請求の場合には，何人も，訴の提起をなし得る」

Ⅲ　商標法51条1項

1　「他人の業務に係る商品と混同を生ずるものをした……」の意味

商標法51条1項は，旧ドイツ商標法11条1項3号と同様，その公衆訴訟としての性格上，公衆の利益，特に消費者および競業者の利益の保護を目的とする規定であり，したがって，同条項の解釈に際しても，右の観点が重要視されなければならない。以下，この観点から本条項を検討するに，本条後段には，「商品の品質……の誤認，又は，他人の業務に係る商品……と混同を生ずるものをした……」と規定され，他方，商標登録出願に際しての不登録事由とし

て,「商品の品質の誤認」については, 4条1項16号に, また,「他人の業務に係る商品との混同」については, 4条1項15号に,それぞれ規定が設けられ, 後者については, 私益保護の条項に該当するとの見地から, 登録無効審判の請求において, 47条による5年の除斥期間に服する旨規定せられ, 前者については, 公益保護の条項として, その適用が排除せられている。したがって,「他人の業務に係る商品との混同」との要件は, 不登録事由としては私益保護の見地から, また, 商標登録取消事由としては公益保護の見地から, それぞれの規定が設けられているが故に, その文言の表現は同一であるが, その条項の意味は, 別異に解釈されなければならない。

前述の如く, 商標法4条1項15号に規定する「商品の出所の混同」に対する保護は, 旧ドイツ商標法におけると同様, 私的利益の保護として構成せられており, 商品の出所についての単なる混同は, 未だ公衆の利益を侵害するものとはなり得ず, 商標が, 当該商標を付された商品の品質または価値についての示唆を表示し, これらの点について誤認の虞れを生ぜしめる場合に初めて, 公衆の利益に関係を有することになる。

以上よりして, 本条項に規定する, 後段前文の「商品の品質の誤認」とは, 当該商標自体, または, その指定商品との関係において,商品の品質の誤認を生ずる場合を意味し, 後段後文の「他人の業務に係る商品と混同を生ずる……」とは, 他人の業務に係る商品との関係において,「当該商品の品質または価値」について誤認を生ずる, との意味に解すべきこととなるであろう。

2 本条の立法趣旨

本条の立法趣旨につき, わが国の通説・判例は殆んど例外なく,「一般公衆の利益が害されるような事態を防止し, かつ, そのような場合に当該商標権者に制裁を課す趣旨である」(特許庁編「工業所

有権法逐条解説13版)としている。

しかし，本条の立法趣旨は，前記ドイツ商標法について考察した如く，商標登録後に商標本来の機能である識別機能・出所表示機能・品質保証機能等を喪失した商標を商標登録簿から除去することにより，商標登録簿の記載の純正保持（Reinerhaltung der Zeichenrolle）についての公衆の利益を保護することにあると解するのが妥当であると思料せられる。すなわち，このような商標の機能を有しない標章は，商標登録出願時においては，不登録事由として拒絶されるのであり，不登録事由が，商標権者自身の使用態様により，商標登録後に発生した場合には，商標登録簿から当該商標を抹消することにより是正するのが，本条の規定の立法趣旨であると解せられる。

3 立法論

以上述べたところよりすれば，本条項において，「登録商標の指定商品についての使用」を本条の適用から除外したこと，および，商標権者の「故意」を本条適用の要件としたこと，は本条の立法趣旨に反することになり，前者についてはこの要件を挿入し，後者についてはこの要件を削除すべきである，と思料せられる（石井照久「判例民事法昭和7年64事件」210頁において，「私は，該條が，単に他の商標権者の利益保護のみならず，一般消費者の側に於ける商品の誤認混同に因り蒙る不利益をも防止することを目的とするものなる以上故意を要件とせることを立法論として反対するものである。」と述べられている）。

IV 本件事案について

1 判示事実によれば，Yの前身であるトラピスチヌ修道院は，キリスト教の女子修道院として，明治31年に函館市内の現在地に設立され，宗教法人として設立された後の昭和34年ごろからは，

「トラピスチヌバターアメ」「TRAPPISTINES BUTTER AME」の商標を用いて，バター飴を製造・販売し，その後も「トラピスチヌクッキー」「TRAPPISTINES COOKIES」「トラピスチヌバター飴」の商標により，クッキー，バター飴等を製造・販売して現在に至っており，Xが使用商標の使用を開始した昭和53年の時点では，Yの「トラピスチヌ」「TRAPPISTINES」を要部とする前記各商標は，Y修道院の名称である「トラピスチヌ修道院」とともに，Yの「名称商標」として一般に周知のものとなっていたのであるから，前記旧ドイツ商標法の項で述べた一般的良品質機能を有するものと認められ，XによるYの「トラピスチヌ」「TRAPPISTINES」を要部とする商標の使用は，一般の取引者，需要者に対し，一般的良品質機能の誤認を伴う，Yの販売に係る商品との出所の混同の虞れを生じさせるものである。したがって，本件事案は，商標法51条1項の前記後段後文を，「他人の業務に係る商品の品質または価値について誤認を生ずる」との意味に解釈する場合においても，右要件を充足するものと認められる。

2 「故意」の要件について

「故意の要件の意義については，学説・判例が分かれているが，大別すると，①故意とは他人の商標の存在を認識していればよいとする説。と，②その使用が他人の商品と混同を生ずるおそれがあることの認識をも必要とする説。とに分けられる。特許庁の実務は概ね①によって処理されている事例が多いとされ，また，①が通説とされる。混同認識を厳格に考えたり，その意義を誤解したりすると認定を誤るおそれがあり，需要者保護の観点から，多くの判決のある後説よりも，通説といわれる前説に賛成したい。」(小野昌延「商標不正使用による商標登録取消審判」)と述べている。(なお，石川義雄「商標法第51条第1項にいう故意の意義」には，学説・判例が網羅的

に掲記されている）

　前述の如く，商標法51条1項前記後段後文の「他人の業務に係る商品と混同を生ずる」との文言を，「他人の業務に係る商品の品質または価値についての誤認を生ずる」と解することを前提として，「故意」の要件を，同条項から削除すべきであると主張するものであるが，右の如き解釈を採用していない現在のプラクシスにおいては，逆に「故意」の要件を厳格に解釈し，不正競業的な意図として「他人の商品と混同を生ぜしめる意図」と解する方が，一般公衆の利益の保護──前述した如く，単なる「商品の出所の混同」に対する保護は，私的利益の保護であると解せられる──を目的とする本規定の制度目的に合致するのではないかと思料せられる。何故なれば，「他人の商品と混同を生ぜしめる積極的な意図」が存在する場合には，当該他人の商標は，前述の「一般的良品質機能」を有すると推測せられるからである。すなわち，当該他人の商標が「一般的良品質機能」を有するからこそ，商標権者は，その使用により，当該他人の商品と混同を生ぜしめようとする積極的な意図が働くのが通常であるからである。したがって，「当該他人の商品と混同を生ぜしめる意図」すなわち「故意」の立証のためには，当該他人の商標が「一般的良品質機能」を有することの立証と同一に帰することになるであろう。本件事案は，その好適例である。

（参考文献）

Baumbach / Hefermehl, "Warenzeichenrecht" 12. Aufl., 1985 S. 558-576

Reimer, "Wettbewerbs-und Warenzeichenrecht" Bd. 1, 4. Aufl., 1966 S. 547-552（Trüstedt）

(2) 発明の未完成

東京高裁昭和 49 年 9 月 18 日判決
(昭和 48 年(行ケ)第 91 号特許出願拒絶査定に対する審判の審決取消請求事件)

【事実の概要】

原告は「薬物製品」なる発明について特許出願をしたところ，拒絶査定を受けたので，審判を請求した。しかし，特許庁はその請求を認めなかったので，原告は，東京高裁に審決取消の訴えを提起した。

原告の発明の要旨は，「活性剤としてジアルキルスルホキシド特にジメチルスルホキシドを含むことを特徴とする獣医用組成物」であるが，審決は，拒絶理由をそのまま引用して，「本願発明は，明細書記載の技術内容をもってしては，家畜病治療用組成物(獣医用組成物と補正された)の発明が完成したものとすることができないから，特許法第29条1項柱書にいう発明に該当しない」として，本件発明の特許性を否定した。

原告は，これに対し，「特許法には，発明未完成なる観念および発明未完成を特許出願について拒絶すべき理由にできることについては，何ら規定するところはない。したがって，本件審決は拒絶することができない理由によって拒絶したものである」旨主張した。

以上の原告の主張に対し，被告代理人は，「特許法2条は，この法律で「発明」とは，自然法則を利用した技術的思想の創作のうち高度のものをいう。」と定めており，29条1項柱書にいう発明は，右2条に定める発明でなければならないと解せられるところ，発明は，特定の技術的課題を解決するために特定の技術的構成を採用し，

その結果として特定の効果を発揮するものであるから、技術的課題だけが存在し、その解決のための技術的構成が確立しておらず、また、その効果も確認されていないものは、発明として未完成のものというべく、このように、構成およびそれと効果との因果関係が確立していないものは、まだ完成していないから創作とはいえず、また、自然法則に基づく因果関係を利用して一定の目的を達成するものでないから技術的思想ともいうことができず、したがって、創作、技術的思想のいずれの点からも、2条にいう発明ではない旨、反論した。

【判　旨】

　特許法49条1号の規定によれば、特許出願にかかる発明が29条の規定により特許することができないものであるときは、その特許出願について拒絶しなければならないことは明らかであり、また、29条1項柱書は、「産業上利用することができる発明をした者は、次に掲げる発明を除き、その発明について特許を受けることができる。」と定めているから、特許出願につき、出願にかかる発明が29条1項柱書の発明に当らないことを理由として、拒絶すること自体は、必ずしも違法とはいえないであろうが、本件審決において、本願発明が29条1項柱書にいう発明に該当しないことの根拠とする本願発明が完成したものとすることはできないとの点については、29条はもとより、特許法の全規定中にも、特許出願にかかる発明の完成、未完成に関する事項を定めたものと解するに足りる規定はなく、また、発明の未完成をもって特許出願の拒絶理由とすることができる旨を定めた規定も見出しえない。したがって、本件審決は、特許法の定めていない拒絶理由により、換言すれば、特許法上の根拠なしに、本願出願につき拒絶をすべきものとしたものというべく、

違法たるを免れない。

　また，特許法2条の規定から被告主張のような発明完成の意義および発明の完成，未完成を区別する基準等を直ちに見出すことはできない。……被告として，本件について，強く反省しなければならないことは，特許出願を国家に対する登録要求権として肯認する（いわゆる権利主義をとる）現行特許法のもとにおいては，発明の未完成などという明文の根拠を欠く，不明確な理由により（発明未完成を拒絶理由としうるとすることは，特許法49条および同条1号に掲げる29条の各規定の趣旨について，如何なる見解をとるにせよ，疑いもなく，不可能である），特許出願について拒絶をしてはならないということである。

【評　釈】

　本判決に摘示された特許庁の審決内容からは，本願発明の具体的内容について出願明細書に基づいた理論的分析が不十分であり，そのため，審決が，本願発明の如何なる点を以て発明未完成としたかが必ずしも明瞭ではなく，また，裁判所における原告の主張も，主として，「発明未完成なる特許法に明文の規定を欠く拒絶理由によって，拒絶がなされた」点を問題とし，したがって，本判決も，専らこの点のみを判断の対象としているが故に，本稿においても，本件の具体的事案との関連において発明未完成といい得るか否かを問題とせず，法律解釈上「発明未完成」が特許の拒絶理由となるか否か，すなわち，「発明の完成」が特許付与の要件とせられるか否かについてのみ，論評することにする（この点については秋山武「発明の完成および未完成問題」パテント1975年 VoL.28, No.1参照）。

　1　先ず，わが特許法の母法といわれ，かつ，わが特許法同様，発明未完成を以て特許出願の拒絶理由とする明文の規定を有しない

独逸特許法において,本問題が如何に論ぜられているかを学説・判例について考察することにする。

(1) コーラーの所説 (Josef Kohler, "Lehrbuch des Patentrechts", 1908, S.53)

問題の提起がなされたのみで,解決がなされていない場合には,完成した発明は存在しない。そして,発明者が,解決の間近かにあった場合も同様である。すなわち,発明者が,たとえ,解決にあと数歩を残すにすぎない場合であっても,如何なる請求権 (Anrecht) をも取得することができないのであり,このことは,その後,幸運な思いつきによって真実の解決に到達した者に対しても,同様である。すなわち,物事を完成に導いた者に対して主張し得る半分の請求権 (Halbanrecht) を伴う半分の発明 (Halberfindungen) なるものは存在しないのである。いずれにしても,かような理論は不当である。何故なれば,半分の発明では人類は新しい法益を獲得したことにはならないからであり,むしろ,かような理論は,大きな混乱と耐え難い紛糾に導くことになるであろう。

(2) フブマンの所説 (Heinrich Hubmann, "Gewerblicher Rechtsschutz", 1974, 3. Aufl., S.76)

発明は,完成されていなければならない。すなわち,当該技術的処方は,他の当業者による実施を可能にするものでなければならないのであり,発明的所与を前提とする実験を必要とするものであってはならない。

(3) ヴァイスの所説・同旨の判例 (Krausse / Kathlun / Lidenmaier,「"Das Patentgesetz"」1970, S.27-28)

発明にとっては,技術的価値の創造がその本質を構成するとされる場合に,この要件は,与えられた技術的教示がその目標を達成した場合にのみ,充足せられることになる。すなわち,発明は,当業

者が提示した手段により，課題の解決に到達し得た時点において初めて，完成するのである（GRUR 1954年317頁（319頁）掲載の連邦裁判所判決，GRUR 1962年80頁（81頁）掲載の連邦裁判所判決，各参照）。

(4) テヒナウの所説・同旨の判例（Klauer-Möhring, "Patentrechts Kommentar", Bd. I, 1971, S.75）

発明の実施可能性は，理論上，発明が完成していることを前提とする（GRUR 1936年245頁以下掲載のライヒ裁判所判決参照）。したがって，発明を利用せんとする者が，予め多くの実験を行うことなくして，または，自己の発明的所与を加えることなくしては，出願明細書に記載された処方により実施し得ない場合には，当該発明は，特許を求めるに未だ熟していないものである（GRUR 1931年751頁掲載のライヒ裁判所判決参照）。

(5) テツナーの所説・同旨の判例（Heinrich Tetzner, "Das materielle Patentrecht der Bundesrepublik Deutschland", 1972, S.124）

当業者は，出願の日において，当該技術理論を，特許明細書に基づいて発明的所与を加えることなく実施し得るものでなければならない（Blatt誌1902年44頁掲載のライヒ裁判所判決，Blatt誌1915年213頁掲載のライヒ裁判所判決，Mitt誌1929年8頁掲載のライヒ裁判所判決，MuW誌1936年51頁掲載のライヒ裁判所判決，GRUR誌1951年704頁掲載の連邦裁判所判決，参照）。発明が意図された目的を達成していないか，または不十分にしか達成していない場合，発明が実際に確実にその機能を発揮しない場合，または，確実にその機能を発揮せしめるためには，さらに他の未だ見出されていない補助手段を必要とする場合には，当該発明の特許能力は否定されなければならない。すなわち，当該発明は，未だ「完成（fertig）」していないことになるのである（JurW 1936年1525頁Nr.4掲載のライヒ裁判所判

決，MuW 誌 1938 年 164 頁掲載のライヒ裁判所判決，BetrB 誌 1971 年 11 頁掲載の連邦裁判所判決，参照）。

(6) ボックの所説（Benkard (Hans Bock), "Patentgesetz Gebrauchsmustergesetz", 1973, 6. Aufl., S. 154-155）

発明者は，その認識に基づく技術的発明の完成を以て，特許を求める権利を取得するに至る。したがって，特許の付与は，先ず，「完成した発明（fertige Erfindung）」の存在を必要とする。「完成した発明」とは，一般的にいうならば，自然界の力または物質を，因果関係的に予見し得る結果の発生に利用することに存するのであり，それは課題とその解決から成り立つものである。

(7) ベルンハルトの所説（W. Bernhardt, "Lehrbuch des Deutschen Patentrechts", 1973, 3. Aufl., S. 41）

発明は，具体的な技術的課題を，現実に，解決することを必要とする。これを，発明の実施可能性（Leistungsfähigkeit）または発明の技術的使用可能性（technische Brauchbarkeit）と称せられる。

解決は，使用せらるべき技術的手段が当該発明の処方に従って使用せられた場合には，技術的結果を生来せしめるのに適合するものであることが前提とされる（技術的手段の因果関係的原因性）。したがって，例えば，発明にかかる機械は，発明的効果として示された所期の作業能力を有するものでなければならないのであり，また，発明にかかる方法は，求める物質を産出するものでなければならない……。

解決思想が，実際に実施せられ得ない限り，未だ解決は存在しない。したがって，発明者が，解決を観念的に案出するのみでは不十分である。何故なれば，現実の実施にあたっては，経験上，困難にして時間を要する実験によってのみ除去せられ得る障害が，生ずることが往々にしてあるからである。解決思想の現実の実施がなされ

て初めて，発明は完成するのである。それ故，発明思想は，現存の当該技術的手段によって，現実に実施可能のものでなければならない。この実施可能性（Ausfüuhrbarkeit）は，発明の本質的な概念要素（wesentliches Begriffsmerkmal）を構成するものである。アッベ（1840 - 1905。ドイツの物理学者。光学器械の改良・発明に貢献した〔筆者注〕）は，光学器械に使用されるレンズの組合せの理想的な方式を技術的な算定によって案出したが，この彼の考案は実施されるに至らなかった。何故ならば，この考案に必要なガラスの品質が，製造不可能とされたからである。したがって，この場合には，完成した発明は存在しなかったことになる。

以上のように，独逸の学説および判例は，早くから一致して，「発明の完成」が，特許付与の一要件であること，ならびに，これが欠如する場合には，特許付与後においても，独逸特許法13条により無効とせられるべきことを認めてきたのである（本条にも，もちろん，「発明の未完成」を無効事由とする明文の規定は存在しない）。

なお，ここで留意すべきことは，独逸特許法においては，特許付与の積極的要件を規定するものとしては，特許法1条1項の「新規な発明であって，産業的に利用することのできるものは，特許される。」との条項のみであって，重要な特許要件とされる「進歩性（Fortschritt）」および「発明の高度性（Erfindungshöhe）」なる概念もすべて，学説および判例によって認められるに至ったことである。世上，往々にして，独逸法学は概念法学であるとの譏を受けることがあるが，これを仔細に考究すれば，学説・判例が如何に真摯に法の具体的妥当性に迫り，これを精緻な概念として構成し，展開し来たったかを知るのである。なお，現行ドイツ特許法1条1項は，「特許は，発明的活動に基づき，産業上利用され得る新規な発明に対して付与される」旨，明文の規定を設けている。

2 次に、わが国において本問題が如何に論ぜられているかについて考察するに、筆者が知り得た範囲では、以下に引用する吉藤幸朔著『特許法概説（第13版）』（2001年、有斐閣）が本問題を直接取扱った唯一の文献である。同書（58頁）は、特許を受けることができる「発明」の定義として、「具体性を欠く発明 —— 未完成発明」なる項目の下に、「発明として成立するためには、どの程度の具体性を必要とするか、いいかえれば、どの程度のものが発明としての具体性を欠くために発明としては未完成（未完成発明）とされるかについて述べる。

①単なる問題（課題）もしくは着想の提出又は願望の表明に止まり、どうしてこれを実現するかが分らないものは、発明としての具体性を全く欠くものであるから、未完成発明である。

②解決手段は示されているものの、きわめて漠とした提案にすぎないため、どのようにしてこれを具体化するかの詳細が明らかでないものは、未完成発明である。

③解決手段は示されているものの、その手段のみをもってしては目的を達成することができないと認められるものは、未完成発明である。

④ある技術的課題を完全に解決するためには複数の構成要件の結合が必要であるとの新しい着想を得て研究を進めたものであっても、そのうちの一つの構成要件は未解決で、現在の技術水準をもってしては実現不可能であり、将来の実現可能性も不明であるものは、全体として着想の域を脱しないものに帰するから、未完成発明である。

技術は日進月歩し、昨日不可能と思われたものも今日可能となるものが少なくないからといって、未解決の問題もすべて将来いつかは解決されるはずであるとして、単純に発明の完成を肯定すること

は，技術的根拠を欠き不合理である。

　かりに，その発明の未解決の部分が後日解決されたとしても，その時はじめて発明が完成されたことになるにすぎない。

　⑤構成が具体的に示されていても，その構成を解決手段として認めるためには，実験結果等の具体的裏付けを必要とするにもかかわらず，その裏付けがないものは，未完成発明である。」とされている。

　なお，本問題を直接論じたものではないが，豊崎光衛『工業所有権法（新版）』（7頁，1975年，有斐閣）は，「……そして一定の条件すなわち，いわゆる特許要件（特29条以下参照）をそなえた発明を完成した者が，……特許庁に特許出願をすると……特許権が発生し，……。」とされている。（傍点筆者付加）

　3　最後に私見を述べれば，特許法は，その1条に，特許法の目的として「この法律は，発明の保護および利用を図ることにより，発明を奨励し，もって産業の発達に寄与することを目的とする。」旨規定せられているのであるが，これを特許法の全般に関連づけて解釈すれば，

　　発明者は，他人に先駆けて発明なる価値対象を国民経済に齎らすものであるが故に，保護さるべきであるとの見地に立ち，そのため，発明者に，この経済的財貨を一定の期間に限り独占的に利用することを保証し，これによって発明を奨励すると共に，他方，国民産業の振興なる公共の利益よりして，この発明について公開義務を課し，特許権の存続期間経過後は，何人も自由に利用し得る国民的共有財産たらしめ，もって産業の発達に寄与せしめることを目的とする

ものということができる（Busse, Patentgesetz, 1964, 3 Aufl., S. 2）。

　したがって，一定の存続期間を限り，特許権の付与なる独占権に

11 判例批評

よって保護が与えられる発明は，最終的には，国民的共有財産として国民経済に貢献をもたらす価値対象でなければならない。そして，この要件は，「完成した発明」である場合にのみ充足せられるものであることは多言を要しないところである。

次に，特許法の具体的法条との関係においてこれを論ずるならば，特許出願の形式的要件を規定した特許法36条4項（現行特許法36条4項1号）は「第2項第3号の発明の詳細な説明には，その発明の属する技術の分野における通常の知識を有する者が容易にその実施をすることができる程度に，その発明の目的，構成および効果を記載しなければならない。」旨述べている。本規定は，その発明が完成していることを当然の前提として，たとえ，発明者が，客観的に発明の課題を具体的な解決方法によって解決し，発明の意図する技術的効果を生来せしめ得たもの，すなわち，発明が完成したものであっても，これが当業者によって出願明細書記載の処方に基づいて，発明者がなし得た如く，実施し得る程度に記載されていない場合には，発明が客観的に完成していない場合と同視し，特許法49条3号（現行特許法49条4号）により出願を拒絶し得るものとしているのである。

要するに，特許法36条4項（現行特許法36条4項1号）の規定は，発明の概念中には，発明が完成されたものであることを概念必然的に内包しているとの前提に立つものであり，同法29条1項柱書の産業上利用することができる「発明」を，「完成した発明」と解することは，前述した現行特許法制度の目的ならびに特許法36条4項（現行特許法36条4項1号）の法意に照し，当然の帰結というべきである。なお，特許法2条1項は「発明」についての定義を設けているが，同条同項は，発明として具備すべき他の側面を明文化したにすぎないものであり，同条の故をもって，この結論を左右する

ものではない。

以上よりして，判旨に反対するものである。

---

(3) 出願の分割をなしうる範囲

最高裁昭和56年3月13日第2小法廷判決
(昭和53年(行ツ)第140号審決取消請求事件)

【事実の概要】

原告Xは，昭和36年7月19日名称を「共軛ジエン重合方法」とする発明につき，昭和35年7月25日アメリカ合衆国においてした特許出願に基づく優先権を主張して特許出願(以下,「原出願」という。)をなし，昭和38年5月27日出願公告された。そして，同年10月3日，原出願から，名称を当初原出願と同一，その後「ブタジエン重合方法」と訂正した発明につき，分割出願(以下,「本願」という。)をしたところ，拒絶査定を受けたので，審判の請求をしたが，「出願の分割は，本来特許出願されている発明，具体的には明細書の特許請求の範囲に記載されている発明について，それが2つ以上ある場合について許容されると解すべきである。ただ出願公告決定前にあっては，特許法第41条の規定により特許請求の範囲の増加または変更が許容されている結果，明細書中に記載されているが，その特許請求の範囲に記載されていない発明についても，特許出願の分割が認容される。しかるに，本願は，原出願の出願公告決定後の分割出願であるから，本願の特許出願の時にあっては，原出願について特許請求の範囲の増加はもはや許されない。」との理由により，審判の請求は成り立たないとの審決がなされた。

11 判例批評

　審決に対し原告Xは，右審決の取消訴訟を東京高裁に提起したところ「査定または審決の確定前である限り，出願の分割に時期的な制約はなく，それが出願公告決定前であると後であるとによってその法的効果を異にすべき根拠はないといわねばならない。」また，「特許法第44条にいう出願の分割の制度は，1発明1出願の原則に反する出願や特許請求の範囲に2以上の発明が記載されているが併合要件を満たさない出願を救済するためだけでなく，当初は特許を請求していないが明細書の発明の詳細な説明または図面に開示されている発明について，（公開の代償として独占権を与えるという特許制度の趣旨からして）後日特許を請求するための出願人の権利をも定めたものと解すべきである。したがって，出願の分割は，もとの出願の特許請求の範囲に記載された発明についてだけ許されるのではなく，明細書の発明の詳細な説明または図面に記載されている発明についても許されるのであって，このことは，出願公告決定の前後を通じて変らないものと解するのが相当である。」との理由により，前記審決を取り消した。

【判　旨】

　判決に対し，被告特許庁長官は上告したが，昭和56年3月13日最高裁は，「特許制度の趣旨が，産業政策上の見地から，自己の工業上の発明を特許出願の方法で公開することにより社会における工業技術の豊富化に寄与した発明者に対し，公開の代償として，第三者との間の利害の適正な調和をはかりつつ発明を一定期間独占的，排他的に実施する権利を付与してこれを保護しようとするにあり，また，前記分割出願の制度を設けた趣旨が，特許法のとる1発明1出願主義のもとにおいて，1出願により2以上の発明につき特許出願をした出願人に対し，右出願を分割するという方法により各発明

につきそれぞれもとの出願の時に遡って出願がされたものとみなして特許を受けさせる途を開いた点にあることにかんがみ，かつ，他にこれと異なる解釈を施すことを余儀なくさせるような特段の規定もみあたらないことを考慮するときは，もとの出願から分割して新たな出願とすることができる発明は，もとの出願の願書に添付した明細書の特許請求の範囲に記載されたものに限られず，その要旨とする技術的事項のすべてがその発明の属する技術分野における通常の技術的知識を有する者においてこれを正確に理解し，かつ，容易に実施することができる程度に記載されている場合には，右明細書の発明の詳細な説明ないし右願書に添付した図面に記載されているものであっても差し支えない，と解するのが相当である。次に，特許法旧44条2項は，前記特許出願の分割は，特許出願について査定又は審決が確定した後は，することができないと定めており，前記のように，特許出願により自己の発明内容を公開した出願人に対しては，第三者に対して不当に不測の損害を与えるおそれのない限り，できるだけこれらの発明について特許権を取得する機会を与えようとするのが，特許制度及び分割出願制度に一貫する制度の趣旨であるから，以上の趣旨に徴するときは，分割出願は，もとの出願について査定又は審決が確定するまではこれをすることができると解するのが相当であり，このように解しても，第三者に対し不当に不測の損害を与えるおそれがあるとは考えられない。」との理由により，上告を棄却した。

【解　説】

1　本件事案の経緯については，特許法第44条の規定の趣旨および同条の「発明」の解釈についてその見解が分かれていたため，特許庁は昭和52年5月27日の評議会において同条についての審査

11 判例批評

基準を決定した。審査基準によれば,「出願の分割の審査にあたっての原出願における発明は,特許請求の範囲に記載された事項によって特定される発明をいうものとする。ただし,出願の分割の際,補正により特許請求の範囲に記載することができ,かつそれによって特定される発明も原出願における発明として取り扱う。」とし,その理由として「特許法第44条第1項は『2以上の発明を包含する特許出願の一部を1又は2以上の新たな特許出願とすることができる。』と規定しているだけで,『包含する2以上の発明』が特許出願に係る発明であるか否かを明らかにしていない。しかしながら,出願の分割の趣旨が『1発明1出願の原則』の違反に対する救済措置であることから,分割出願は,原出願において特許を受けようとする発明を対象としてなされるべきものであり,また特許法第38条本文の『発明』は,同法第36条第4項および第5項の規定により,『特許請求の範囲に記載された事項によって特定される発明』であると解されることを考慮すると,出願の分割をする対象となる発明は,特許請求の範囲に記載された事項によって特定される発明,すなわち,原出願に係る発明であると言える。」とするものであった。

しかるに,その後,大正10年旧特許法に関する東京高裁昭和47年(行ケ)89号昭和53年5月2日判決(最高裁昭和53年(行ツ)101号昭和55年12月18日判決)以下昭和45年改正前の特許法に関する東京高裁昭和51年(行ケ)54号昭和53年6月28日判決(本件原審判決)・東京高裁昭和52年(行ケ)168号昭和54年4月10日判決および東京高裁昭和53年(行ケ)72号同73号昭和54年4月24日判決があいついでなされ,各判決は,前記特許庁の審査基準の見解を否定し,特許法第44条第1項に言う「2以上の発明を包含する特許出願」とは,原出願の特許請求の範囲に記載された発明のみならず,原出願明細書に開示されたすべての発明を含むものであり,

このことは出願公告決定の前後を通じて変らないとするものであった。

本件事案は，上述のように，全く同一の事案につき，東京高裁の再三におよぶ同旨の判決にも拘らず，特許庁がその審査基準を固守して争い，また，東京高裁の各判決および最高裁の判決をめぐって，末尾に掲記した如く，数多くの文献における論争が活発に展開された最近における珍しいケースである。

2　特許法第26条は，「特許に関し条約に別段の定があるときは，その規定による」と規定し，特許に関する条約——したがって，わが国が加盟している「工業所有権の保護に関するパリ条約」も——が国内法的効力を有するとともに，国内法に優先して適用される旨，明文を以て規定している。同パリ条約第4条Gは，「1．審査により特許出願が複合的であることが明らかになった場合には，特許出願人は，その特許出願を2以上の出願に分割することができる。この場合において，特許出願人は，その分割された各出願の日付としてもとの出願の日付を用い，優先権の利益があるときは，これを保有する。2．特許出願人は，また，自己の発意により，特許出願を分割することができる。この場合においても，特許出願人は，その分割された各出願の日付としてもとの出願の日付を用い，優先権の利益があるときは，これを保有する。各同盟国は，その分割を認める場合の条件を定めることができる」と規定しているが，同1項は，1934年のロンドン会議において挿入せられ，わが国においては昭和13年8月1日より効力を発生したが，同規定は，出願審査の過程で発明の単一性の欠如を審査官により指摘せられた出願人を救済するため，受動的に出願人によりなし得る分割出願として設けられたものであり，また，同2項は，1958年のリスボン会議で新たに加えられ，わが国においては昭和40年8月21日より効力を発生し

たが，同規定は，出願者に対し，出願手続の段階に制約せられることなく，能動的に当該出願を 1 出願とするかまたは複数の出願とするかについての自由な決定を —— したがって，当該出願が発明の単一性を有する場合においても —— 出願者に認めたものであり，出願者に権利としての分割権を認めたものである。

同パリ条約第 4 条 G 2 項は，前記の如く昭和 40 年 8 月 21 日より効力を発生し，本件事案には直接適用せられ得ないのであるが，特許法第 44 条 1 項の規定は，その文言上，同パリ条約第 4 条 G 1 項および 2 項に規定する場合を包含するものと解し得るが故に，以下に紹介する同パリ条約第 4 条 G 2 項の解釈についてなされたドイツ連邦特許裁判所の判決は，本件事案を考察する上で有益であろうと思料せられる。

3　ドイツ連邦特許裁判所 1977 年 1 月 12 日第 9 部決定（連邦特許裁判所判例集 20 巻 1 頁以下）は，

「パリ条約第 4 条 G 2 項による分割出願は，原出願が異なった発明対象すなわち分割可能な発明対象を包含するとともに，分割出願において特許保護が求められる特徴が原出願明細書中にその使用が当業者により可能な程度に開示せられているのみでは不十分であり，当該発明の課題および解決方法よりして当該発明に本質的に重要な特徴として，十分な開示がなされていることを要件とする。すなわち，技術的行為に関する教理の開示（実体上の開示 —— sachliche Offenbarung）のみでは不十分であり，当該発明にとり本質的に重要なものとしての開示（形式上の開示 —— formale Offenbarung）を必要とする。」とし，また，出願公告後の分割に関する事案において，同裁判所 1972 年 1 月 28 日第 36 部決定（連邦特許裁判所判例集 13 巻 189 頁以下）は，「遅くとも出願公告の段階においては，特許保護の下におかるべき対象が明確にせられなければならない。出願公告せ

られた特許請求の範囲の項の発明思想に包含されない対象が，爾後的に原出願の優先日により特許保護が与えられるとすることは，一般公衆の利益の観点からして許容され得ないことである。この場合に生ずる法的不安定性は，当該出願につき新たに出願公告がなされることによっても，除去され得ないであろう。出願の分割についても，前記と同様の理由により，爾後的に拡張せられた特許請求は許容せられない。」とし，結論として，「出願公告後に，出願公告明細書の発明の詳細な説明の項に包含せられているが特許請求の範囲の項の発明思想に包含せられない対象につき，新たな特許付与請求がなされた場合には，許されない変更に該当する」としている。

4　同パリ条約第4条G 2項についてのドイツ連邦特許裁判所の判例は，本件最高裁判所判決とは相反する見解を示すものであり，また，前記特許庁の審査基準の立場よりも厳しい基準を課するものであるが，パリ条約第4条G 2項の解釈として，分割を要する発明が，原出願明細書中において，当該発明の課題とその解決方法より構成される発明的技術思想としての開示——この場合には，出願明細書の特許請求の範囲の項の特徴に関係づけられているのが通例であろう——を要件とするか，または，単なる技術思想としての開示で足りるか，の問題を提起するものとして示唆に富むものと言い得る。

(参考文献)
(1) 本件判旨に同調する説
　　　吉藤幸朔・特許法概説［第6版］226頁
　　　紋谷暢男・ジュリスト743号276頁
　　　光石士郎・新特許法詳説469頁
　　　高畑正也・特許管理29巻1号29頁
(2) 本件特許庁審決または特許庁昭和52年5月27日付審査基準を支

11 判例批評

持する説

> 染野義信・旧特許法につき，日本工業所有権法学会年報4号
> 　197頁（但し，新特許法につき，兼子＝染野・工業所有権法
> 　136頁は，判旨と同説）
> 馬瀬文夫・民商法雑誌85巻3号513頁
> 松本重敏・特許管理31巻2号157頁

---

(4) 疎明に代わる担保の提供

大阪地裁昭和44年8月27日決定
(昭和44年(ヨ)第2664号実用新案権侵害行為禁止仮処分申請事件)

【事実の概要】

　登録実用新案第816984号の権利者Xは，同実用新案明細書の登録請求の範囲の項の文言である「ジュート麻，その他の布地，合成樹脂フィルム等よりなり，輪状物を収納しうる径を有する筒体1の一端口部2より内方に向けて輪状物Aの内外径の差を分割した巾を有する裁ち落し部3を数個設け，該裁ち落し部3の夫々両端を縦方向に縫合して筒体1に小径部4と大径部5及び上下の傾斜部6・7を形成すると共に，前記口部2には鋼線8を封入し，他端口部9には伸縮性テープ10を縫着してなる輪状物の梱包材」の記載のうち，「ジュート麻，その他の布地，合成樹脂，フィルム等の材質からなる輪状物を収納可能な径を有する筒体であって，その一端口部に鋼線を封入し，他端口部に伸縮性テープを縫着する」点が本件実用新案の考案の主要部であり，その余は従たる事項であるから，イ号が右主要部の事項を備えている以上，本件実用新案権を侵害するもの

である旨の主張をなした。

【決定要旨】

債権者である実用新案権者の主張に対し，裁判所は，書証および債務者の審訊の結果，債務者がイ号物件の製造販売等の行為をしていることを，疎明として認定の上，前記債権者の主張に対し，「実用新案においても，相手方実施の物件が登録実用新案の構成要件の一部を欠くにかかわらず，侵害が成立すると判断される場合が絶無ではない。しかし，このような判断は出願当時における技術水準ないし公知事項など斟酌するのはもちろん，慎重な審理をした上でなさるべきである。工業所有権による差止めの仮処分は，明白に侵害の事実が認められ，かつ仮処分の必要性が疎明される場合にのみこれを認めるのが妥当であり，侵害の成立につき問題があり慎重な審理を経なければ判断できないような事案については被保全権利の疎明がないか十分でないと認めるのが相当であって，このような場合に担保の提供をもって疎明に代えるのは適当ではない。本件においては，要するに，イ号物件が本件実用新案の構成要件を欠き，権利侵害の事実が明らかであるとは認めることができないから，被保全権利の疎明なきものと認める。」との理由により，仮処分申請を却下した。

【解　説】

1　民事訴訟法741条2項（同法756条により仮処分命令にも準用）は，「請求又ハ仮差押ノ理由ヲ疎明セサルトキト雖モ仮差押ニ因リ債務者ニ生ス可キ損害ノ為メ債権者カ裁判所ノ自由ナル意見ヲ以テ定ムル保証ヲ立テタルトキハ裁判所ハ仮差押ヲ命スルコトヲ得」と規定し，仮処分の要件である被保全権利の存在または（およ

11 判例批評

び）保全の必要性についての疎明が欠如している場合には，裁判所は，その代替として債権者に担保の提供を求め得るとしている。しかし，本規定は，被保全権利の存在または保全の必要性の疎明が全く欠如している場合にも，担保の提供を以て右疎明に代え得ることを容認するものではない。すなわち，本規定によるも，担保の提供により疎明を完全に代替することはできないのであり，担保は，単に薄弱な疎明を補完するために提供し得るにすぎない（Baumbach-Hartmann, "Zivilprozeßordnung" 38. Aufl., S. 1293, Stein-Jonas, "Kommentar zur Zivilprozeßordnung" 1975, 19. Aufl., §921 II 1"）。

2 特許または実用新案の侵害が成立するためには，当該請求の範囲の項を構成する特徴の全部を，侵害対象物件の特徴において充足することを要し，その一部の特徴が欠如する場合には，原則的に，侵害の成立は否定せられる。

本件事案は，イ号物件が，本件実用新案登録請求の範囲の項の特徴の一部を欠如しているが故に，原則的に，侵害の成立は否定せられ，したがって，被保全権利の存在についての疎明はなく，他方，前述した民事訴訟法第741条2項の解釈より，このような場合に担保の提供を以て疎明に代えることはできないのであるから，本件判決が，「被保全権利の疎明なきもの」として仮処分申請を却下したのは，正当である。

3 わが国の実務は，特許または実用新案侵害差止請求事件の仮処分申請手続を容認しているが，その侵害の有無に関する判断においては，当該特許または実用新案の権利範囲の確定に難解な法律上ならびに技術上の判断を伴い，さらに，当該技術分野における技術水準をも斟酌することを要し，また，当該特許権または実用新案権の存立が侵害訴訟の提起を契機として無効審判により争われる場合が多く，他方，債務者の側において先使用権または契約上の実施権

を立証することにより特許侵害を免かれ得る場合も存在するため，迅速性を要求せられる仮処分手続において，前記に述べたような各争点につき，短時間のうちに判断を下すことは到底不可能である。一方，特許または実用新案侵害差止仮処分申請事件において申請せられる仮処分決定は，侵害行為の差止めを内容とする満足的執行に到る断行の仮処分であるが故に，その執行により債務者の蒙る経済的打撃には深刻なものがあり，場合によっては営業の全面的停止に追い込まれる場合も稀有ではない。

このような観点から，ドイツ連邦共和国においては，特許または実用新案の侵害行為の差止めを内容とする仮処分申請は，殆ど認められていない。

4　わが国における侵害行為の差止めを内容とする仮処分手続の運用は，殆どの事案につき民事訴訟法第125条2項による審訊が行われ，審訊期日における手続の進行は，本案手続における訴訟の進行に準じて行われるため，本案手続における訴訟手続の進行に比し多少その期間は短縮せられるにしても，相当長期にわたって手続が継続し，場合によっては1ないし2年の歳月を要することも稀ではない。このような傾向は，いわゆる仮処分手続の本案化と称せられるもので，民事訴訟法が予想する仮処分手続の迅速性の要求とは全く相反するものということができる。このような現象は，本来仮処分手続による審理に適合しない特許または実用新案侵害差止請求を，敢て仮処分手続により処理しようとするために生ずる現象であると言うことができる。

5　私見ではあるが，特許または実用新案侵害差止請求については，前に述べたドイツ連邦共和国の実務におけるが如く，仮処分手続による処理は，これを原則的に認めないこととし，すべて本案訴訟手続により処理さるべきこととするとともに，──東京高等裁判

所における審決取消訴訟において，従前より行われているように――，民事訴訟法第249条による単独裁判官による準備手続を十全に活用して審理を効率化するとともに，最終的な事案の判断については合議体による判断に服せしめることにするならば，審理の迅速性の要求と判断の適正の要請とを調和させ得るのではないかと思われる。

（参考文献）

Lidle, "Das einstweilige Verfugungsverfahren in Patentsachen und die Industriemessen in Hannover", GRUR 誌 1964 年 54 頁

Zeller "Die einstweilige Verfugung im Patentstreit", GRUR 誌 1965 年 277 頁

Klaka, "Probleme bei Unterlassungsklagen in Patent-und Warenzeichenprozessen", Mitt 誌 1969 年 43 頁

布井要太郎「独逸における特許侵害訴訟事件の訴訟促進について」A. I. P. P. I. 誌 Vol.18 No.1（1973）p.5,「判例知的財産侵害論」(461 頁, 2000 年, 信山社)

---

(5) 実用新案登録拒絶審決の共同出願人による取消請求

　　昭和 55 年 1 月 18 日最高裁第 2 小法廷判決
　　（昭和 52 年（行ツ）第 28 号審決取消請求事件）
　　―― 上告棄却

【要　旨】

共同出願にかかる実用新案登録出願拒絶査定に対する不服審判の

審決取消訴訟は，当該共同出願人の一員にすぎない者により提起することを得ず，共同出願人の全員により提起することを要する。

【事実の概要】

原告Xは，名称を「シールド工法用セグメント」とする考案について，昭和40年2月17日特許庁に実用新案登録の出願をなし，昭和42年7月14日拒絶査定を受けたので，同年9月7日審判の請求をしたが，審判係属中である昭和43年1月12日その登録を受ける権利の一部を訴外Aに譲渡して，その旨の届出を特許庁長官になし，XはAと共同出願人となった。同年9月24日出願公告がなされたが，これに対し異議の申立があったため，昭和44年8月13日共同出願人であるXおよびAを名宛人として，審判の請求は成り立たない旨の審決がなされた。

その後，審決取消訴訟出訴期間中である同年10月1日XはAから登録を受ける権利の一部を譲り受けたため，同月2日Xは，前記審決を不服として，東京高裁に単独で審決取消訴訟を提起したが，登録を受ける権利の一部を譲り受けた旨の特許庁長官への届出は，出訴期間経過後である昭和45年3月12日になされたため，その時点で譲受の効力が発生した。

第1審である東京高裁は，実用新案法41条・特許法132条3項の法意よりして，実用新案の登録を受ける共有の権利に関する審決取消訴訟は，その審決と同様の意味において，固有必要的共同訴訟であり，審決の当事者たる共有者全員が共同して提起することを要するとして，訴を却下。

これに対し，Xは，拒絶査定に対する共同審判請求人の1人が提起した審決取消訴訟は，民法252条の保存行為に相当し，適法であると主張して，上告。

11 判例批評

【判決理由】

上告理由。

「実用新案登録を受ける権利の共有者がその共有に係る権利を目的とする実用新案登録出願について共同して拒絶査定不服の審判を請求しこれにつき請求が成り立たない旨の審決を受けたときに訴を提起して右審決の取消を求めることは、右共有に係る権利についての民法252条但書にいう保存行為にあたるものであると解することができないところ、右のような審決取消の訴において審決を取り消すか否かは右権利を共有する者全員につき合一にのみ確定すべきものであって、その訴は、共有者全員で提起することを要する必要的共同訴訟であるから、これと同趣旨の見解のもとに、実用新案登録を受ける権利の共有者の一員にすぎない上告人が単独で提起した本件審決取消の訴を却下すべきものとした原判決は、正当であって、原判決に所論の違法はない。」

裁判官全員一致の意見で上告棄却（栗本一夫、大塚喜一郎、木下忠良、塚本重頼、鹽野宜慶）。

（参照条文）
実用新案法41条、特許法132条3項、民事訴訟法62条、民法252条但書

【分　析】

本判決以前の比較的最近の判例としては、(i) 共有にかかる特許を無効とする審決の取消訴訟は、固有必要的共同訴訟の範疇に属し、共有者の1人が単独で提起した訴は、当事者適格を有しないとする判決（東京高判昭43・2・27判例タイムズ221・148）と、(ii) 共同出願にかかる実用新案登録出願の拒絶査定に対する不服審判の審決取

消訴訟は，民法249条以下の共有に関する規定の準用により，自己の権利を保存するため，共同出願人の一部の者において提起することができるとする判決（東京高判昭50・4・24判例タイムズ325・226）とが存在し，その見解を異にしていたが，第1審である東京高裁は，前記(i)の見解を踏襲するとともに，前記(ii)の見解を主張した原告Xに対し，共有権利者全員について合一にのみ確定さるべき固有必要的共同訴訟の要請に背反するとして，その主張を斥け，本判決も，前記東京高裁の判旨と同一理由により，同判決を維持・確認したものであるが，現行法（昭和34年法）下における最高裁の判断を示したものとして，重要である。

本問題に関する学説としては，(i) 共有の場合の審決取消訴訟を固有必要的共同訴訟であるとするが，特許庁における審判と東京高裁における審決取消訴訟とは制度の体系を異にする手続であるから，その間に続審のような連続した一連の手続過程を認めることはできないとして，審判から審決取消訴訟への訴訟係属過程において，民訴法62条（現行民訴法40条）の準用を否定する説（内田護文「特許判例百選」表題番号38），(ii) 共有の場合の審決取消訴訟を固有必要的共同訴訟であるとするとともに，審判手続と審決取消訴訟手続に実質的連続関係を肯定し，この場合の審決取消訴訟の提起は，訴訟手続における上訴の提起の場合のごとく，民訴法62条（現行民訴法40条）の準用により，共有者の1人の提起は，他の共有者の全員のためその効力を生じるとする説（小室直人　石黒・馬瀬記念論集293頁。木川統一郎「特許判例百選」表題番号50同旨），(iii) (i)と同一の立場を採りながら，共有者の1人の審決取消訴訟の提起は，敗訴の場合においても他の共有者に不利益を生じないが故に，民法252条但書の保存行為の規定により，各共有者が単独にてなし得るとする見解（村松俊夫「特許判例百選」表題番号53）等が存在する。

11 判例批評

翻って,わが国の特許付与手続と類似の特許制度を有するドイツの特許法におけるこの問題の取扱について考察するに,ドイツの特許付与手続においては,特許庁の審査部による特許出願に対する拒絶査定に対しては,わが国におけるような特許庁による審判手続を省略し,直接ドイツ連邦特許裁判所に対し抗告をなすことが認められているのであるが,連邦特許裁判所は,行政機関である特許庁とは独立した連邦通常司法裁判所の系列に所属する裁判所として,特許庁の判断に対し,司法的コントロールを行う機能を有するものとして設置せられたものであり (Klauer‐Möhring, Patentrechts-Kommentar II, 1971年, 993‐994頁),この関係においては,わが国の特許庁の審決に対する取消訴訟についての専属管轄権を有する東京高裁との関係に比することができる。他方,特許庁の拒絶査定に対する連邦特許裁判所への抗告において共同出願人の一員のみによる抗告がなされる場合においては,共同出願人のすべての者に対して合一にのみ判断されなければならないことになるが故に,ドイツ民訴法62条の規定による必要的共同訴訟に該当し,したがって,抗告を提起しない共同出願人は,抗告を提起した出願人に代理せられるものとみなされ,共同出願人の抗告の提起は,すべての他の共同出願人に対してもその効力を生ずることになるとするのが,ドイツにおける通説であり,反対説は存在しない (Klaurer-Möhring 前掲書 1041頁, Benkard, PatG, 1973年, 1222頁, Reimer (Trüstedt): Kommentar 1968年1237頁)。但し,ドイツ特許法においては,特許裁判所は,特許庁による決定(拒絶査定)を取消すとともに,自ら特許付与の決定をもなし得る点において,特許庁を前審とする第2の事実審ともみられ,この点において,わが国の審決取消訴訟におけるが如き特許庁の決定を取消した上,事件を特許庁に差戻すことになるいわゆる一般的行政訴訟の性格と異なる点は,指摘せられなけれ

ばならないであろう。

　思うに，特許付与は，その権利者に排他的な法的地位を付与する，出願者と行政機関たる特許庁との協同作業による設権的行政行為であると解せられ（mitwirkungsbedürftiger Verwaltungsakt, rechtsgestaltender zweiseitiger Verwaltungsakt）（シュラム『特許侵害訴訟』1976年73頁，H. Tetzner, Materielle Patentrecht, 1972年45頁），したがって，その設権的行政行為としての性質上，当該権利すなわち特許権の設権的効果は，共同出願人間において矛盾かつ相抵触するものであることは許されず，すべての共同出願人に対し合一かつ画一的に創設せられなければならないが故に，その権利創設手続たる特許付与手続は，必然的に民訴法62条（現行民訴法40条）にいわゆる固有必要的共同訴訟関係に類する審理形態とならざるを得ないことになる（Carl Hermann Ule : Verwaltungsprozeßrecht 1971年82頁）。また，この特許付与手続は，特許付与なる行政行為を求める手続として，その公正かつ正確性を担保するため，さらには，憲法上の要請よりして，直接の行政機関たる特許庁のみの判断に委ねることなく，さらに，前記判断の是非について司法機関たる東京高裁の再審理に委ねられるとしても，東京高裁の審理は，特許付与手続の一環を構成するものであり，東京高裁が司法機関であるとの故をもって，行政機関である特許庁との間に手続上の断絶が存するものと解することはできない。他面，特許付与決定たる特許査定は，授益的行政行為として受益者個人を明確かつ特定化することを必要とするのであるが（H. Tetzner 前掲書46頁脚注82），この要請は，特許法37条（現行特許法38条）に規定するところであり，共有者の特許出願が出願の段階において明確かつ特定化せられている以上，爾後の特許付与手続においては，この共同出願人が行政行為たる特許付与の名宛人として取り扱われるべきものとなるのであり，したがって，審

査官の拒絶査定に対する審判請求を経て，特許庁の審判の結果たる審決に対する東京高裁に対する審決取消訴訟に至る一連の特許付与手続過程において，固有必要的共同訴訟の原則が働くことになり，したがって，共同出願人の一員による東京高裁への提起も，他の共同出願人に対し，その効力を生ずるものと解さなければならない。

上述の如き結論に対しては，特許法132条2項および3項の規定が障害となるのであるが，同規定は，先に述べた特許付与決定たる特許査定が授益的行政行為として受益者個人を明確かつ特定化することを必要とすることを強調した訓示的規定であると解せられ，この規定の故をもって，前述した特許付与行為の設権的行政行為たる性格ならびにその間に必然的に支配する特許付与手続過程における固有必要的共同争訟関係に類する審理形態を否定するものとは解することができない。

以上よりして，特許法132条2項および3項の規定にもかかわらず，筆者は，共同出願人の一員による審判請求ならびに審決取消訴訟の提起は，他の共同出願人に対してもその効力を生ずるものと解するものである。しかし，本問題についての解釈を明確ならしめるため，立法的解決がなされることが望まれる。

〈初 出 一 覧〉

1 ドイツにおける特許権の用尽理論
　　—— わが国判例との対比 ——……………………判例評論 503 号
2 ドイツにおける商標権の用尽理論
　　—— わが国判例との対比 ——……………………判例評論 506 号
3 ドイツにおける著作権の用尽理論
　　—— わが国判例との対比 ——……………………判例評論 509 号
4 ドイツにおける商品の形態保護
　　—— わが国判例との対比 ——……………………判例評論 514 号
5 従業者発明の報酬における独占原理と特別労務給付原理
　　—— わが国立法および判例との対比 ——……判例評論 526 号
6 従業者発明の法理論的考察
　　—— 立法論を含む ——……………………………判例評論 537 号
7 東京地裁「青色発光ダイオード」事件についての一試論
　　………………………………………………………判例時報 1853 号
8 ドイツおよびヨーロッパ特許出願における予備的申立
　　—— わが国判例および出願実務との対比 ——…判例評論 517 号
9 ドイツにおける企業秘密の刑法的保護
　　………………………………………………判例時報 1835・1836 号
10 ドイツにおけるドメイン名の法的実務 …………書き下ろし
11 ［判例批評］
　(1) 「トラピスチヌの丘」の文字を横書きしてなり指定商品を旧第 30 類「キャンデー，その他の菓子」とする商標登録が商標法 51 条 1 項の規定に該当するとして取り消された事例
　　………………………………………………………判例評論 461 号
　(2) 発明の未完成 ………………………企業法研究 240 輯 31 頁
　(3) 出願の分割をなしうる範囲 ……別冊ジュリスト No.86, 82 頁
　(4) 疎明に代わる担保の提供 ……別冊ジュリスト No.86, 216 頁
　(5) 実用新案登録拒絶審決の共同出願人による取消請求
　　………………………………………民商法雑誌 83 巻 4 号 632 頁

事項［人名］索引

あ行

IPナンバー ……………………266
アニメーション映画 ……………59, 68
EU電子商取引指令
 (e-commerce-Richtlinie) ………263
異議登録（Dispute-Eintrag）…312, 315
イザイ［人名］…………………………206
意匠権における主観的要素…………95
意匠権の用尽……………………………97
1発明1出願の原則 ……………363
一見明白なコピー（glatter
 Übernahme）……………………113
一般的国際的用尽 ……………………7
一般的良品質機能（allgemeine
 Gütefunktion）……………345, 350
一般トップ・レベル・ドメイン
 (generic — g TLD) ……………265
移転請求 ………………………………314
インターネット（Interconnected
 network）………263, 296, 298, 316
インターネット・アドレス（IP-
 Adresse）…………………………265
インターネット・プロトコール・
 ナンバー（Internet-Protocol-
 Nummern, IP-Nummern）………265
ヴァイス［人名］………………………354
ヴァサーマン［人名］…………………207
Vanity呼出番号 ……………………308
ウェブサイト ……………………301, 302

「腕時計」事件 …………………………97
生れながらの権利（geborenes
 Recht）……………………………85
映画………………………………………58
――の著作物 …………60, 71, 74, 79
営業の自由（Gewerbefreiheit）…204
営業秘密（工場秘密）………209, 211
――の確保 ……………………………224
――の取得 ……………………………223
――の入手 ……………………………223
エベルハルトシュミット［人名］…206
公の再製権（öffentliche Wiedergabe）
 ………………………………………56
おとりの密偵（Lock spizel） ……215
オフライン法（ein Recht offline）
 ……………………………………263
オリジナルな状態（Originalzustand）
 ………………………………………44

か行

外国において流通………………………37
改善多項制 ……………………………181
海賊版（bootleg-records）…………55
開放トップ・レベル・ドメイン …265
仮想上の商品関連 ……………………275
仮想ショッピングセンター
 (Virtual mall）…………………300
仮想的具体的製品関連………………284
「家庭用カセット式テレビゲーム機」
 事件………………………………42

381

完結性（Geschlossenheit）............94
完成した発明 359
観念的関連（gedankliche Beziehung）
　..276
企業スパイ（Betriebsspionage）...208
企業発明（Betriebserfindungen）...120
企業表示（Unternehmenskennzeichen）
　....................................278, 285
技術的複製方法（technische
　Vervielfältigungsverfahren;
　technische Reproduktions-
　verfahren）..........................113
稀薄化の危険 293
客観的新規性概念（objektiver
　Neuheitsbegriff）....................85
キャラクター（Figuren）..........59
キャラクター保護....................59
競業政策的観点
　（wettbewerbspolitisch）............41
競業避止義務（Wettbewerbsverbot）
　....................................156, 162
競業避止義務と発明対価請求権...154
競業法の観点
　（wettbewerbsrechtlich）............41
競争的利益抵触（wettbewerbliche
　Interessenkollision）..............318
禁止の錯誤 231
国別符号トップ・レベル・ドメイ
　ン（country code — cc TLD）...265
グローバル・ビレッジ（地球村）...266
経済的利用権（finanziellen
　Verwertungsrechte）..............176
契約上の信義誠実義務

（Vertragliche Treuepflicht）...212
Koenigs 列車時刻表 5
結果発生地主義の原則
　（Auswirkungsprinzip）......317, 319
ゲームソフト............60, 64, 65, 73, 79
ケルンの水（Kölnisch Wasser）......3
検索機（検索エンジン）...267, 271, 281
原始的取得（originärer Erwerb）...124
原始的名称機能 283
幻想商標（Phantasiezeichen）......344
顕著な周知性 317
権利消尽の原則........................71
行為関連的特別労務給付理論（原
　理）（Die tätigkeitsbezogene
　Sonderleistungstheorie）
　...........................139, 141～143
合意理論（Zustimmungslehre）...288
公衆訴訟 345
工場秘密 209
構成の高度性（Gestaltungshöhe）...86
構成要件の錯誤（Tatbestandsirrtum）
　..218
顧客の流れの誘導（Kanalisierung
　von Kündenströmen）............306
国際的用尽..........................7, 41
——の原則（internationaler
　Erschöpfungsgrundsatz）...30, 38
酷似的模倣（デッドコピー）........83
個人の精神的創作物（persönliche
　geistigen Schöpfung）..............85
個性的特色を有する精神的創作性
　（persönliche geistige Schöpfung）
　..59

誤認混同の危険 ……………287, 297
誤認混同の記載（irreführende
　Angabe）…………………………275
誤認の虞れ（Täuschungsgefahr）
　…………………………………345
固有のオンライン法（ein originäres
　Recht online）……………………263
固有必要的共同訴訟 …………374, 377
固有必要的共同訴訟関係 …………376
コーラー［人名］………………22, 354
コールラウシュ［人名］……………206
コンツェルン ………………………7
コンピュータ・プログラムの保護…57

さ行

債権譲渡（Legalzession）…………124
最初の販売権（Erstvertriebsrecht）
　……………………………………48
サイバースクワッティング
　（cybersquatting）………………316
サイバーピイラシィー（cyberpyracy）
　……………………………………316
作品題名（Werktitel）
　…………278, 280, 281, 282, 285
サード・レベル・ドメイン ………268
サブドメイン（Subdomain）
　…………………265, 268, 313
自己商品推奨のためにする他人の
　商品の模倣（Anlehnung an
　fremde Waren zur Empfehlung
　der eigenen Ware）………………89
視聴覚的描写…………………………57
シッペル［人名］……………………141

事項［人名］索引

私的交流（Privatverhehr）…289, 291
私的法律関係の交流（privater
　Rechtsverkehr）…………………289
写真の著作物（Lichtbildwerk）……58
自由発明（freie Erfindungen）……120
出願の単一性 ………………………181
出願の分割 …………………………360
シュラム［人名］……………………207
使用（Verwerten）…………………227
消極的禁止権（negatives
　Verbietungsrecht）………………92
使用権（Nutzungsrecht）…………136
条件的故意（dolus eventualis）…219
商号的名称 …………………………279
使用(実施)行為類型関連理論
　（Die Lehre vom Zusammenhang
　der Benutzungsarten）……………22
消尽しない頒布権 ……………72, 76
消尽の原則……………………………70
商標権の国際的用尽…………………33
商標登録取消事由 …………………347
商標登録簿の記載の純正保持
　（Reinerhaltung der Zeichenrolle）
　…………………………343, 348
商標の機能 …………………………343
商標の(商品)同一性確認機能
　（Identifizierungsfunktion）………44
商標の出所表示機能
　（Herkunftsfunktion）……38, 40, 46
商品の最初の流通（erstmalige In-
　Verkehr-Setzen）…………………48
商品の同一性・完全性………………35
商品の無傷性…………………………47

情報通信基本権 ……………………288
情報提供的機能……………………45
情報伝達的性格（informativer
　Charakter) ………………………44
消耗—用尽（Konsumiert) ………5
職責発明（Obliegenheitserfindung)
　………………………………………137
職務発明（Dienstfindungen）…120
新規性および独自性（Neues und
　Eigentumliches）……………………85
信義誠実（Treu und Glauben）
　の原則 ………………………………155
スパイ行為 ………………………225
成果関連的特別労務給付理論（原
　理）（Die ergebnisbezogene
　Sonderleistungstheorie) ………139
制限的トップ・レベル・ドメイン
　………………………………………266
製造物責任（Produktverantwortung)
　…………………………………………44
制度保障（Instituts-garantie) …176
セカンド・レベル・ドメイン
　…………………………265, 268, 272, 298
積極的使用権（positive
　Benutzungsrecht）………………92
設権の行政行為 …………………376
絶対的新規性（absolute Neuheit)…85
絶対的登録阻害事由 ……274, 275, 303
ゼロ報酬 …………………………148
全体の印象（Gesamteindruck)
　………………………………96, 102, 110
全体の美的印象……………………92, 103
相互交換思考（Austauschgedanken)

　………………………………………133, 145
相互参照（cross referencing)
　…………………………………299, 300
創作的寄与の高度性 ……………110
創作的所産（schöpferische Leistung)
　…………………………………………91
総称(一般)的標識 …………303, 304
総称(一般)名 ………………………267
相当の報酬（angemessene
　Vergütung）………………119, 121
属地主義の原則
　（Territorialitätsprinzip）……6, 317
属トップ・レベル・ドメイン
　…………………………………266, 298
訴訟物＝既判力説 ………………161

た行

他人の(営業)声価の悪用
　（Ausbeuten fremden Rufs) ……89
他人の成果の直接的借用
　（Unmittelbare Übernahme
　fremder Leistung) ……………112
段階的差違……………………………84
仲裁センター（Mediation and
　Arbitration Center) ……………315
忠実義務（Treuepflicht) ………236
直接的引き写しの法理（unmittelbare
　Leistungsuebernahme) …………83
賃金協定（Tarifvereinbarungen)
　………………………………………120
通信の自由 ………………………287
詰め替え………………………………35
ディープリンク …………………299, 301

事項［人名］索引

手続保障説 …………………161
テツナー［人名］……………355
出所混同の危険 ……………344
テヒナウ［人名］……………355
テレビゲーム………………57, 59, 64
展示権（Ausstellungsrecht）………55
電子的解法（elektronische
　　Auswertung）……………74
ドイツネットワーク情報センター
　（DENIC）………266, 269, 289, 319
同一性確認機能
　………271, 273, 285, 286, 297, 302
同一態様での模倣（identisches
　　Nachmachen）………………112
登録異議 ………………………319
独占原理（Monopolprinzip）
　……………119, 123, 138～140, 143
独占分配原理 …………………127
独占理論（Monopoltheorie）………138
独特の美的独自性（eigenartige
　　Besonderheit）………………88
特に短命な流行商品の保護…………84
特に短命な流行商品の模倣 ………112
特別労務給付原理
　（Sonderleistungsprinzip）…118, 138
特別労務給付行為（Sonderleistung）
　…………………………………141
特別労務給付理論
　（Sonderleistungstheorie）…138, 143
独立性（Eigenständigkeit）…………94
特許権についての期待権＝将来財
　産権（patentrechtliches
　　Anwaltschaftsrecht＝expectancy）

　…………………………………175
特許権の国内的用尽 ………………5
特許権の用尽―消尽理論（Die
　Lehre von der Konsumtion des
　Patentrechts）………22, 23, 25
特許出願における予備的申立 ……167
特許付与を求める権利（出願権）…194
トップ・レベル・ドメイン
　…………………………265, 298, 316
ドメイン名（Domainnamen）……265
──の移転請求
　（Übertragungsanspruch）……312
──の差し押え …………………310
取引流通性 ……278, 280, 281, 283, 293
取引流通力（Verkehrsdurchsetzung）
　…………………………………274

な行

ニーモニック（mnemonics）……274

は行

ハイパーリンク ………………299, 300
派生的（間接的）取得（derivativer
　　Erwerb）……………………136
発明者権（Erfinderrecht）………175
発明者原理（Erfinderprinzip）……121
発明の未完成 ………………351, 357
発明報酬の本質 ………………117
販売コントロール
　（Vertriebssteuerung）…………41
販売独占（Verkaufsmonopol）………4
頒布権（Verbreitungsrecht）…54, 55
──の用尽…………………………56

385

ビデオゲーム ……………………74, 78
美的な個性的構成（individuelle ästhetische Gestaltungsmerkmale）
　……………………………………87
秘密の故買的取得
　（Geheimnishehlerei）……………208
秘密の伝達 ……………………………228
秘密漏洩行為 …………………………212
表示権侵害
　（Kennzeichenrechtsverletzung）
　………………………………………44
標章の出所表示機能………………………45
標章を直接「付する」行為………………48
品質保証機能………………………38, 45, 46
ヒンメルマン［人名］………………142
ファイファー［人名］………………201
封鎖的効果 ……………………………297
封鎖ドメイン（Sperrdomains）……309
フェツァー［人名］…………………259
複製権（Vervielfältigungsrecht）…54
不当表示（Unberechtigtes
　Kennzeichen）………………………34
フブマン［人名］……………………354
ブラッセンドルフ［人名］……………27
フレイミング …………………………301
フレイム ………………………………301
並行輸入の目的…………………………36
ベルンハルト［人名］………………356
法規適用の錯誤（Subsumtionsirrtum）
　……………………………………219
包装替え…………………………………35
法的理性の原則（Grundsätzen der
　Rechtsvernunft）………………217

ホスト名 ………………………………265
ボック［人名］………………………356
ホームページ ……………………299, 301
本源（源泉）国主義
　（Herkunftslandprinzip）………263
本質的特徴部分 ………………………110

ま行

マイアー［人名］……………………143
名称権 …………………………………282
名称的機能 ……………………………293
名称的使用（Namensmäßige
　Benutzung）………………………291
メタタグ（Metatags）………………302
黙示的実施許諾理論（Die Theorie
　der stillschweigenden
　Lizenzerteilung）…………22, 23, 25
木目化粧紙判決…………………………83
模倣 ……………………………………102
模倣行為の段階的分類…………………94

や行

役務標章 …………………………277, 284
誘導効果（Kanalisierungseffekt）
　……………………………………275, 304
良い声価の不正使用（unlautere
　Ausnutzung）………………………43
用尽（消尽）（Erschöpfung）……3, 24
　――の効力 ……………………………8
　――の法的性質………………………57
用尽理論の誕生 …………………………3
要素保護（Elementeschutz）………93
ヨーロッパ共通民事法

(gemeineuropäischen Zivilrecht)
   ……………………………………264
予備的行為 ……………………293
予備的請求 ………………191, 194

ら行

ライマー［人名］………………141
利益理論（Interessentheorie）……210
「理容椅子および自動洗髪機」事件
   ……………………………………103
利用権（Verwertungsrecht）………55
リンク ………………299, 300, 302
リンデンマイアー［人名］……………27
隷従的模倣(sklavische Nahahmung, slavish imitation)…………83, 113
連続影像保護（Laufbildschutz）…58
労作保護（Leistungsschutz）………87
労作保護権（Leistungsschutzrecht）
   ……………………………………59

欧文索引

absolute Neuheit（絶対的新規性）…85
allgemeine Gütefunktion（一般的良品質機能）………………345, 350
angemessene Vergütung（相当の報酬）……………………119, 121
Anlehnung an fremde Waren zur Empfehlung der eigenen Ware（自己商品推奨のためにする他人の商品の模倣）………………89
Ausbeuten fremden Rufs（他人の(営業)声価の悪用）……………89
Ausstellungsrecht（展示権）………55
Austauschgedanken（相互交換思考）……………………133, 145
Betriebserfindungen（企業発明）…120
Betriebsspionage（企業スパイ）…208
Blasendorf ………………………27
bootleg-records（海賊版）…………55
CORE（登録評議会）………………269
country code ― cc TLD（国別符号トップ・レベル・ドメイン）…265
cross referencing（相互参照）
   ……………………………299, 300
cyberpyracy（サイバーピイラシィー）………………………316
cybersquatting（サイバースクワッティング）…………………316
DENIC（ドイツネットワーク情報センター）………266, 269, 289, 319
derivativer Erwerb（派生的(間接的)取得）…………………136
Die ergebnisbezogene Sonderleistungstheorie（成果関連的特別労務給付理論（原理））……………………………139
Die Lehre vom Zusammenhang der Benutzungsarten（使用(実施)行為類型関連理論）… 22

Die Lehre von der Konsumtion des Patentrechts（特許権の用尽—消尽理論）……………22, 23, 25
Diensterfindungen（職務発明）…120
Die tätigkeitsbezogene Sonderleistungstheorie（行為関連的特別労務給付理論(原理)）……………139, 141～143
Die Theorie der stillschweigenden Lizenzerteilung（黙示的実施許諾理論）………………22, 23, 25
Dispute-Eintrag（異議登録）…312, 315
dolus eventualis（条件的故意）…219
Domainnamen（ドメイン名）……265
Donkey Kong Junior 事件…………88
Duotal／Gujakol-Karbonat 事件
…………………………………4, 23
e-commerce-Richtlinie（EU 電子商取引指令）………………………263
eigenartige Besonderheit（独特の美的独自性）……………………88
Eigenständigkeit（独立性）…………94
ein originäres Recht online（固有のオンライン法）…………………263
ein Recht offline（オフライン法）
………………………………………263
elektronische Auswertung（電子的解法）………………………………74
Elementeschutz（要素保護）………93
Erfinderprinzip（発明者原理）……121
Erfinderrecht（発明者権）………175
erstmalige In-Verkehr-Setzen（商品の最初の流通）……………48
Erstvertriebsrecht（最初の販売権）………………………………………48
Figuren（キャラクター）…………59
finanziellen Verwertungsrechte（経済的利用権）…………………176
freie Erfindungen（自由発明）……120
Gartensessel 判決………………………95
geborenes Recht（生れながらの権利）……………………………………85
gedankliche Beziehung（観念的関連）…………………………………276
Geheimnishehlerei（秘密の故買的取得）………………………………208
gemeineuropäischen Zivilrecht（ヨーロッパ共通民事法）………264
Gesamteindruck（全体的印象）
………………………………96, 102, 110
Geschlossenheit（完結性）…………94
Gestaltungshöhe（構成の高度性）…86
Gewerbefreiheit（営業の自由）…204
glatter Übernahme（一見明白なコピー）………………………………113
Griffband 事件……………………………46
Grundsätzen der Rechtsvernunft（法的理性の原則）………………217
Herkunftsfunktion（商標の出所表示機能）…………………38, 40, 46
Herkunftslandprinzip（本源(源泉)国主義）…………………………263
Hummelfiguren I 判決…………………96
IANA（インターネット割り当て番号機関）………………………………269

欧文索引

ICANN（Internet Corporation for Assigned Names and Numbers）......266, 315
Identifizierungsfunktion（商標の（商品）同一性確認機能）......44
identisches Nachmachen（同一態様での模倣）......112
individuelle ästhetische Gestaltungsmerkmale（美的な個性的構成）......87
informativer Charakter（情報伝達的性格）......44
Instituts-garantie（制度保障）......176
Inter NIC（インターネット情報センター）......269
Interconnected network（インターネット）......263, 296, 298, 316
Interessentheorie（利益理論）......210
internationaler Erschöpfungsgrundsatz（国際的用尽の原則）......30, 38
Internet-Protocoll-Nummern, IP-Nummern（インターネット・プロトコール・ナンバー）......265
IPナンバー......266
IP-Adresse（インターネット・アドレス）......265
irreführende Angabe（誤認混同の記載）......275
IV-DENIC（DENICの活動保障のための利益団体）......269
Kanalisierungseffekt（誘導効果）......275, 304

Kanalisierung von Kündenströmen（顧客の流れの誘導）......306
Kennzeichenrechtsverletzung（表示権侵害）......44
Koenigs 列車時刻表......5
Kohler......22, 354
Kölnisch Wasser 事件......3
Kölnisch Wasser（ケルンの水）......3
Konsumiert（消耗—用尽）......5
Laufbildschutz（連続影像保護）......58
Legalzession（債権譲渡）......124
Leistungsschutz（労作保護）......87
Leistungsschutzrecht（労作保護権）......59
Leuchtenglas 判決......95, 96
Lichtbildwerk（写真の著作物）......58
Lindenmaier......27
Lock spizel（おとりの密偵）......215
Mediation and Arbitration Center（仲裁センター）......315
Metatags（メタタグ）......302
mnemonics（ニーモニック）......274
Modeneuheit 判決......87
Monopolprinzip（独占原理）......119, 123, 138～140, 143
Monopoltheorie（独占理論）......138
Namenmäßige Benutzung（名称的使用）......291
negatives Verbietungsrecht（消極的禁止権）......92
NSF（国立科学基金）......269
NSI（ネットワーク解決株式会社）......269

389

Nutzungsrecht（使用権）……………136
objektiver Neuheitsbegriff（客観的新規性概念）………………85
Obliegenheitserfindung（職責発明）…………………………137
öffentliche Wiedergabe（公の再製権）……………………………56
Originalzustand（オリジナルな状態）……………………………44
originärer Erwerb（原始的取得）…124
patentrechtliches Anwaltschaftsrecht ＝expectancy（特許権についての期待権＝将来財産権）………175
Pengo 事件………………………73
persönliche geistige Schöpfung（個性的特色を有する精神的創作性）……………………………59
persönliche geistigen Schöpfung（個人の精神的創作物）……………85
Phantasiezeichen（幻想商標）……344
Plastikkorb 判決 ………………96
Polstermöbel 判決 ………………89
Pomril 判決 ……………………217
positive Benutzungsrecht（積極的使用権）……………………92
privater Rechtsverkehr（私的法律関係の交流）………………289
Privatverhehr（私的交流）…289, 291
Produktverantwortung（製造物責任）…………………………44
PUCKMAN 事件 ………………75
Reinerhaltung der Zeichenrolle（商標登録簿の記載の純正保持）

………………………………343, 348
schöpferische Leistung（創作的所産）……………………………91
Silberdistel 判決 ………………86
sklavische Nachahmung, slavish imitation（隷従的模倣）
………………………………83, 113
Sonderleistung（特別労務給付行為）…………………………141
Sonderleistungsprinzip（特別労務給付原理）………………118, 138
Sonderleistungstheorie（特別労務給付理論）………………138, 143
Sperrdomains（封鎖ドメイン） …309
Straßenleuchte 判決 ………………97
Subdomain（サブドメイン）
………………………265, 268, 313
Subsumtionsirrtum（法規適用の錯誤）………………………219
Tarifvereinbarungen（賃金協定）
………………………………120
Tatbestandsirrtum（構成要件の錯誤）………………………218
Täuschungsgefahr（誤認の虞れ）
………………………………345
technische Vervielfältigungsverfahren; technische Reproduktions verfahren（技術的複製方法）…113
Territorialitätsprinzip（属地主義の原則）……………………6, 317
Treuepflicht（忠実義務）………236
Übertragungsanspruch（ドメイ

ン名の移転請求)……312
Unberechtigtes Kennzeichen(不当表示)……34
unlautere Ausnutzung(良い声価の不正使用)……43
unmittelbare Leistungsuebernahme(直接的引き写しの法理)……83
Unmittelbare Übernahme fremder Leistung(他人の成果の直接的借用)……112
Unternehmenskennzeichen(企業表示)……278, 285
Vanity 呼出番号……308
Verbreitungsrecht(頒布権)…54, 55
Verkaufsmonopol(販売独占)……4
Verkehrsdurchsetzung(取引流通力)……274
Vertragliche Treuephlicht(契約上の信義誠実義務)……212
Vertriebssteuerung(販売コントロール)……41
Vervielfältigungsrecht(複製権)…54
Verwerten(使用)……227
Verwertungsrecht(利用権)……55
Virtual mall(仮想ショッピングセンター)……300
vitra programm 判決……97
Werktitel(作品題名)……278, 280, 281, 282, 285
wettbewerbliche Interessenkollision(競争的利益抵触)……318
wettbewerbspolitisch(競業政策的観点)……41
wettbewerbsrechtlich(競業法的観点)……41
Wettbewerbsverbot(競業避止義務)……156, 162
WIPO(世界知的財産機構)…269, 315
WIPO 調停……315
Zustimmungslehre(合意理論)…288

判例索引

(日本)

大判昭和 11・12・18 民集 15・2266 ……………………………………………… 194
最判 3 小昭和 33・10・14 民集 12・14・3091 ……………………………………… 194
東京高判昭和 43・2・27 判例タイムズ 221・148 ………………………………… 374
大阪地決昭和 44・8・27 実用新案権侵害行為禁止仮処分申請事件 ………… 368
東京高判昭和 49・9・18 審決取消請求事件 …………………………………… 351
東京高判昭和 50・4・24 判例タイムズ 325・226 ……………………………… 375
東京高判昭和 52・12・23 審決取消請求事件 …………………………………… 184
最判 2 小昭和 55・1・18 審決取消請求事件 …………………………………… 372
最判昭和 56・2・24 民集 132・175 ………………………………………………… 342
最判 2 小昭和 56・3・13 審決取消請求事件 …………………………………… 361
最判 3 小昭和 58・3・22 判時 1074・55 …………………………………………… 194
東京地判昭和 58・12・23 判時 1104・120 ………………………………………… 127
大阪地判昭和 59・4・26 特許ニュース 6443 …………………………………… 127
東京地判平成 4・5・27 「家庭用カセット式テレビゲーム機」事件 ………… 42
東京高判平成 8・7・18 判時 1580・131 …………………………………………… 337
最判 3 小平成 9・7・1 民集 51・6・2299 ……………………………………… 8, 14, 17
東京地判平成 10・12・25 判時 1680・112 「ゴルフクラブヘッド」事件 …… 45
東京地判平成 11・5・27 判時 1679・3 著作権侵害差止請求権不存在確認請
  求事件 ………………………………………………………………………………… 59
東京地判平成 11・6・29 不正競争行為差止等請求事件：「腕時計」事件 …… 97
大阪地判平成 11・10・7 判時 1699・48 著作権侵害差止請求事件 ………… 63
東京地決平成 12・6・6 「フィルム一体型カメラ」特許権仮処分事件 ……… 25
東京高判平成 12・7・4 審決取消請求事件 …………………………………… 188
東京地判平成 12・8・31 「レンズ付きフィルムユニット」事件 ……………… 8
東京地判平成 12・10・4 審決取消請求事件 …………………………………… 191
東京高判平成 12・10・24 審決取消請求事件 …………………………………… 186
東京高判平成 13・3・27 著作権侵害差止請求権不存在確認請求控訴事件 …… 61
大阪高判平成 13・3・29 著作権侵害行為差止請求控訴事件 ………………… 67
最判平成 13・6・12 「特許出願人名義変更届手続請求事件」 ……………… 200

大阪地判平成 13・7・12　意匠権侵害差止等請求事件：「理容椅子および自
　動洗髪機」事件 ……………………………………………………………………103

(ドイツ)

ライヒ裁 1902・2・28 民事判例集 50・229　「Kölnisch Wasser」事件 …………3
ライヒ裁 1902・3・26 民事判例集 51・139　「Duotal / Gujakol-Karbonat」
　事件 ……………………………………………………………………………………4
連邦裁 1902・11・8 Mitt. 1920, 7, 8 ………………………………………………168
ライヒ裁 1906・6・16 民事判例集 63・394「Koenigs 列車時刻表」事件 ………5
ライヒ裁 1907・3・14「Pomril」判決 ……………………………………………217
ライヒ裁 1921・12・23 民事判例集 103・359「Singer」事件 …………………48
連邦裁 1965・6・1 決定 GRUR 1996, S. 85, 86. ……………………………………168
連邦裁 1965・6・10 決定 Mitt. 1967, S. 16, 17. ……………………………168, 169
連邦特許裁判所第 9 部 1977・1・12 決定連邦特許裁判所判例集 20・1 ………366
連邦裁 1977・6・10　4 決定 W (pat) 60/77. ……………………………………169
連邦裁 1977・12・16　4 決定 W (pat) 144/77. …………………………………169
連邦裁 1979・9・24 GRUR 1980・38「Fullplastverfahren」事件 ………………49
連邦裁 1980・3・27 決定 GRUR 1980, S. 716, 718. ………………………………169
連邦裁 1982・2・2 決定 GRUR 1982, S. 291-293. …………………………………169
連邦裁 1982・12・21 決定 GRUR 1983, S. 171. ……………………………………169
ハンブルク高裁 1983・3・31 GRUR 1983・436「PUCKMAN」事件……………75
フランクフルト高裁 1983・6・13 決定 GRUR 1983・753「Pengo」事件………73
フランクフルト高裁 1983・6・21 決定 GRUR 1983・757「DONKEY KONG
　JUNIOR」事件 ………………………………………………………………………78
連邦裁 1987・10・28 GRUR 1988・213「Griffband」事件 ………………………46
連邦裁 1989・10・12 決定 GRUR 1990, S. 109, 110. ……………………………170
ミュンヘン第 1 区地裁 1997・1・9　4 決定 HKO 14792/96 ……………………309
シュトゥットガルト地裁 1997・6・9 決定 KfH O 02/97 …………………………309
連邦裁 1998・1・15 GRUR 1998・697「VENUS MULTI」事件…………………42
ハンブルグ地裁 1998・5・12 312 O 85/98 …………………………………………300
AG Gladbeck, 1999・7・14 決定 13 M 56/99 ……………………………………310
フランクフルト高裁 2001・5・10, 6 U 72/00 ……………………………………310
連邦裁 2001・5・17, I ZR 216/99 ……………………………………………306, 309
連邦裁 2001・5・17, I ZR 251/99, ambiente. de 判決 …………………………319

〈著者紹介〉
布井要太郎（ぬのい・ようたろう）
大正13年2月29日　大阪市に生れる。
昭和26年2月　京都大学法学部大学院中退
昭和26年2月　弁護士登録
昭和44年9月　工業所有権法研究のため渡独。カール・シュラム博士（Dr. Carl Schramm）に師事し、その間、最高裁判所の委嘱およびハンス・ボック博士（Dr. Hans Bock）の推薦により、ドイツ連邦裁判所第10部（工業所有権部）において実務研修を行う。
　＊なお、当時の部長判事は、商標法の分野で著名なヴィルヘルム・トルステット博士（Wilhelm Trustedt）であり、陪席判事として、後の部長判事になったブルッフハウゼン博士（Dr. Karl Bruchhausen）がおられた。また、ドイツ連邦裁判所の所在地であるカールスルーエ（Karlsruhe）高等裁判所判事アルベルト・オール博士（Dr. Albert Ohl）より、種々ご教示を受けた。
昭和46年11月　帰国
昭和47年1月　判事に任官。東京高等裁判所工業所有権部に勤務
昭和49年10月　判事を退官
昭和49年11月　弁護士に再登録
昭和53年4月　明治大学法学部講師（工業所有権法講座担当）
昭和54年4月　明治学院大学法学部講師（工業所有権法講座担当）

［著書・訳書］
カール・シュラム『特許侵害訴訟』（共訳、昭和48年・酒井書店）
テツナー『西ドイツ特許制度の解説』（昭和48年・発明協会）
シュトゥンプ『ノーハウ契約の法律実務』（共訳、昭和52年・AIPPI日本部会）
The Know-How Contract in Germany, Japan and The United States（共著　1984年・Kluwer）
判例知的財産侵害論（平成12年・信山社）

知的財産法の基礎理論　　学術選書

2004年（平成16年）8月30日　第1版第1刷発行
3224-0101

著　者　　布　井　要　太　郎
発行者　　今　井　　貴
発行所　　信山社出版株式会社
〒113-0033 東京都文京区本郷6-2-9-102
電　話　03（3818）1019
FAX　03（3818）0344
製　作　　株式会社　信　山　社
Printed in Japan

Ⓒ布井要太郎, 2004. 印刷・製本／松澤印刷・大三製本
ISBN4-7972-3224-2 C3332
3224・01011-120-030
NDC 分類320.500

ブリッジブックシリーズ
好評発売中！

永井和之 編
ブリッジブック **商　法**　　　　　　2,100円

土田道夫・髙橋則夫・後藤巻則 編
ブリッジブック **先端法学入門**　　　　2,000円

山野目章夫 編
ブリッジブック **先端民法入門**　　　　2,000円

横田耕一・高見勝利 編
ブリッジブック **憲　法**　　　　　　　2,000円

小島武司 編
ブリッジブック **裁判法**　　　　　　　2,100円

植木俊哉 編
ブリッジブック **国際法**　　　　　　　2,000円

寺岡 寛 著
ブリッジブック **日本の政策構想**　　　2,100円

田中孝彦 編
ブリッジブック **国際関係学**　　　　　近 刊

町野朔 編
ブリッジブック **刑　法**　　　　　　　近 刊

長谷川晃・角田猛之 編
ブリッジブック **法哲学**　　　　　　　近 刊

大村敦志・水野紀子 著
ブリッジブック **家族法**　　　　　　　近 刊

五十川直行 著
ブリッジブック **日本民法学への招待**　近 刊

信 山 社

石黒一憲 著
IT戦略の法と技術　　　　　　　10,000円

寺岡寛 著
ブリッジブック日本の政策構想　　2,200円

寺岡寛 著
中小企業の社会学　　　　　　　　2,500円

伊藤嘉博 著
管理会計のパースペクティブ　　　3,600円

王能君 著
就業規則判例法利の研究　　　　　10,000円

野崎道哉 著
景気循環と経済政策　　　　　　　6,980円

黒澤満 著
軍縮国際法　　　　　　　　　　　5,000円

高桑昭 著
国際商事仲裁法の研究　　　　　　12,000円

石黒一憲 著
グローバル経済と法　　　　　　　4,600円

伊藤紀彦 著
ニューヨーク州事業会社法史研究　6,000円

山田剛志 著
金融自由化の法的構造　　　　　　8,000円

今川嘉文 著
過当取引の民事責任　　　　　　　10,000円

虞健新 著
中国国有企業の株式会社化　　　　5,000円

信山社

白田秀彰 著
コピーライトの史的展開　　　　　8,000円

平嶋竜太著
システムLSIの保護法制　　　　　9,000円

清川寛 著
プロパテントと競争政策　　　　　6,000円

ロバート・ゴーマン/ジェーン・ギンズバーグ共著内藤篤訳
米国著作権法詳解 原著第6版（上）30,000円

ロバート・ゴーマン/ジェーン・ギンズバーグ共著内藤篤訳
米国著作権法詳解 原著第6版（下）30,000円

パメラ・サミュエルソン著 知的財産研究所訳
情報化社会の未来と著作権の役割　6,000円

財）知的財産研究所 編
特許クレーム解釈の研究　　　　　12,500円

J．ノートン/C.リード/I.ウォルデン編著 泉田栄一 訳
国際電子銀行業　　　　　　　　　8,000円

谷岡慎一 著
IMFと法　　　　　　　　　　　9,000円

高木多喜男編
金融取引Q&A　　　　　　　　　　3,200円

ブランシェ・スズィ・ルビ著 泉田栄一訳
ヨーロッパ銀行法　　　　　　　　18,000円

御室 龍 著
金融法の理論と実際　　　　　　　9,515円

児玉晴男著
ハイパーメディアと知的所有権　　2,718円

信 山 社